前 言

　　大陆法系国家的法律教学采用的是演绎法,教师多以法律概念为起点阐发法律的原理。而英美法系国家的法律教学采取的是归纳法,教师总是从具体的判例中去发掘法律的原则。两种法学教育的方法各有其优势不足。我国秉承大陆法系的法学教育传统,教师在课堂上总是按照法律制度的基本原理展开其授课内容,对于案例或事例的处理也是根据原理阐发的需要加以安排的。这种教学方式对于学生尤其是初涉法律的学生来说,无疑是必要的。因为,这样可以使学生系统地而不是支离破碎地掌握法学原理,而只有系统地掌握了法学原理,才能准确地把握法律条文背后的道理,才能在实践中准确地适用法律。然而,这种教学方法对于法科学生的培养也有不足之处,单纯的原理讲授往往使学生对法律知识的理解只是停留在教科书的层面上,而缺乏分析、解决实际问题能力的锻炼。近年来,随着我国法学教育改革的深入,英美的案例教学法、法律诊所教学法等有助于学生实务能力的培养的教学方法越来越受到重视,并且开始被引进到我国法律教学的各个环节。

　　厦门大学法学院一向强调法学理论与司法实践的结合,要求学生既要研究书本上的法律(law in books),又要学习实践中的法律(law in action)。在近年的本科教学改革中,我们十分重视案例教学法的引进和实践,除了各课任教师在课堂教学中加大案例的比重或单独开设案例分析课程外,尤其注重与司法部门的合作,充分利用本地区的司法资源,组织学生司法实习及调研,以培养学生的实务能力。2003年,我们与厦门市中级人民法院合作,聘请具有丰富审判经验且具有硕士学位的法官为兼职教师,独立担任民事案例分析和刑事案例分析课程的讲授任务。法官以自己所审理过的案件为教学素材,融实体法与程序法于一体,既阐述案件所涉及的法学原理和法律规范,又传授运用法律的方法以及处理疑难问题的审判艺术,使学生如同亲历司法审判的过程,收到了良好的教学效果。这一举措不仅有利于高校法科学生实务能力的培养,促进法学教学与司法考试的衔接,而且对于造就专家型的法官也具有积极的意义。

　　本着合作办学和充分利用司法资源为法学教育服务,培养高素质的具有综合能力的法科学生的理念,厦门大学法学院再次与厦门市中级人民法院合作,并联合福建省高级人民法院民事审判第二庭、厦门海事法院、泉州市中级人民法院和宁德市中级人民法院,组织编写这套"最新司法案例精解丛书",以期为法科学生学习法律和研究实务问题提供一套理论联系实践、反映最新司法动态的案例教材。

本丛书的案例都是从上述各家法院近年来审理的成千上万个案件中精选出来的,不仅内容新颖,而且具有典型意义,能够充分反映当前我国社会变迁中法律关系和司法实践的最新发展。本着原理阐述与问题处理相结合的基本思路,我们要求作者在评析案例时,既要阐述与该案件有关的基础法学原理,而且要对该案涉及的难点和疑点问题进行深入的理论分析。因此,本丛书不仅对于法科学生学习法律有所帮助,而且对于一般读者了解有关的法律知识和当前法院对一些法律问题的处理方法也有益处。

福建省高级人民法院、厦门市中级人民法院、厦门海事法院、泉州市中级人民法院和宁德市中级人民法院的领导和法官对本丛书的编写予以热情支持,厦门大学出版社的领导为本丛书的出版提供全力帮助。我谨代表丛书编委会对他们表示衷心的感谢。没有他们的支持和帮助,我们不可能顺利地完成这项工作。

尽管做了很大的努力,但由于我们的学识和能力所限,本丛书的不足之处在所难免,恳请读者批评指正。

厦门大学法学院
柳经纬
2004 年 3 月 1 日

目 录

第一章　行政主体和行政相对人

第二章　行政行为

第三章　　行政诉讼

第四章　　行政赔偿

第一章

行政主体和行政相对人

Administrative Law

ministrative Law
Administrative Law
Administrative Law

① 政府部门的派出机构成为行政主体

——孙某某等诉某市公安局某边防派出所案

一、 案情

原告:孙某某、林某、吴某、陈某。

被告:某市公安局某边防派出所。

2003年6月9日晚,原告孙某某等人认为江某等9人在其承包养殖的海埕内盗窃蟹苗,将江某等人扭送至某市公安局某边防派出所要求处理。某边防派出所立案后,制作了江某等人的讯问笔录,收集了滩涂权属依据,并到现场进行了勘查。其后,被告召集孙某某等人与江某进行协商,但无法达成一致意见。某边防派出所认为:因滩涂权属问题无法认定,违法事实不能成立,依法不能给予江某等人行政处罚,遂告知孙某某等人向有权部门申请解决。

原告孙某某等人不服,向某市某区人民法院提起行政诉讼,诉称:2003年6月9日晚,南沃犯罪嫌疑人江某等人,在其承包海埕内盗采蟹苗,被原告当场抓获,并扭送至被告处,被告不但不依法处理反而将江某等人全部释放,因此,请求法院判决确认被告的行政行为为行政不作为和滥用职权。

被告辩称,其已经立案进行调查,但原告未持有养殖使用证,被告也未查到江某等人有在原告承包范围内进行盗窃的行为,在多次进行调解无法达成一致意见的情况下,告知双方到有权部门解决,已经履行了法定职责,行政行为并无违法之处。

二、 裁判

某市某区人民法院经审理认为,被告某市公安局某边防派出所对江某等人进行立案、调查取证,并向原告告知处理结果,已经实施了作为行为,原告对被告的处理结果有不同意见,以及对被告收集的证据的合法性等问题提出异议,并不能否认被告的作为行为。违法行为不能成立不予处罚的,《行政处罚法》没有规定必须以书面形式作出决定,被告以告知笔录的形式作出处理,并未违反法律规定。原告起诉被告不作为理由不能成立,不予支持。被告认为其已实施作为行为,要求驳回原告的诉讼请求,有事实与法律依据,应予以支持。据此,依照《最高人民法院关于执行〈中华人民共和国行政诉讼法〉若干问题的解释》第56条第1项的规定,法院判决驳回原告孙某某等人的诉讼请求。

三、 评析

本案主要涉及派出机构能否成为行政主体,相应地,是否能成为行政诉讼之被告的问题。

(一)行政主体与行政诉讼的被告

行政主体是指依法享有国家行政管理职权,代表国家独立实施行政管理并承担由此产生的法律后果的具有公法上的拟制人格的组织。法国行政法首先将行政主体作为一个行政法上的概念确定下来。在法国,国家、地方团体和公务法人都属于行政法上的行政主体,行政主体的行为受到公法的调整。此外,很多国家,包括德国、日本,以及英国,都在相当的程度上接受了行政主体这一概念。我国在行政法上确立行政主体这一概念主要是受到两个方面的影响:一方面,我国借鉴了外国行政法上的相应制度;另一方面,也是考虑到我国《行政诉讼法》实施之后,出于正确确定行政诉讼被告资格的实际需要。

行政主体作为一个行政法上的概念,具有如下要点:

第一,行政主体必须依法享有国家行政管理职权,不享有行政职权的组织不能成为行政主体。对于公法上的主体来说,最为重要的要素就是它的职权,这就相当于对于私法主体来说最为重要的构成要素是它的财产一样。然而这种权力却可以来自不同的渊源:既可以是依据宪法与组织法的规定从成立时即固有的行政职权,也可以是依法律、法规的授权而享有行政职权。在现代行政法治的背景下,行政事务内容十分庞大,行政机关原有的职能越来越向非行政机关的授权行政主体转移。因此,越来越多的法律、法规授权的组织成为合法的行政主体,承担行政管理的职能。

第二,行政主体乃是公法上拟制的人格体,有权代表国家独立行使行政权力,因此个人不能成为行政主体。虽然国家行政机关的职能都是由国家公务员来完成的,但个人不是行政主体,个人只是以组织的名义代表组织作出行政行为。所以,通常认为,具有行政职权的是组织,而不是个人。组织之所以可以成为行政主体是因为其具有公法上所拟制的人格。

第三,行政主体能够独立对自己的行政行为承担法律责任,即具有相应的责任能力。这主要是指行政主体参加行政诉讼的资格与能力。参加诉讼的能力是行政主体必不可少的要素,因为这意味着行政主体能够独立对自己的行为承担法律上的后果。这就如同是,对于一个完整意义上的民事主体来说,其责任能力是必不可少的。

在我国,行政主体在范围上十分广泛,包括:国务院及其组成部门与直属机构,地方各级人民政府及其工作部门,经法律、法规授权的派出机关和派出机构,经法律、法规授权的行政机关内部机构、议事协调机构和临时机构,法律、法规授权的组织等等。一般认为,根据行政职权的来源,行政主体包括如下两类:

其一为职权行政主体,即依照宪法和国家机构组织法的规定,于其成立之时即固有地享有某种行政职权并取得行政主体资格的组织。职权行政主体通常是国家行政机关,如中央与地方国家行政机关及其工作部门。

其二为授权行政主体,即由宪法、国家机构组织法以外的法律、法规授权而获得行政职权、取得行政主体资格的组织,它是职权行政主体以外的行政主体的统称。如,经法律、法规授权的政府派出机关和政府职能部门的派出机构,经法律、法规授权的事业单位与企业单位,经法律、法规授权的社会团体,经法律、法规授权的基层群众性自治组织,经法律、法规授权的行政性公司,等等。

行政主体这一概念在我国行政法上的出现,从一开始就直接和天然地与行政诉讼被告资格的确认联系在一起。

行政诉讼的被告,是指因实施具体行政行为而被作为原告的行政相对人指控为侵犯其合法权益,由人民法院通知应诉的行政机关和法律、法规授权的组织。行政诉讼的被告必须是行政主体。

行政诉讼的被告必须是行政主体的理由是:行政主体是依法享有国家行政职权,代表国家独立实施行政管理并承担由此产生的法律后果的具有公法上的拟制人格的组织。行政主体必须而且一定具有参与行政诉讼的权利能力与行为能力。因为行政主体是为实现特定的行政目的而依法设置的,不管其行政职权是固有的还是法律、法规所授予的,都必须具有独立对外承担责任的能力,这种能力就体现为以自身的名义参与行政诉讼,因此自然能够成为行政诉讼的被告。反之,如果某个组织不能以自己的名义对外独立承担责任,也就不能以自己的名义参加行政诉讼,因此不能成为行政主体。

(二)派出机构的行政诉讼被告资格

派出机构是指政府的职权部门根据工作需要在一定区域内设立的派出组织,实践中比较常见的派出机构是公安派出所、工商所以及税务所。派出机构与派出机关是不同的法律概念,派出机关是指一级人民政府根据工作的需要,在一定区域内设立的派出组织,例如,行政公署、区公所以及街道办事处等。

派出机构能否成为行政诉讼的被告,我国《行政诉讼法》并没有作出明确的规定。最高人民法院《关于执行〈中华人民共和国行政诉讼法〉若干问题的解释》第 20 条第 1 款及第 2 款分别规定:"行政机关组建并赋予行政管理职能但不具有独立承担法律责任能力的机构,以自己的名义作出具体行政行为,当事人不服提起诉讼的,应当以组建该机构的行政机关为被告。""行政机关的内设机构或者派出机构在没有法律、法规或者规章授权的情况下,以自己的名义作出具体行政行为,当事人不服提起诉讼的,应当以该行政机关为被告。"从这两款的规定来看,为最高人民法院所接受的观点是:在没有法律、法规授权的情况下,派出机构显然不是行政主体,也不能成为行政诉讼的被告,因为派出机构不能以自己的名义作出行政行为和对自身的行为负责,而只能以派出其的机关的名义行为,并由派出其的行政机关对其行为负责。派出机构的行为在性质上应被视为派出该机构的行政机关的行政行为。因此,公民如果对派出机构的行为不服,实际上是对派出该机构的行政机关的行政行为不服,向人民法院起诉也应以派出该机构的行政机关为被告。

但这并不是说派出机构永远不能成为行政诉讼的被告。行政主体包括职权行政主体和授权行政主体,上文所说的派出机构不能成为行政主体只是指它不能成为职权行政主体(国家行政机关),在法律、法规对派出机构进行授权的情况下,派出机构则可以以法律、法规授权的组织的形式成为授权行政主体。例如,《治安管理处罚条例》第 33 条第 2 款规定:"警告、五十元以下罚款,可以由公安派出所裁决。"根据本款的规定,公安派出所可以在特定的条件下成为授权行政主体。如果行政相对人对公安派出所根据《治安管理处罚条例》授权所作出的行政处罚不服,向人民法院起诉的,应以实施处罚行为的公安派出所为被告。

因此可见,派出机构也可以在特定的条件下成为行政主体,并相应地可能被确定为行政诉讼的被告,这一条件是:其作出的具体行政行为有法律、法规的授权。

最高人民法院《关于执行〈中华人民共和国行政诉讼法〉若干问题的解释》第 20 条第 3 款规定:"法律、法规或者规章授权行使行政职权的行政机关内设机构、派出机构或者其他组织,超出法定授权范围实施行政行为,当事人不服提起诉讼的,应当以实施该行为的机构或者组织为被告。"笔者认为,本款的规定似有不妥,更为妥当的规定应当是:法律、法规或者规章授权行使行政职权的行政机关内设机构、派出机构或者其他组织,超出法定授权范围实施行政行为,当事人不服提起诉讼的,应当以该"行政机关"为被告;法律、法规或者规章授权行使行政职权的行政机关内设机构、派出机构或者其他组织,滥用法律、法规或者规章所授予的权力,实施行政行为,当事人不服提起诉讼的,应当以"实施该行为的机构或者组织"为被告。此处首先应当进行区分的一组概念是滥用职权与超越职权:前者指的是合法享有行政职权的行政主体滥用其权力;后者则指行政主体实施了其本无权力实施的行为,实质上是无权。行政机关的内设机构、派出机构和其他组织本来并非行政主体,只是由于法律、法规的授权而成为授权行政主体。当其在授权范围内滥用职权而作出行政行为时,实质上是行政主体滥用其权力,此时行政诉讼的被告应当是实施该行为的机构或组织;而当其超越授权范围而作出行政行为时,实质上是非行政主体作出行政行为,此时行政诉讼的被告应当是行政机关。例如,根据《中华人民共和国治安管理处罚条例》第 33 条的规定,如果公安派出所违法对行政相对人处以 50 元以下的罚款,行政相对人不服应以该公安派出所为行政诉讼的被告;而如果公安派出所实施了行政拘留的行政处罚,则属超越职权,此时应以派出其的公安机关为被告。

(三)本案中的问题

本案中的被告某市公安局某边防派出所虽是某市公安局的派出机构,但属法律授权的行政机关的派出机构。根据《治安管理处罚条例》第 33 条第 2 款的规定,警告、50 元以下罚款,可以由公安派出所裁决,这说明被告在一定范围内行使着行政裁决权,在该范围内是授权行政主体,并可以成为行政诉讼的被告。

原告孙某某等人的诉讼请求是确认被告的不作为违法,而实际上被告某市公安局某边防派出所在接到原告的报案后,已进行了立案和调查取证,其后也向其告知了案件的处理结果。从原告的报案及被告的办理情况看,被告在整个过程中行使的职责,是在被告的职责范围内进行的,其他部门也是不适合介入解决的。原告等人起诉被告不作为,不管理由是否成立,边防派出所自然是适格的被告。

从被告对原告要求处理的行为的处理结果来看,被告认定了江某等人的违法事实不能成立,因而不作出处罚,告知原告通过其他法律方式解决,说明了被告没有超越职权作出行政决定。原告不服被告的行政行为,依据最高人民法院《关于执行〈中华人民共和国行政诉讼法〉若干问题的解释》第 20 条的规定,也依法应以该边防派出所作为被告,而不是某市公安局作为被告。因此,本案中,将某市公安局某边防派出所作为行政诉讼的被告是正确的。

(宁德市蕉城区人民法院　陈亮峰　林亦霖
厦门大学法学院　王建学)

② 法律法规授权组织的行政主体资格
——某市郊区福利会诉某市农村社会保险公司

一、　案　情

原告:某市郊区福利会。

被告:某市农村社会保险公司。

1993年1月19日某市人民政府"1993综9号文"规定成立市农村社会保险公司,隶属市民政局,其性质为事业单位,实行企业化管理,经费自收自支。1993年12月1日被告与原告签订保险协议。1999年1月至2000年9月5日,双方按保险协议履行,被告共收取保费812441元,赔付1272855元。1999年5月13日福建省劳动厅、人事厅、民政厅"闽劳办(1999)48号文件"规定将社会保险业务工作归口劳动部门统一管理。2001年5月27日劳动和社会保障部发布实施《社会保险行政争议处理办法》,依照处理办法第2条第2款规定,被告成为专门从事社会保险事务的工作机构。2002年2月7日福建省劳动和社会保障厅下达"闽劳社函(2002)34号文件"《关于要求清退不规范险种业务的函》给某市人民政府,确认原告向被告所投的"丧葬补助金保险"是不规范险种,应当清退。2002年10月8日原告、被告签订协议解除原保险协议。至2003年3月6日止原告向被告领到清退款1362493.6元。原告认为清退款数额有错,显失公平,向市劳动和社会保障局提出复议申请。2003年7月16日某市劳动和社会保障局作出"安劳复决字(2003)01号""社会保险行政复议决定书"维持被告的具体行政行为。原告不服,于2003年8月8日向某市人民法院提起行政诉讼,请求撤销2002年10月8日签订的协议书,变更清退款 1362493.6 元为 2846967 元。2003 年 11 月 7 日某市人民法院以(2003)行初字第 51 号行政判决书,确认了本案属行政案件受案范围及原告、被告的主体资格。

二、 裁 判

　　法院经审理后查明:1986 年间某市郊区福利会成立,同年 6 月 15 日公布实施福利会章程。章程规定了入会对象、入会基金、互助标准、领取丧葬补助标准等内容。该会于 1987 年 10 月 1 日经原某县老人协会认可。1993 年 1 月 19 日某市人民政府"政(1993)综 9 号文"规定成立市农村社会保险公司,隶属市民政局,其性质为事业单位,实行企业化管理,经费自收自支。1993 年 12 月 1 日被告与原告签订协议书,内容有:(1)福利会会员按在册人数分期向农村社会保险公司投保,每人一次性投保 300 元。1993 年 12 月底前投保 500 人,交费 15 万元。从 1994 年 1 月份起,每月投保 80 人,直到会员投保完为止。(2)投保完的第二个月起,福利会的业务由农村社会保险公司承担,会员丧葬费由农村社会保险公司按原定标准支付,会员交费亦按每月 10 元不变交农村社会保险公司,其他支付标准仍按原来的规定执行,福利会章程不变。(3)投保完止,福利会改称农村社会保险公司代办处,直接收费的组长改为农村社会保险公司代办员,工作由农村社会保险公司安排,待遇按原标准执行,并约定福利会财产接收、违约责任等。自 1998 年 12 月止福利会对协议书第一点约定内容履行结束,共计投保 2862 人,交费 858600 元。1999 年 1 月至 2002 年 9 月 5 日,原告、被告按协议书第二、三点约定履行,被告某市农村社会保险公司收取保费 812441 元,赔付 1272855 元。1999 年 5 月 13 日福建省劳动厅、人事厅、民政厅"闽劳办(1999)48 号文件"规定将社会保险业务工作归口劳动部门统一管理。2001 年 5 月 27 日劳动和社会保障部发布实施《社会保险行政争议处理办法》,被告依法成为劳动保障部门所属的专门从事社会保险事务的工作机构。2002 年 5 月 15 日福建省劳动和社会保障厅闽劳社(2002)文 238 号《关于妥善处理农保"空账"、"倒算"和"不规范险种"等问题的通知》规定:各设区市劳动保障部门和农保机构要督促所属有关县级单位将"不规范险种"全面剥离农保体系。一要立即停止向有关参保人员继续收取不规范险种的保险费;二要对已缴费对象采取一次性清退的原则有序组织清退,清退利息可参照农保计息标准分段计算;三是对愿意参加农保的,可按清退时计算的积累总额予以转保。2002 年 2 月 7 日福建省劳动和社会保障厅下达"闽劳社函(2002)34 号文件"《关于要求清退不规范险种业务的函》给某市人民政府,确认"丧葬补助金保险"不属农村养老保险范围,是不规范险种,应进行全面彻底清退,并提出清退建议,所述清退方法、标准、原则与"闽劳社(2002)238 文件"规定相同,同时还建议若福利会愿意收回"丧葬补助金保险"业务,可将该项业务退回,仍由福利会经办。具体清退方案由市农保经办机构制定,并经市民政局、劳动局审核同意后报市政府批准实施。2002 年 6 月 27 日某市人民政府市长办公会议纪要(2002)5 号文件强调对福利会与农村社会保险公司签订的保险协议应解除,并按省劳动和社会保障厅的文件精神执行。2002 年 10 月 8 日原告、被告签订协议书终止 1993 年 12 月 1 日协议书,同时还确认 1993 年至 1999 年 1 月,郊区福利会共集体向农村社会保险公司投保3000 人,每人 300 元,共计 90 万元(含房屋 7 万、债务 2.6 万)。1999 年 1 月至 2002 年 9 月 5 日公司经营期间,参保人死亡 880 人,按每人投保金额 300元扣除,实余 2080 人,合计金额 602400 元。按农保基金增值标准积累946493.6元,1999 年 1 月以后 2080 人缴费 416000 元。两项合并共计1362493.6 元(含房屋 7 万,债务 2.6 万元),一次性退还原由郊区福利会自行管理。2002 年 11 月 13 日某市民政局政民(2002)155 号《关于清退不规范险种工作的请示》文件向某市人民政府请示清退方案:截至 2002 年 9 月 5 日,参保人员余 2080 人,保费收付兑抵后余基金 439585.9 元,按农保基金增值积累余基金 902344.9 元。1999 年 1 月至 2002 年 9 月 5 日公司经营期间按原郊区福利会标准从其积累中支付"丧葬费"1272855.1 元,经协商,由市农村社会保险公司承担 460149 元。两项(902344.9＋460149)合计 1362493.6 元,一次性退还原郊区福利会自行管理。2002 年 11 月 21 日某市人民政府政(2002)文564 号《关于同意市民政局清退农保公司不规范险种的批复》同意市民政局退保方案。至 2003 年 3 月 6 日止原告已领到清退款 1362493.6 元。2003 年 5月 20 日原告向某市社会和保障局申请行政复议,认为根据投保协议的约定,应按会员所交互助金与保费总额 2623412 元计算退保金,被告违反投保协议,只退给 1362493 元,尚差 1260918 元,请求变更,补还差额。2003 年 7 月 16日某市劳动和社会保障局作出"劳社复决字(2003)01 号""社会保险行政复议决定书"维持某市农村社会保险公司清退"丧葬补助险"的具体行政行为。原告不服,于 2003 年 8 月 8 日提起本案诉讼。

　　法院认为,依照《社会保险行政复议处理办法》第 2 条第 2 款规定,被告某市农村社会保险公司为社会保险经办机构。原告某市郊区福利会因被告依有关规定解除不规范险种协议与被告之间发生的争议属社会保险行政争议。被告作出的具体行政行为是于 2002 年 10 月 8 日以协议书形式清退"丧葬补助金保险"业务,并一次性退给原告 1362493.6 元。被告举证证明依有关规定,"丧葬补助金保险"是不规范险种应予清退,本院予以支持。但被告以原告作为清退对象没有事实法律依据,同时对清退款计算标准依据未提供证据说明,也未按福建省劳动和社会保障厅"闽劳社(2002)文 238 号文件"、"闽劳社函(2002)34 号文件"提出的清退标准计算清退款金额,即未以健在参保人数实际交付给被告保费数额为基数按上级部门的规定计算清退款数额。因此,被告一次性退还原告 1362493.6 元依据不足。原告认为被告应变更退款 1362493.6 元为 2840967 元的观点依据不足不予采纳。依照《行政诉讼法》第 54 条第 2 款第 1 项、《最高人民法院关于执行〈中华人民共和国行政诉讼法〉若干问题的解释》第 56 条第 4 款规定,判决如下:

(1)撤销被告 2002 年 10 月 8 日以协议书形式作出的清退丧葬补助金保险 1362493.6 元的具体行政行为。

(2)驳回原告要求变更清退款 1362493.6 元为 2846967 元的诉讼请求。

(3)被告应在判决生效后一个月内重新作出具体行政行为。

本案诉讼费由原告承担 3510 元,被告承担 100 元。

三、 评析

本案涉及行政主体的识别问题。行政主体是一个法律概念,在我国,行政主体是指能以自己的名义实施国家行政权并对行为效果承担责任的组织。一般来说,行使对外行政管理职权的行政机关具备行政主体的地位,但政府部门的内设机构和派出机构由于不能以自己的名义对外行使管理职权,所以不具有行政主体的地位,但根据最高人民法院的有关司法解释,派出机构如果有法律法规的明确授权可以成为授权行政主体。不过派出机构的授权主体与行政诉讼法上法律法规授权的组织的行政主体地位有一些区别,法律法规授权的组织一般是指依照法律和法规设置的行使某些行政管理权力的事业组织和企业组织,在我国这类组织包括高等学校、具有行业管理特征的国有企业以及其他中介组织,这些组织行使的行政管理职权应当受到行政法的约束。这些组织能够以自己的名义实施行政管理行为并且能够以自己的名义承担法律责任,因此它从成立时起就具有行政主体的资格。

在我国,高等学校是法律法规授权的组织,因此高等学校能够成为行政主体。高等学校的行政行为主要是行政处分和依法发给学生毕业证、学位证、派遣证等证书,学校对学生作出的行政处分在司法实务中作为内部行政行为来处理,法院对此类案件不予受理,而对学校因学生受到行政处分不发给其证书的行为作为外部行政行为,学生对学校的此类行为不服可以向人民法院提起诉讼,人民法院应当受理。

　　根据最高人民法院的司法解释,某些规章授权的组织也可以成为行政主体,因此扩大适用了行政诉讼法关于法律法规授权的组织的范围。本案被告某市农村社会保险公司虽然是实行企业化管理的事业单位,不是行政机关,但依照《社会保险行政复议处理办法》第2条第2款规定为社会保险经办机构,行使社会保险行政管理职能,是经规章授权而取得行政主体资格的组织。因此,投保人与农村社会保险公司之间发生的保险争议属行政案件受案范围,某市农村社会保险公司作为本案被告主体适格。

（福安市人民法院　陈芳

厦门大学法学院　朱福惠）

③ 政府派出机关能够成为行政主体
——某市废旧物资回收利用公司诉某地区行政公署

一、　案情

　　原告:某市废旧物资回收利用公司。

　　被告:某地区行政公署。

　　1995年11月9日,福建省某地区汽车更新领导小组办公室根据内贸厅联字(1995)2号文件等规定,认为原告未经同意,即回收了地区林业车队的四部货车,开具了擅自编号的未经地区汽车更新办盖章的"报废回收证明",该行为严重违反了国家、省、地区的有关规定,因此作出决定:(1)责令原告速将回收的四部货车交指定的车辆回收单位——某地区物资再生利用公司回收解体,由该公司重新开具具有法律效力的"报废汽车回收证明";(2)责令原告向车主及有关单位收回擅自开具的四份"报废汽车回收证明"交地区汽车更新办作废;(3)责令原告将现有空白的"报废汽车回收证明"交地区汽车更新领导小组办公室登记保管,否则因此而造成的一切后果,由原告负责承担。原告不服提起行政诉讼。

二、 裁 判

在审理过程中,原告诉称:其经营报废汽车回收业务,是经省政府批复同意由上级主管部门准许,经工商部门注册批准的。被告所作决定没有法律依据,妨碍了原告业务的正常开展,要求予以撤销。被告辩称:(1)其所作的决定是根据国务院、国家有关部门的行业管理文件作出的,完全符合有关法律规定。(2)原告开具的擅自编号的四份"报废汽车回收证明"违反了有关证明的使用规定,要求驳回原告的诉请。

在审理过程,被告作出"宁署(1996)综 133 号"《关于我区报废汽车经营管理工作的通知》,原告没有异议,申请撤诉,法院依法作出准予撤诉的裁定。

三、 评 析

本案涉及被告主体资格问题。

首先,某地区汽车更新领导小组办公室的法律地位。某地区汽车更新领导小组办公室不是行政机关,也不是法律、法规授权的组织,而是由被告成立的临时协调机构。因此,它没有行政主体的地位,不能成为被告。但它在本案过程中又行使了行政管理职权,其所实施的行政管理行为应视为设立其的某地区行政公署的行政行为。根据《行政诉讼法》和最高人民法院的司法解释,本案应当以某地区行政公署为被告。

其次,某地区行政公署的行政主体资格问题。根据宪法的规定,我国的省、自治区可以设置派出机关——行政公署,县、自治县或者相当于县一级的人民政府可以设置派出机关——区,城市的区一级人民政府可以设置派出机关——街道办事处。这些派出机关同政府部门的派出机构不同,它代表上级人民政府在本辖区内全面行使各种行政管理职权,而政府部门的派出机构只行使该部门的某些职权,派出机构只有在法律法规明确授权的情况下才能成为授权行政主体。但人民政府的派出机关不设立人民代表大会,不是一级政府财政,能否成为行政主体呢?根据行政诉讼法和最高人民法院的司法解释,人民政府的派出机关,可以以自己的名义作出具体行政行为,依据宪法和法律享有行政管理职能,因此具有行政主体地位。

在本案中,某地区行政公署行使行政管理职权是有法律、法规的授权依据。法院将某地区行政公署列为被告,符合行政诉讼有关司法解释的规定。最高人民法院《关于贯彻执行〈中华人民共和国行政诉讼法〉若干问题的意见(试行)》第18条规定:"公民、法人或其他组织对行政机关的派出机构作出的具体行政行为不服,向人民法院起诉的,应以该行政机关为被告。但法律、法规对派出机构有授权的除外。"本案某地区汽车更新领导小组办公室是某地区行政公署成立的临时机构,法律法规没有授权其行使行政管理职权,所以某地区行政公署为本案被告是正确的。

(宁德市蕉城区人民法院　许可宁
厦门大学法学院　朱福惠)

④ 行政机关能够成为行政相对人
——某县人民政府诉某市工商局股权变更登记行为案

一、 案 情

原告:某县人民政府。
被告:某市工商行政管理局。
第三人:某水电开发总公司。
第三人:某县水电有限公司(外商独资)。

1996年11月14日,某县水电有限公司经由国家工商局授权的省工商局核准注册而成立,企业性质为中外合资企业。龙二电站是由该水电有限公司建设的,其中,中方股东某县人民政府持有该电站45%的股份,某英资水电投资公司持有55%的股份。同年12月31日,某地区行政公署发布"关于将地区下属的八县、市国有电力企业划入某水电开发总公司统一管理"的通知。根据此通知,某县电力公司划归地属某水电开发总公司,其资产和人员全部由水电开发总公司代表地区统一经营管理,其中方股东变更为某水电开发总公司。2001年8月6日某市人民政府通知:各县(市、区)电力企业,除进入水电开发总公司的资产、负债和人员外,其余资产、负债和人员全部下放给相应县(市、区)。据此,市国资局作为移交方,县国资局作为接收方签订国有资产下放管理交接书。

但2002年8月28日市(地区级)人民政府市长办公会议纪要议定,由某水电开发总公司将龙二电站中方45%的股权予以变卖,变卖款用来偿还县李园水库所欠县农行530万元建设资金贷款本息和龙二电站被中方股东拖欠的电费。由于无人竞拍,市国有资产管理局同意将中方45%股权协议转让给合营公司中的外方股东某水电投资有限公司。2002年12月20日,市人民政府作"关于确认县水电有限公司中方的45%股份所有权的函"给省对外经济贸易合作厅,认为某县水电有限公司中方45%股权属某水电开发总公司,管辖权属市国有资产管理局,县政府对股份所有权问题有不同意见,由我市负责解决。由中外合资变更为外商独资的县水电有限公司制定新的公司章程,通过董事决议,决定成立外商独资的"某县水电有限公司"。同日,向市工商局申请变更登记为外商独资企业。2003年1月6日,市工商局经审批,同意向某县水电有限公司颁发变更后的企业法人营业执照。

原告县人民政府诉称:县水电有限公司中方45%的股权,属县人民政府国有资产,由县国有资产管理局进行确认登记。市国资局在丧失对此资产管理权的情况下,越权批文给市水电开发总公司,同意将县水电有限公司中方45%的股权协议转让给合资公司外方股东。被告未认真审核却予以变更登记,其行政行为明显违法,要求判令被告撤销县水电有限公司中方45%的股权变更为外方所有的行政行为。

被告市工商行政管理局辩称:第三人县水电有限公司申请股权变更所提供的材料完整齐备,符合有关法律的规定。因此,其对某水电有限公司股东变更登记申请予以核准的行政确认行为,并无不当,要求法院予以维持。

第三人某水电开发总公司认为,其依法享有龙二电站中方45%的股权,因而有权处分中方45%的股权。被告变更登记行为符合相关法律规定。

第三人某县水电有限公司认为:45%的股权属于谁,应由民事方面决定,原告所诉没有事实依据。

二、 裁判

法院审理认为:根据国家工商局工商企字[2001]第67号"关于登记机关

对申请人提交的材料真实性是否承担相应法律责任的答复",被告对申请人提供的股权变更登记材料只需作形式审查,而不必进行实质审查。只要申请人提交的材料在形式上符合法律、法规规定的标准,即可依法作出核准变更登记的行为。

被告在办理企业股权变更登记过程中,对申请人提交的有关材料,按照法律法规的规定,进行了形式审查,并予以核准。被告作出核准变更股权登记的具体行政行为,事实清楚,程序合法,适用法律正确,予以支持。原告诉请没有依据,理由不能成立,不予支持。据此,依照最高人民法院《关于执行〈中华人民共和国行政诉讼法〉若干问题的解释》第56条第4款的规定,法院判决驳回原告的诉讼请求。

三、 评析

本案主要涉及两个问题:一是本案中的原告为县人民政府,作为行政机关,其是否具备行政诉讼的原告资格;二是被诉的市工商局变更登记的行为是否合法。

1. 特殊的原告

行政诉讼素有"民告官"之称,所以诉讼双方当事人中,不仅必有一方是"官",即指行政主体,而且行政主体只能处于被告的诉讼地位;相对的另一方当事人是"民",即指公民、法人或者其他组织。行政诉讼属于事后救济的制度,它决定了原被告地位不容颠倒。一般而言,原告不可能是行政主体,只能是处于被管理一方的公民、法人或者其他组织;而被告必定是行使公权力的行政机关和法律、法规、规章授权的组织。

本案中,原告却是县人民政府。县人民政府是典型的行政机关,在日常管理工作中,行使着大量的行政管理职权。因此,其往往成为行政诉讼的被告。那么,本案中,县人民政府具备适格的原告主体资格吗?

行政诉讼的原告,是指认为行政主体作出的具体行政行为侵害其合法权益,依照行政诉讼法的规定能以自己的名义向法院起诉的个人、法人或其他组织。根据《行政诉讼法》和最高人民法院的司法解释中的相关规定,行政诉讼法的原告既包括具体行政行为所直接针对的行政相对人,也包括与具体行政行为在法律上具有利害关系的个人和组织。如公民甲殴打了公民乙,公安机关对公民甲进行了行政处罚,公民乙认为该处罚过轻也可以向人民法院起诉公安机关的行政处罚行为,换言之,作为间接相对人的公民乙也具备提起行政诉讼的原告资格。

据此，行政诉讼原告有以下三个特征：一是原告必须是公民、法人或者其他组织。这里的公民是指中国公民、外国人、无国籍人和国籍不明的人；法人包括企业法人、事业法人、机关法人和社团法人；其他组织是指不具有法人资格，但具有一定的组织形式和结构，从事各种经营或非经营性社会活动的社会主体。二是原告必须是认为其合法权益受到具体行政行为侵害的人。三是原告必须是以自己的名义向法院提起诉讼的人。

对于行政机关能否以机关法人的地位成为行政诉讼原告的问题，学术界有不同的争论。多数意见倾向于认为，行政机关应该具有行政诉讼的原告资格。其主要有三个理由：第一，《行政诉讼法》第24条虽然从立法上界定了行政诉讼的原告范围为"公民、法人或其他组织"，但当某一个行政机关成为其他行政机关行使行政管理职权的相对人，并认为其他行政机关的具体行政行为侵犯其合法权益时，它同样可以作为机关法人以原告的身份提起诉讼。我们可以对"法人"作广义上的理解。第二，从理论上分析，行政机关的具体行政行为可以分为内部行政行为和外部行政行为。而行政机关之间的行政行为与行政机关的内部行政行为是两个不同的概念，两者有交叉但并不重合。当行政机关行政行为的相对人指向的虽然同样是行政机关，但其行使的却是行政管理职权时，该行为应界定为外部行政行为。如果此时作为行政相对人的行政机关的合法权益受到侵犯，其应该能够通过提起行政诉讼来救济其权益。第三，从司法实践来看，我国虽然处于行政诉讼制度的初建时期，在行政审判方面还面临着许多困难，但"民告官"与"官告官"的行政案件在适用法律方面并不存在实质的差异。人民法院能够处理，也已经处理过不少"官告官"的案件。① 因此，在行政诉讼实施的过程中，对"法人"作扩大性的解释，这是行政诉讼法顺利实施的必要条件，也有利于行政诉讼立法目的的实现。

除了以上三个主要理由以外，笔者认为，还应当正确地区分行政主体与行政机关这两个不同的概念。行政主体是一个动态的法律概念，其意义在于确定行政法律关系中行政权力的承担者，因此对于行政主体的构成而言，最重要的要素就是它的行政职权。也就是说，行政主体必须是独立行使国家行政管理职权的公法上的组织。而行政机关却是一个静态的法律概念，只有当行政机关作为国家行政职权的行使者出现时，才构成行政主体。因此，当行政机构不是以公权力行使者的身份出现时，其法律地位就相当于私法主体，即公民、

---

① 例如，平山县劳动就业管理局不服平山县地方税务局税务行政处理决定案，载于《人民法院公报》1997年第2期。

法人和其他组织。实践中,行政机关从事着大量的民事行为,这些行为受到私法调整。当行政机关以这样的私法身份进行私法活动时,作为行政主体的其他行政机构可以对其进行管理,实施具体行政行为。此时,行政机关可以成为行政诉讼的原告。

需要特别指出的是,行政机关能够成为行政诉讼原告,是特指被告仍为行政主体的情况,也就是俗称的"官告官"情况。对于所谓行政诉讼同样可以是"官告民"的说法,笔者并不赞同。

本案中,被告某市工商局对第三人某水电有限公司股权变更登记的行政确认行为,显而易见,会影响到第三人某水电有限公司原股东的合法权益及其他相关利益人的合法权益。原告认为其管理的国有资产被工商部门违法变更登记,合法权益被侵犯,需要通过行政诉讼来解决。原告在工商部门变更股权登记过程中,显然处于被管理的相对人一方,在对工商局变更股权登记行为提出异议和交涉无果的情况下,自然亦可依照行政诉讼法规定,提起行政诉讼,解决行政争议。因而,本案中县人民政府是与某市工商局变更登记的行政确认行为有利害关系的行政相对人,可以成为行政诉讼的原告。

2. 市工商局变更登记的行为是否合法

根据《公司登记管理条例》第 24 条第 1 款规定:"公司申请变更登记,应当向公司登记机关提交下列文件:(1)公司法定代表人签署的变更登记申请书;(2)依照《公司法》作出的变更决议或者决定;(3)公司登记机关要求提交的其他文件。"该条第 2 款规定:公司变更登记事项涉及修改公司章程的,应当提交修改后的公司章程或者公司章程修正案。该《条例》第 31 条规定:有限责任公司变更股东的,应当自股东发生变动之日起 30 日内申请变更登记,并应当提交新股东的法人资格证明或者自然人的身份证明。

除了上述几款规定外,法律、法规并没有对工商机关对有限公司股东变更登记应进行何种审查作出具体规定。根据《公司法》的相关精神,我国对有限公司的设立实行的是准则设立主义,即除法律法规规定须经有关部门审批的以外,仅需向公司登记机关申请设立登记。公司登记机关仅对其进行形式审查,而不进行实质审查,如具备条件,则应核准登记。因此,就理论上而言,对有限公司股东变更登记的审查应当与有限公司设立登记的审查保持一致或更宽于其规定,也应当是进行形式审查,而不应进行实质审查。

与此相印证的是,国家工商行政管理局在工商企字[2001]第 67 号中指出:"申请人提交的申请材料和证明文件是否真实的责任应由申请人承担。登记主管机关的责任是对申请人提交的有关申请材料和证明文件是否齐全,以及申请材料和证明文件及其所记载的事项是否符合有关登记管理法律法规的规定进行审查。因申请材料和证明文件不真实所引起的后果,登记主管机关不承担相应的责任。"

本案中,第三人某水电有限公司向市工商行政管理局提供的材料,在形式上符合《公司登记管理条例》的相关规定。即使在实质上,某水电有限公司中方45%股份的管理人不明确,仍存在争议,但该权限不明的情况不属于应由被告查明的范围,市工商行政管理局只应对其进行形式审查。在依法审查后,被告认为某水电有限公司变更股东及公司组织形式的事项符合相关法律、法规的规定,同意对其进行变更登记。市工商行政管理局变更登记的行为符合法律法规的规定和立法原意,因而是合法有效的行政行为。

(宁德市蕉城区人民法院　陈亮峰　林亦霖
厦门大学法学院　彭芳兰)

⑤ 自然村能够成为行政诉讼的原告
——某市漳湾镇仓西村熨斗自然村诉某市人民政府行政裁决案

一、案　情

原告:某市漳湾镇仓西村熨斗自然村。

被告:某市人民政府。

第三人:某市漳湾镇雷东村委会。

原告与第三人纠纷的海埕位于熨斗塘外,是由于1971年西陂塘围垦后,海水流速变慢造成淤积而形成的。雷东村田螺、大洋自然村村民和仓西村熨斗自然村村民以各自方式在海埕上作业生产,曾发生过一些纠纷,但总体上相安无事。1995年,仓西村熨斗自然村未经有关方面同意擅自将海埕承包给他人,1996年8月雷东村田螺、大洋自然村对该海埕提出使用权要求,遂引起纠纷。

1998年5月18日,某市人民政府经查认为,该海埕从未依法确权给任何集体和个人,其使用权属国家,村民在海埕上生产养殖必须向有关部门申请,以取得合法使用权,否则均为违法。并决定将纠纷海埕划分界线,将纠纷海埕使用权确定给仓西村和雷东村,分别供熨斗、大洋自然村群众生产。原告不服,认为纠纷海埕应全部确定给原告使用,要求撤销被告所作出的处理决定。被告认为漳湾镇仓西村熨斗自然村作为诉讼当事人,无法律依据。自然村是指聚居而自然形成的村落。"村落"可以登上原告"宝座",那么"城镇"、"城市"同样可以进入审判大堂,让人贻笑大方,要求驳回原告的起诉。

二、 裁 判

1998年8月28日,某市人民法院经开庭审理,认为原告不属于行政诉讼法规定的其他组织,起诉不符合立案条件,所以裁定驳回起诉。

1998年10月12日,某地区中级人民法院审理认为,该市人民政府针对仓西熨斗自然村作出的海埕纠纷处理决定,熨斗自然村认为该决定侵犯其合法权益,提起行政诉讼,其起诉符合法律规定。据此,撤销一审裁定,并发回重审。

三、 评 析

本案主要涉及行政法上的相对人问题,而行政法上的相对人与行政诉讼中的原告主体资格的认定存在密切的关联。具体到本案即某市漳湾镇仓西村熨斗自然村是否具备原告资格,至于海埕使用权的确定应另行考虑。

(一)行政诉讼中的原告资格

行政诉讼的原告,是指认为行政主体及其工作人员的具体行政行为侵犯其合法权益,依照行政诉讼法的规定向人民法院提起诉讼的个人或组织。行政诉讼的原告既可以是个人,也可以是组织。个人主要是指中国公民,也包括外国人和无国籍人。所谓公民,是指具有中华人民共和国国籍的自然人。外国人、无国籍人在我国领域内进行行政诉讼,根据《行政诉讼法》第70条的规定,在对等的原则下,也适用《行政诉讼法》关于原告的规定,同我国公民享有同等的诉讼权利和义务。组织包括法人和其他非法人组织。所谓法人,是指依法独立享有民事权利和承担民事义务的组织;所谓其他组织,是指法人以外的团体,主要是指不具备法人条件,没有取得法人资格的社会集合体。不具备法人资格的其他组织向人民法院提起行政诉讼,由该组织的主要负责人做诉讼代表人;没有主要负责人时,可以由实际上的负责人做诉讼代表人。但是,并非不服具体行政行为或者认为具体行政行为侵犯自己合法权益的公民、法人或者其他组织的起诉均能为法院受理,法院是否受理,取决于起诉人是否具有原告资格,即涉及原告适格性的考查。

行政诉讼原告资格是指某一公民、法人或者其他组织充当行政诉讼原告所应具备的条件,或者说是某一公民、法人或者其他组织请求法院保护自己合法权益所应具备的条件。《行政诉讼法》第 24 条即用专门的法律条文对行政诉讼中的原告进行了规定,并且确定了原告资格的法定条件。根据该条款的规定,享有原告资格需要具备的法定条件有三:第一,原告必须是个人或组织,即原告定位于行政相对人;第二,原告必须是认为具体行政行为侵犯其合法权益的行政相对人;第三,原告必须是向人民法院提起行政诉讼的行政相对人。

根据《行政诉讼法》的相关规定,原告资格的构成要件适用以下认定标准:

第一,起诉人必须是自己的合法权益受到侵害的人。

任何一种诉讼的发生必须有其合法权益受到侵害的人或组织,只有合法权益受到了侵害,才有必要通过诉讼途径解决。因此原告资格的第一个构成要件要求起诉人必须是自己的合法权益受到侵害的人或组织。该要件的内容是:

首先,必须是自己的合法权益受到侵害,即原告必须是其主张的权利、利益的享有主体。起诉人不能以国家利益、他人利益或公共利益受到损害为由提起行政诉讼,只能是自己的合法权益受到侵害,即起诉人不以具备民法上的权利能力、独立人格为必要,尤其是起诉人是法人以外的其他组织时,他们可能不具有民法上的法人资格、民事主体地位,但是这并不妨碍他们具有原告资格。这主要是因为行政诉讼的主要功能是对具体行政行为的合法性进行审查,法院原则上不对原告的法律责任进行追究。因此起诉人是否具备原告资格,是否具备诉讼权利能力,主要看其是否是某项权利或利益的享有主体,而不是看其是否能够独立承担法律责任。因此不论是具备民法上独立人格、具有权利能力的公民、法人,还是不具有法人资格的合伙组织,即使是中外合资企业、中外合作企业的合资、合作各方,或已被行政机关注销、撤销、合并、强令兼并、分立的非国有企业等,均具有原告资格。甚至是外国公民、法人或者其他组织,根据对等原则,也可以提起行政诉讼。

其次,必须是合法权益受到侵害。具体而言,"合法权益"必须是合法的人身权、财产权以及法律、法规规定受行政诉讼保护的其他权益。"侵害"指的是公民、法人或其他组织的合法权益受到或即将受到具体行政行为产生的法律效果的影响。也就是说"侵害"可以是已经发生的、或未发生但却可预期必定会发生。前者如行政机关查封了相对人的财产，后者如行政机关许可甲公司建一高层建筑，该建筑建成以后必定会影响到乙的相邻权。此外，对公民、法人或其他组织的侵害只要他们"认为"即可。也就是说，《行政诉讼法》强调的是侵害的争议性，只要公民、法人或其他组织与行政机关之间就具体行政行为是否违法侵权存在争议即可，至于具体行政行为是否真的违法侵犯了公民、法人或其他组织的合法权益，则是人民法院审查后才能决定的。

第二，起诉人与具体行政行为之间具备法律上的利害关系。

本要件是对起诉人与具体行政行为之间联系程度的要求。法律上的利害关系即法律上的权利、义务关系，起诉人合法权益所受到的影响、损害必须是由具体行政行为造成的，两者之间存在着相当因果关系。对本要件的理解可以从以下两个方面进行：

首先，具体行政行为的复效性使与具体行政行为存在法律上利害关系的人不限于相对人，还包括相关人。具体行政行为的复效性是指具体行政行为一经成立、生效，效力所及的不仅仅是行为所直接针对的人，对其他人的权利、义务也会产生影响，或加重其负担或使其受益。具体行政行为所直接针对的人可称为相对人，他们或者是具体行政行为的受领人，或者是具体行政行为的发动人（如申请人），均是直接、明显的受具体行政行为影响的人。而相关人则是相对人之外的、受具体行政行为效力影响的人。例如，行政机关许可甲公司建一高层建筑，虽然该许可行为不是针对邻地及地上定着物所有人或使用人的，但高层建筑的建成势必会影响到邻地及地上定着物的通风、采光等相邻权。该许可行为即体现了具体行政行为的复效性，甲公司是行政许可行为的相对人，而邻地及地上定着物的所有人或使用人则是相关人。

相对人具有原告资格不难理解。相关人与具体行政行为之间的联系虽不如相对人那样明显，但是，在合法权益受到具体行政行为损害时也应该与相对人一样享有原告资格。这也正是最高人民法院《关于执行〈中华人民共和国行政诉讼法〉若干问题的解释》确定相邻人、公平竞争权人、受害人和信赖利益人等享有原告资格的原因所在。

其次，虽然与具体行政行为有法律上利害关系的人不限于相对人，还包括相关人，但是相关人的范围也不能无限制的扩大。只有相对人或相关人，尤其是相关人的权益损害与具体行政行为之间的联系达到相当因果关系程度时，才享有原告资格。

（二）行政诉讼中的原告资格认定

原告资格只是提供了作为行政诉讼原告所需具备的标准，但此标准具体到实践中如何确认，则是一个复杂的问题。由于我国《行政诉讼法》对于原告资格的规定过于原则，为了解决审判实践中遇到的当事人的权利受到侵害却不能请求司法救济的尴尬，最高人民法院《关于执行〈中华人民共和国行政诉讼法〉若干问题的解释》（以下简称《若干解释》）中作出了对行政诉讼原告资格的界定标准，以便明确当事人的原告资格，方便当事人行使诉权。

《若干解释》第12条规定："与具体行政行为有法律上利害关系的公民、法人或者其他组织对该行为不服的，可以依法提起行政诉讼。"同时，《若干解释》第13条规定："有下列情形之一的，公民、法人或者其他组织可以依法提起行政诉讼：（一）被诉的具体行政行为涉及其相邻权或者公平竞争权的；（二）与被诉的行政复议决定有法律上利害关系或者在复议程序中被追加为第三人的；（三）要求主管行政机关依法追究加害人的法律责任的；（四）与撤销或者变更具体行政行为有法律上利害关系的。"在此，司法解释以列举的方式对行政诉讼原告资格的问题作出了补充性规定，下面逐一分析：

第一，相邻权人的原告资格。

相邻权是相邻近的不动产所有人或利用人之间由法律所规定的权利、义务关系，比如排水权、通风权、日照权以及截水权等。相邻权并不是一项独立的民事权利，而是不动产所有权的当然扩张或限制。一般而言，对相邻权的侵害来自于相邻近的另一方不动产所有人或利用人，相邻权人也只能提起民事诉讼。但是在物权逐渐呈现出社会化的现代社会，许多物权行使行为均要经过行政机关的许可或批准。例如，在下列情形下，具体行政行为所许可或批准的民事行为可能侵犯到相邻权：（1）行政机关许可的采矿行为可能侵犯到了邻地使用权人的相邻权，如使其房屋倾斜；（2）对高层建筑的许可行为可能侵犯到了邻地使用人或邻地建筑物所有人的采光权、通风权；（3）许可在区分所有的建筑物内开设歌厅、饭馆等餐饮娱乐业，因使区分所有人得以改变原有单元房的用途而使用专有部分，从而侵犯到了其他区分所有人的相邻权等。

在以上三种情况中，相邻权人实际上是处于相关人的地位，行政机关的行为虽直接指向相对人，但作为与相对人有相邻关系的相关人因此也受到影响，欲从根本上保护相邻权，必须将赋予民事行为合法性的具体行政行为撤销或确认违法才可。因而需要赋予相邻权人原告资格。

第二，公平竞争人的原告资格。

公平竞争人的原告资格是指行政机关作出行政行为，通常是受益行政行为时,与行政行为的受益者处于竞争状态的其他人是否具有提起行政诉讼的资格。这主要取决于三个条件:(1)原告是否遭受了特别的人身或者财产损害,即公平竞争权必须与当事人受到损害的利益相结合。如果原告遭受的损害与其他相同情况下的人没有实质性的区别,那么原告就无法主张其受到了特别损害,因而也就缺乏提起诉讼的前提条件。(2)争议案件是否存在真正意义上的竞争,以及行政行为是否会损害合法的竞争,造成违法竞争的局面。竞争的表现形式很多,只有那些存在数量限制的竞争才需要政府的调节和控制。也只有在这些领域的政府行为才会影响到公平竞争人的权利和利益。(3)有无很强的政策和政治因素。如果行政行为是基于政策和政治考虑作出的,那么即使竞争权或者经济利益受到损害,也不宜通过行政诉讼的方式取得救济。

第三,受害人的原告资格。

受害人是指合法权益受到另一民事主体应受行政处罚的违法行为侵害的公民、法人或其他组织。在否定自力救济的现代社会,行政机关负有惩罚加害人以使受害人的合法权益得到保护的法定职责。如果行政机关疏于履行职责,或者受害人认为行政机关对加害人的处罚过轻时,法律需要赋予受害人原告资格,受害人对于行政机关拒绝追究的行为、不予答复的行为以及处罚过轻的行为均有权提起诉讼。

第四,与撤销或者变更具体行政行为有法律上利害关系的公民、法人或其他组织的原告资格。

一般而言,这种情形主要有两种:一是合法权益的保护依赖于被撤销或变更的具体行政行为的相对人、相关人;一是具体行政行为的信赖人。前者如行政处罚案件中的受害人,后者多指因不可归责于相对人的原因而出现的行政受益行为的撤销或变更。具体行政行为成立、生效之后,其所有的确定力、拘束力和执行力使当事人对其依赖、信赖并予以遵守,从而形成法律的安定性和确定性,尤其在具体行政行为的申请复议或提起诉讼的期间届满时,行政机关的撤销和变更行为往往会侵害到依赖人或信赖人的利益,这也是法律之所以赋予这一类相对人诉权的原因。

(三)本案的分析

本案中涉及的自然村显然不是公民和法人,是否属其他组织则存在着争议,以致出现一、二审的观点不同。所谓其他组织是指不具备法人条件,没有取得法人资格的社会组织或经济组织。本案中的自然村具备原告资格,主要基于以下考虑:首先,被告所作出的处理决定,明确将海埕使用权确定给行政村,由自然村群众生产使用。这说明自然村是具备条件的组织,与处理决定的内容有法律上的利益关系,自然村认为权益受到影响,依法可以提起行政诉讼。其次,从实际情况分析,一般的自然村实际上与村民小组为同一含义,一个自然村的人员实际上是一个村民小组的人员。村民小组依据村民组织法的规定,是具有法律意义的组织,当然可以成为诉讼的主体,但本案处理决定没有确定村民小组是享受权利的主体,因而不宜以村民小组的名义来起诉。第三,在林业、土地权属纠纷的处理过程,往往是以自然村名义作为主体来表述,所以审判实践中也均出现自然村作为诉讼主体的情形。在诉讼过程中一般是以村委会出具便函,证明该自然村的村民小组组长,用以作为诉讼代表人,该村民小组组长所实施的诉讼行为,可视为自然村为主体的诉讼行为。第四,纠纷的起因往往是自然村的村民在生产经营过程中,因发生合法权益被侵害而引起的,虽然处理决定确定纠纷海埕属村民委员会使用,但与其有直接利害关系的是自然村的群众,因此迫切要求解决处理的是群众,村委会并没有明显的利害关系,加之有的村委会受到乡镇政府的行政干预,因此,村委会往往怠于行使诉权,即使提起诉讼也是被动的,且往往在诉讼过程中又主动撤诉,这在审判实践中也是有例可查的。如果这类案件均要以村委会的名义提起诉讼,必然会影响社会效果。所以本案二审确定熨斗自然村具备原告主体资格是符合法律规定和行政诉讼的目的的。

(宁德市蕉城区人民法院　许可宁

厦门大学法学院　李　玲)

第二章

行政行为

Administrative Law

Administrative Law
Administrative Law
Administrative Law

⑥ 对复议机关的复议行为可以提起行政诉讼

——纪某诉某市公安局不作出复议决定案

一、 案 情

上诉人(原审原告):纪某,自由职业者。

被上诉人(原审被告):某市公安局。

2003年4月4日某县公安局以原告纪某冒充律师并收取现金500元违法为由,对原告作出拘留13天、罚款1000元、没收500元违法所得的行政处罚,原告在被拘留期间向被告某市公安局提出行政复议申请。2003年4月16日某县公安局办案人员在处罚决定书上进行涂改,免除罚款1000元和没收500元违法所得的处罚。其后,原告先后书写了"终止复议书"和"撤销行政复议申请书",并将"撤销行政复议申请书"提交给被告,要求撤回行政复议申请。被告经过审核后,于2003年4月23日作出行政复议终止通知书。纪某不服,向某区人民法院提起行政诉讼。

二、 裁 判

某区人民法院经审理认为,原告纪某在被告某市公安局作出行政复议决定之前,向被告提出撤回要求对某县公安局行政处罚决定进行行政复议的申请,被告审查后决定终止该行政复议,符合法律规定。原告认为其要求撤回复议申请是在受到某县公安局胁迫的情况下提出的,非其真实意思表示,但原告所举证据无法证明该事实的存在。因此,原告以此为由诉请撤销被告作出的行政复议终止通知书,理由不足,不予支持。据此,某区人民法院依照《最高人民法院关于执行〈中华人民共和国行政诉讼法〉若干问题的解释》第56条第4项之规定,判决驳回原告纪某的诉讼请求。

纪某不服一审判决,向某市中级人民法院提起上诉,诉请:(1)撤销一审行政判决;(2)判令被上诉人启动行政复议程序,维护上诉人合法的行政复议权;(3)判令被上诉人承担上诉人和证人的诉讼费、差旅费共4760元。

　　某市中级人民法院经审理认为,根据《行政复议法》第25条规定,"行政复议决定作出之前,申请人要求撤回行政复议申请的,经说明理由,可以撤回;撤回行政复议申请的,行政复议终止"。可知,行政复议终止的条件有四项:(1)必须是在行政复议决定作出之前;(2)必须是由申请人提出要求撤回行政复议申请;(3)申请人必须说明撤回行政复议申请的理由;(4)由行政复议机关决定是否终止行政复议。结合本案案情可知:上诉人提出的撤销行政复议申请行为发生在被上诉人对其作出行政复议决定之前;撤销行政复议申请书系上诉人亲笔书写;上诉人申请撤销行政复议的理由是"现经律师与公安机关协商,取消罚款1000元,没收500元处罚,申请人表示同意接受,特决定撤销行政复议申请",该理由合理合法,且没有证据证明上诉人申请撤销行政复议是在受到胁迫的条件下进行的,无法表明其撤销行政复议申请的行为不是其真实意思表示。被上诉人对该申请进行审查后决定终止该行政复议,符合法律规定。上诉人认为撤销行政复议申请的行为不是其真实意思表示,是在受到胁迫的条件下作出的,其理由不能成立,对其上诉请求撤销原审判决不予支持。上诉人在二审提出的其他两项上诉请求,属于在二审新增加的诉讼请求,依法不予准许。原审判决认定事实清楚、证据确凿,适用法律正确,程序合法,依法应予维持。依照《行政诉讼法》第61条第1项的规定,该市中院判决:驳回上诉,维持原判。

三、 评析

　　本案的焦点问题在于复议机关在本案中不作出复议决定是否合法。下面依照法律规定并结合本案案情对此问题进行剖析。

　　(一)复议不作为及其法律救济

　　行政不作为是指行政主体消极维持既有法律状态,并表现为不履行法定职责的行为。行政不作为是相对于行政作为而言的,同行政作为存在合法与违法两种可能的情形相比,行政不作为只可能是违法的。行政不作为具有多种表现形态,例如,拒绝颁发许可证,拒绝发放抚恤金,等等。

　　行政复议机关同样有行政不作为的可能。根据《行政复议法》第1条的规定,国家设立行政复议的目的在于"防止和纠正违法的或者不当的具体行政行为,保护公民、法人和其他组织的合法权益,保障和监督行政机关依法行使职权",同时,《行政复议法》还对行政复议范围、行政复议申请、行政复议受理、行政复议决定以及法律责任等问题进行了详细的规定,该法第31条规定:"行政复议机关应当自受理申请之日起60日内作出行政复议决定⋯⋯"第34条还规定:"行政复议机关违反本法规定在法定期限内不作出行政复议决定的,对直接负责的主管人员和其他直接责任人依法给予警告、记过、记大过的行政处分。"由此可知,复议机关在受理复议案件后必须作出复议决定,负有作为的义务。如果复议机关在法定期限内没有作出应当作出的行为,则可能构成复议不作为。

复议机关的复议不作为实际上构成了对行政相对人权利的侵害。国家制定《行政复议法》设置行政复议程序的目的不仅仅在于防止和纠正违法的或者不当的具体行政行为,更在于保护公民、法人和其他组织的合法权益。因此,行政复议实际上构成了行政相对人在行政程序内部寻求救济的权利。基于这样的理由,复议不作为实际上是对行政相对人获得救济的权利的违反。也正因为如此,行政相对人可以就复议机关的复议不作为向人民法院提起行政诉讼,寻求司法救济。此时的司法救济应当根据复议程序是否为行政诉讼的前置程序分为如下两种情况。

复议程序不是法律要求的前置程序的,如果相对人对于一项具体行政行为不服,启动复议的行政程序还是启动行政诉讼的司法程序,应当取决于当事人的自主选择。如果行政相对人选择前者,而复议机关在法定期间内不作出复议决定,行政相对人仍然享有向法院寻求司法救济的权利。此时,将作出原具体行政行为的机关还是将复议机关作为被告同样取决于相对人的选择。最高人民法院《关于执行〈中华人民共和国行政诉讼法〉若干问题的解释》第22条规定:"复议机关在法定期间内不作复议决定,当事人对原具体行政行为不服提起诉讼的,应当以作出具体行政行为的行政机关为被告;当事人对复议机关不作为不服提起诉讼的,应当以复议机关为被告。"因此,适格的被告应根据原告提起诉讼的具体诉讼请求来确认,也就是说,根据原告诉何种行为来确定谁做被告。如果原告起诉的是原具体行政行为,作出原具体行政行为的行政主体为被告;如果原告起诉的是复议机关不作为行为,则复议机关为被告。

法律要求行政复议是诉讼的前置程序的,如果出现复议机关不作为的情形,行政相对人可以提起行政诉讼,但对于应以作出原具体行政行为的行政主体为被告还是以复议机关为被告,《行政诉讼法》没有作出明确的规定,因此,理论上有两种不同的主张。

一种意见认为,复议程序是前置程序的,复议机关不予受理或逾期不作出复议决定的,当事人不能直接起诉原裁决机关。因为如果当事人起诉原裁决机关,法院只能就原具体行政行为是否合法进行审查,这实质上是逃避或绕过了法律设定的复议前置程序,而与《行政复议法》和《行政诉讼法》的规定相悖。

如果当事人申请复议的目的是解决原裁决不合理的问题,法院不能对不合理的问题进行审查。因此,申请人只能对复议机关的复议不作为提起诉讼。

另一种意见认为,《行政诉讼法》第 37 条第 2 款规定,"法律、法规规定应当先向行政机关申请复议,对复议不服再向人民法院提起诉讼的,依照法律、法规的规定"。复议程序为前置程序的案件,如果复议机关对申请人的申请不予受理或逾期不答复的,谁为适格被告,主要取决于申请人的自愿选择,根据申请人的意志来确定被告。即申请人对复议机关不作为提起诉讼的,应按《行政复议法》第 19 条规定来受理;申请人不起诉复议机关的不作为,直接就原具体行政行为向人民法院起诉的,人民法院应按《行政复议法》第 16 条规定受理。

笔者认为,以第二种意见为宜,理由是:复议机关既然不受理或逾期不作出复议决定,与其由人民法院判决其受理,还不如由人民法院直接就实体问题进行处理,这样既能减少程序上的麻烦,方便申请人的诉讼,也能够防止复议机关借复议前置程序滥用职权。行政复议程序由于其特性有时能向相对人提供司法程序所不能提供的救济,例如,复议机关可以审查原具体行政行为的合理性并变更原具体行政行为,而司法机关则鲜有司法变更权。但笔者认为,这并不能成为缩减相对人选择权的理由,应当允许相对人在慎重衡量后进行选择。

(二)本案中某市公安局的行为不属于复议不作为

本案中,复议机关已经作出行政行为,不属于复议不作为。

上诉人纪某依法向复议机关某市公安局提出复议申请,某市公安局已经依法予以受理。从有关法律规定可知,复议机关应当在法定期限内依法作出复议决定,否则就违反了行政复议法的规定。但是,本案的行政复议机关并未作出行政复议决定,而是根据《行政复议法》第 25 条的规定作出行政复议终止通知书。

根据《行政复议法》第 17 条、第 25 条、第 28 条、第 29 条的规定,结合《国务院法制办公室关于印发复议法律文书(试行)格式的通知》(国法函[2000]31号)的规定,行政复议案件的结案文书有三种:不予受理决定书、行政复议终止通知书和行政复议决定书。行政复议案件的结案方式有九种:不予受理、复议终止、予以维持、限期履行、予以撤销、予以变更、确认违法、责令重作、责令赔偿。因此,复议机关作出行政复议终止通知书,以复议终止的形式结案,也是履行复议职责的一种合法形式。

但是终止复议必须严格按照《行政复议法》第 25 条的规定进行:"行政复

议决定作出之前,申请人要求撤回行政复议申请的,经说明理由,可以撤回;撤回行政复议申请的,行政复议终止。"从该条规定来看,国家对行政复议的终止有着严格的限制:(1)提出撤回行政复议申请要求的必须是申请行政复议的公民、法人或者其他组织;(2)提出撤回行政复议申请必须完全出于自愿;(3)提出撤回行政复议申请必须符合法律规定;(4)提出撤回行政复议申请的时间必须是在行政复议决定作出以前。只有这样,行政复议机关才能依法决定行政复议终止,否则就必须依法作出行政复议决定。

结合本案案情可知:上诉人提出的撤销行政复议申请行为发生在被上诉人对其作出行政复议决定之前;撤销行政复议申请书系上诉人亲笔书写;上诉人申请撤销行政复议的理由是"现经律师与公安机关协商,取消罚款1000元,没收500元处罚,申请人表示同意接受,特决定撤销行政复议申请",该理由合理合法,且没有证据证明上诉人申请撤销行政复议是在受到胁迫的条件下进行的,其撤销行政复议申请的行为不是其真实意思表示。被上诉人对该申请进行审查后决定终止该行政复议,符合法律规定,因此,其未作出行政复议决定并不违法。

(宁德市中级人民法院　董宇

厦门大学法学院　王建学)

⑦ 复议机关改变原具体行政行为

——许某不服某市公安局治安管理处罚复议决定案

一、 案情

原告:许某。

被告:某市公安局。

2002年5月1日下午16时许,原告许某伙同袁某等人在某县溪坪菜市场内,以抓骰子的方式进行赌博,袁某和许某因赌博而发生争吵。某县公安局接到报案后,根据调查收集的证据,认定袁某和许某参与赌博,于 2002 年 5 月 14 日分别作出治安管理处罚裁决书,对袁某和许某分别处以罚款 1000 元和治安拘留 10 天的治安管理处罚。许某不服该处罚决定,向被告某市公安局申请复议。某市公安局以许某参与赌博的情节比袁某轻,某县公安局作出的治安拘留 10 天的处罚明显不当为由,作出行政复议决定,变更某县公安局的处罚决定,对许某处以罚款 500 元的处罚。原告许某不服被告的复议决定,向人民法院提起行政诉讼。

二、 裁 判

一审法院经审理认为,被告某市公安局的复议决定认定事实清楚、适用法律法规正确,并且不违反法定程序,因此判决予以维持。原告许某不服一审判决,向某市中级人民法院提起上诉,二审法院依法维持了一审判决。

三、 评 析

本案主要涉及复议机关改变原具体行政行为而被起诉为被告的问题。

(一)复议机关改变原具体行政行为的,应以复议机关为被告

行政复议是行政机关进行自我纠错,并在行政程序内部为行政相对人提供救济的法律制度。在行政复议程序中,行政相对人认为行政主体作出的具体行政行为侵犯其合法权益,依法向复议机关提出复查该具体行政行为的申请,复议机关依复议申请人的申请,对原具体行政行为的合法性与适当性进行审查,并作出复议决定。复议机关审查的结果,根据《行政复议法》的规定,则可能有以下三种:认为原具体行政行为认定事实清楚,证据确凿,适用依据正确,程序合法,内容适当的,决定维持;认为被申请人不履行法定职责的,决定其在一定期限内履行;认为原具体行政行为主要事实不清、证据不足的,或适用依据错误的,或违反法定程序的,或超越或者滥用职权的,或原具体行政行为明显不当的,决定撤销、变更或者确认该具体行政行为违法。决定撤销或者确认该具体行政行为违法的,可以责令被申请人在一定期限内重新作出具体行政行为。

经过复议程序的案件,行政相对人不服向法院起诉,对于如何确定行政诉讼被告的问题,根据《行政诉讼法》第 25 条第 2 款规定,"经复议的案件,复议机关决定维持原具体行政行为的,作出原具体行政行为的行政机关是被告;复

议机关改变原具体行政行为的,复议机关是被告"。对于何为"改变原具体行政行为",根据最高人民法院《关于执行〈中华人民共和国行政诉讼法〉若干问题的解释》第7条规定:"复议决定有下列情形之一的,属于行政诉讼法规定的'改变原具体行政行为':(一)改变原具体行政行为所认定的主要事实和证据的;(二)改变原具体行政行为所适用的规范依据且对定性产生影响的;(三)撤销、部分撤销或者变更原具体行政行为处理结果的。"具体而言:

第一,复议机关改变原具体行政行为所认定的主要事实和证据的。具体行政行为的作出必须依据一定的事实,以足够的证据为基础。如果复议机关认为原具体行政行为认定的事实不够充分和确凿,可以改变原具体行政行为所认定的事实,相应地在新的事实的基础上作出行政行为。当原具体行政行为所依据的主要事实和证据被复议机关所改变时,即属于复议机关改变原具体行政行为的情形之一。

第二,复议机关改变原行政行为所适用的法律、法规和规章,并对定性产生影响的。如同具体行政行为的作出必须具有一定的事实基础一样,其作出还必须依据法律、法规和规章,也就是要有规范上的依据。"依法行政原则"要求任何行政行为都必须有法律依据,具体行政行为的作出没有适用应当适用的法律,或者适用了不应当适用的法律,都属于行政行为缺乏法律依据。如属上述情况,复议机关经过审查后应改变原具体行政行为所适用的法律,重新作出新的行政行为。但应当注意的是,复议机关在具体行政行为原适用法律的基础上,补充一些具体规定,或改变原具体行政行为所适用的规范并没有对案件的定性产生影响的,不能视为改变原具体行政行为。

第三,复议机关撤销、部分撤销或变更原具体行政行为的处理结果的。具体行政行为是对特定事实适用特定法律的结果,尽管复议机关未改变原具体行政行为所认定的事实和适用的法律,但却可以对法律应如何适用于事实有不同的理解。如果复议机关就特定法律如何适用于特定事实有不同于作出原具体行政行为的行政主体的理解,复议机关则可能改变原具体行政行为的处理结果,从而体现为撤销、部分撤销或变更原具体行政行为。在这种情形下,对具体行政行为处理结果的改变,实际上已经相当于对该行为本身的改变。以复议机关而不是以作出原具体行政行为的行政主体为被告的理由是:复议机关对具体行政行为加以改变的理由更为清楚。

(二)本案中的问题

1. 被告某市公安局作出复议决定的法律依据

《治安管理处罚条例》第32条第1款和第2款分别规定:"严厉禁止下列

行为：(一)赌博或者为赌博提供条件的"，"有上述行为之一，处十五日以下拘留，可以单处或者并处三千元以下罚款；或者依照规定实行劳动教养；构成犯罪的，依法追究刑事责任"。根据上述规定，行为人参与赌博的，公安机关可以对违法行为人作出治安管理处罚，处以罚款或者拘留(需对违法行为人处以劳动教养的，由劳动教养管理委员会决定)。而若被处罚人不服该处罚决定，譬如本案原告不服某县公安局的处罚决定，则可以向作出处罚的行政机关的上一级行政机关申请复议。具体在本案中，复议机关则可以为某县人民政府或某市公安局。

根据《行政复议法》第28条第1款第3项的规定："具体行政行为有下列情形之一的，决定撤销、变更或者确认该具体行政行为违法；决定撤销或者确认该具体行政行为违法的，可以责令被申请人在一定期限内重新作出具体行政行为：(1)主要事实不清、证据不足的；(2)适用依据错误的；(3)违反法定程序的；(4)超越或者滥用职权的；(5)具体行政行为明显不当的。"复议机关有权撤销或者变更原具体行政行为，或者确认原具体行政行为违法。在本案中，被告某市公安局根据本案的相关证据，认定同案人袁某的赌博情节比原告许某重，而其仅受到罚款1000元的处罚，相比之下，原告反而受到治安拘留10天的处罚，某县公安局作出的处罚显然有失公正，违背了行政合理原则。某市公安局根据《行政复议法》第28条第1款第3项第5目所列情形，认定某县公安局作出的具体行政行为明显不当，从而变更某县公安局的处罚决定，对原告处罚款500元，是完全正确的。

2. 某市公安局乃本案的被告

《行政诉讼法》第25条第2款规定："经复议的案件，复议机关决定维持原具体行政行为的，作出原具体行政行为的行政机关是被告，复议机关改变原具体行政行为的，复议机关是被告。"上述规定表明，如复议机关在复议过程中改变原具体行政行为的，则应当作为行政诉讼的被告。而所谓的"改变原具体行政行为"，其含义按照最高人民法院《关于执行〈中华人民共和国行政诉讼法〉若干问题的解释》第7条的规定："复议决定有下列情形之一的，属于行政诉讼法规定的'改变原具体行政行为'：(一)改变原具体行政行为所认定的主要事实和证据的；(二)改变原具体行政行为所适用的规范依据且对定性产生影响的；(三)撤销、部分撤销或者变更原具体行政行为处理结果的。"在本案中，复议机关某市公安局将某县公安局对许某作出的治安拘留10天的处罚变更为罚款500元，显然属于变更了原具体行政行为的处理结果，因而属于改变原具体行政行为。因此，许某不服，向人民法院起诉，作为复议机关的某市公安局应作为本案的被告,而不是由作出原具体行政行为的行政机关为被告。

(柘荣县人民法院 吴盛桥

厦门大学法学院 王建学)

⑧ 公证行为的可诉性

——左某诉某市公证处撤销公证行为案

一、 案 情

原告:左某。

被告:某市公证处。

负责人:杨某。

第三人:黄某,男。

第三人:李某。

第三人:黄某一。

第三人:黄某二。

第三人:黄某三。

1999年4月5日被告依第三人的申请,作出了(1999)宁地证字第73号继承权公证书,将某市东湖塘五里亭面积为132平方米宅基地使用权(其中包括黄某(男)的土地使用面积70.17平方米)确认为黄某(男)父母共有财产,财产的一半为死者黄某(男)父亲的遗产,由第三人继承。原告不服提起诉讼。

原告左某诉称:1988年1月原告与第三人黄某(男)结婚,共同共有一块位于某市东湖塘五里亭面积为70.17平方米的土地,并以黄某(男)的名义领有国有土地使用证和房屋所有权证。1999年4月5日被告依第三人的申请,作出了(1999)宁地证字第73号继承权公证书,将原告夫妻共有的财产确认为黄某(男)父母共有财产,财产的一半为死者黄某(男)父亲的遗产,由第三人继承。对此,原告认为,被告的公证行为侵犯了其夫妻共同共有的财产。为了维护原告的合法权益,请求法院撤销被告的公证行为。

被告辩称:(1)公证处作为中介组织,没有行使国家行政权,公证过程也没有行政管理的内容,公证行为不应当被认为是行政行为。因此,本案不属行政诉讼案件。(2)本案若作为行政案件受理,其作出的公证书已于1999年4月7日送达相关当事人,原告于2003年10月提起诉讼,已超过起诉期限。

第三人同意被告的答辩意见,请求法院维持被告作出的(1999)宁地证字第73号继承权公证书。

二、 裁 判

某区人民法院审理认为,被告在规定的时间内未提供相关材料,应当认定该具体行政行为没有证据、依据。被告经本院两次合法传唤,无正当理由拒不到庭,视为自愿放弃诉讼权利。原告要求撤销被告作出的继承权公证书有理,应予以支持。据此,依照《行政诉讼法》第48条、第54条第2款第1项之规定作出判决:撤销被告某市公证处于1999年4月5日作出的(1999)宁地证字第73号继承权公证书。

三、 评 析

本案审理过程中主要涉及以下几个问题:

(一)关于公证行为的可诉性问题

当事人不服公证机关作出的公证行为时,能否提起行政诉讼?对于这一问题的回答,大体应从两个方面来看。首先要看公证行为是不是一种行政行为。如果不是,那么显然不能对其提起行政诉讼。如果它是一种行政行为,那么,接着的问题就是,它是否属于行政诉讼的受案范围?因为并不是所有的行政行为都可以被提起行政诉讼的,如抽象行政行为、内部行政行为、非强制性的行政指导行为等不能被提起行政诉讼。所以以下我们将从两个方面来对这一问题进行分析:

第一,公证行为是否属于行政行为

所谓公证是指公证机关根据当事人的申请,依法证明法律行为、有法律意义的文书和事实的真实性、合法性,以保护公共财产,保护公民身份上、财产上的权利和合法利益的国家证明活动。公证是由公证机关进行的一种公力证明活动。那么对公证机关作出的公证行为不服是否可以提起行政诉讼呢?这是一个在实践中争议较大的问题。一种观点认为,当事人对公证行为不服提起诉讼,法院不应当作为行政案件受理。其理由是公证处不是行政机关,公证行为也不是具体行政行为。公证行为不具有行政管理的内容和属性,这类纠纷作为行政案件受理不适当,而应通过民事诉讼的方式来解决。另一种观点认为公证处是国家机关,公证行为虽然不直接创设权利义务,但对当事人的权利义务具有影响力,属于准行政行为,应纳入行政诉讼的受案范围。这两种观点的主要分歧在于公证行为的性质,前者认为它不是一种行政行为,后者认为它是一种行政行为。学理上一般认为,行政行为是指对行政主体为实现国家行政管理目的、行使行政职权和履行行政职责所施的一切具有法律意义、产生法律效果的行为。依据这个定义,行政行为构成要素有以下三个方面:一是行政行为是行政主体所采取的行为。行政主体包括国家行政机关和法律法规授权的其他组织或个人。二是行政行为是行政主体行使行政权力的行为。三是行政行为是产生法律效果的行为。这里的法律效果是指对行政法律关系当事人(行政主体与行政相对人)的权利义务而言。这样看来,如果公证行为是一种行政行为,那么它就应该具备上述三个要素,换句话说,判断公证行为是不是一种行政行为,可以从上述三个方面进行判断:

首先,公证行为是不是行政主体所采取的行为。核心问题是公证处是不是行政主体。从组织形式上看,我国目前的公证机构有三种组织形式,即行政机关、事业单位、合作制。行政体制仍是主流形式,事业体制是有条件的结合。行政体制同时还进行了新的组织形式尝试,如合作制公证处。这种合作制是坚持从我国国情出发,为尽早建立与我国政治、经济体制相适应的公证机构组织形式而进行的一种探索。从我国目前规范公证行为的主要法规,即《公证暂行条例》的第 3 条和第 6 条的规定来看,公证处应当属于法律、法规授权的组织。因为该法第 3 条规定"公证处是国家公证机关",而第 6 条则规定"公证处受司法行政机关领导"。从这两条的规定来看,把公证处认定为法律、法规授权的组织并无不妥。

其次,公证行为是否为行政主体行使权力的行为。既然公证处是一种法律、法规授权的组织,即是一种行政主体,那么,依《公证暂行条例》第 2 条及第 2 章关于公证业务的规定可知,作出公证行为是公证机关的主要职责,其有权依据当事人的申请进行相关事项的公证,所以公证行为是公证机关行使权力的行为。

再次,公证行为是否是产生法律效果的行为。认为公证行为不是一种行政行为的一个重要依据是公证行为只是对当事人已存在的某种权利义务关系予以证明,并未改变当事人间的权利义务关系,而不像行政行为那样创设、改变或消灭当事人之间某种权利义务关系。我们认为虽然与通常的行政行为如行政处罚、行政强制等相比较,公证行为通常情况下对当事人的权利义务影响没有那么强烈,但是这种差别却不足以认为公证行为就不是一种行政行为。学理上,按行政行为对行政相对人权益所产生的强弱程度把行政行为分为三类:对于管理相对人权益关系产生强烈或直接影响的行政行为可以称之为一级行政行为,它能够直接改变相对人的权利义务关系,产生直接的行政法效果,这类行为就是行政法上的法律行为。如行政命令、行政处罚、行政强制等等。有些行政行为对相对一方当事人的权益关系所产生的影响是极其间接的,它的作用范围主要在行政系统内部,如行政计划行为、行政公文处理行为、内部行政通报行为、行政预测行为等,这些行为在行政行为体系中处于第三级别,可以称之为三级行政行为。通常所说的行政法上的事实行为大都属于此。二级行政行为是介于一级行政行为与三级行政行为之间的行政行为,它对相对人权益的影响弱于一级行为,如行政法上的确认行为、公证行为、受理行为、通知行为、认可行为等等。这类行为在行政法学理论上也叫作准行政行为。由此可见,公证行为是一种准行政行为。公证行为作为一种准行政行为,通常情况下,在影响当事人权益方面是比较弱的。一般认为公证具有如下三种效力:(1)证据效力。即公证书具有特殊的证明力,人民法院对经过公证证明的法律行为、法律事实和文书,应该确认其效力。(2)强制执行效力。即经过公证证明的追偿债款和物品的债权文书,债务人不履行时,债权人可持该公证书直接向法院申请强制执行。(3)法律要件效力。即在特定条件下,公证证明成为某些法律行为成立的必要条件时,对当事人产生的约束力。这样看来,公证行为是能产生法律效果的行为。

综上三个方面,公证行为是由作为法律、法规授权组织的公证处行使其法定职权时,作出的具有法律效果的行为,符合行政行为的一般法律特征,是一种行政行为。

第二,公证行为是否属于行政诉讼的受案范围

前面我们已经论述了公证行为属于行政行为,那么依据《行政诉讼法》及2000年3月10日最高人民法院《关于执行〈中华人民共和国行政诉讼法〉若干问题的解释》关于行政诉讼受案范围的规定,公证行为是否属于行政诉讼的受案范围呢?首先,公证行为显然没有被明确排除在行政诉讼的受案范围之外,因为依据《行政诉讼法》及最高人民法院《关于执行〈中华人民共和国行政诉讼法〉若干问题的解释》的规定,被排除在行政诉讼范围之外的,只有如下九种:国防、外交等国家行为,行政规范性文件,行政机关对行政机关工作人员的

奖惩、任免等决定,终局具体行政行为,公安、国家安全等机关依照刑事诉讼法的明确授权实施的行为,调解行为以及法律规定的仲裁行为,不具有强制力的行政指导行为,驳回当事人对行政行为提起申诉的重复处理行为,对公民、法人或者其他组织权利义务不产生实际影响的行为。最高人民法院《关于执行〈中华人民共和国行政诉讼法〉若干问题的解释》第1条对可以提起行政诉讼的行政行为作了概括的规定,即"公民、法人或者其他组织对具有国家行政职权的行政机关和组织及其工作人员的行政行为不服,依法提起诉讼的,属于人民法院行政诉讼的受案范围"。从该条规定来看,可诉的行政行为应当具备以下条件:第一,可诉行政行为是具有国家行政职权的行政机关和组织及其工作人员所实施的行为;第二,可诉行政行为是与行使国家行政职权有关的行为;第三,可诉行政行为是对公民、法人或者其他组织的权益产生实际影响的行为;第四,可诉行政行为是具有司法审查可能性和必要性的行为。公证行为作为行政行为中的一种,显然具备以上四个条件。当然,具体的法律依据我们认为应当是《行政诉讼法》第11条第1款第8项规定,即"认为行政机关侵犯其他人身权、财产权的"而提起的诉讼属于行政诉讼的受案范围。该条前7项规定的具体行政行为是以列举方式出现的,而第8项的规定是一种概括性规定,即除了上述7项行为外,凡是有关人身权和财产权的,只要公民、法人或者其他组织认为受到具体行政行为侵犯,都属于人民法院的受案范围。在这里"其他"不是用来限定人身权和财产权的,而是限定具体行政行为的,即指除明确列举的7种具体行政行为以外的其他具体行政行为。例如:受理行为、通告行为、确认行为、证明行为、事实行为、行政协议等等;另外,司法部发布的《公证程序规则(试行)》第55条规定,当事人对公证处作出的不予受理、拒绝公证、撤销公证书的决定有异议的,可以在接到决定书之日内,向该公证处的本级司法行政机关申请复议;第58条规定,复议申请人对复议不服的,可以在接到复议的决定后15日内,向人民法院起诉。司法部《关于涉及公证事项的司法行政复议有关问题的批复》中再次规定:"可以申请复议有关公证事项的行政行为的范围包括:认为行政机关撤销公证书的决定侵犯其合法权益或者妨碍其合法权益实现的;认为公证处不予受理,拒绝或终止办证,撤销或不予撤销公证书,侵犯其合法权益或者妨碍其合法权益实现的。"《福建省公证工作若干规定》第23条规定,对司法行政机关作出的处罚决定、撤销公证书决定以及申诉的处理决定不服的,当事人可以依法申请行政复议或提起行政诉讼。由此可见,有关法律法规均对不服公证书或对公证事项有异议的规定了申诉、行政复议、行政诉讼的程序。这说明公证行为应属于行政诉讼受案范围。

(二)关于本案的起诉期限问题

根据最高人民法院《关于执行〈中华人民共和国行政诉讼法〉若干问题的解释》第 27 条第 1 款规定,原告负责证明起诉符合法定条件,但被告认为原告起诉超过起诉期限的除外。故被告认为原告起诉超过起诉期限的,应当由被告提供相关证据。本案被告未能提供证据证明原告的起诉超过期限。因此,不能认定原告的起诉超过期限。

(三)法院撤销被告作出的继承权公证书是正确的

根据最高人民法院《关于执行〈中华人民共和国行政诉讼法〉若干问题的解释》第 26 条"在行政诉讼中,被告对其作出的具体行政行为承担举证责任。被告应当在收到起诉状副本之日起 10 日内提交答辩状,并提供作出具体行政行为时的证据、依据;被告不提供或者无正当理由逾期提供的,应当认定该具体行政行为没有证据、依据"的规定,及《行政诉讼法》第 48 条"经人民法院两次合法传唤,原告无正当理由拒不到庭的,视为申请撤诉;被告无正当理由拒不到庭的,可以缺席判决"的规定,本案被告不提供证据,也不出庭应诉,无法证明其作出的公证行为的合法性,应承担败诉后果。因此,法院作出撤销被告公证书的判决是正确的。

(宁德市蕉城区人民法院　叶丽丹

厦门大学法学院　石世峰)

⑨ 行政确认是可诉行政行为
——柯某某诉乡政府林木林地权属争议处理决定案

一、案情

原告:柯某某。

被告:某县某乡人民政府。

柯某某于 1999 年 9 月 2 日向某县某乡人民政府提交"林木林地权属争议处理申请书",以柯二、柯三为被申请人,请求确认位于某乡富塘村俗名"猴石岭"山场四至范围内的林地使用权和林木所有权归其所有。某乡人民政府受理后,追加该乡富塘村村委员会为第三人,并于 2002 年 11 月 27 日作出"关于林木林地权属争议处理决定书",决定:(1)坐落于某乡富塘村俗名"契石"纠纷山场的林地所有权归第三人富塘村村民委员会村集体所有(面积 13 亩);(2)纠纷山场的林地使用权和林木所有权归被申请人柯二所有(面积 13 亩)。柯某某不服该行政处理决定,于 2002 年 12 月 23 日向某县人民政府提起行政复议申请,某县人民政府于 2003 年 2 月 20 日作出行政复议决定书,维持某乡人民政府作出的屏路政(2002)第 34 号"关于林木林地权属争议处理决定"。柯某某仍表示不服,遂于 2003 年 3 月 6 日,以该乡人民政府为被告,向某县人民法院提起行政诉讼,请求依法判令撤销被告作出的处理决定,并判决"猴石岭"山场的林地使用权和林木所有权归其所有。

二、 裁 判

某县人民法院审理后认为,某乡人民政府作出的关于林木林地权属争议行政处理决定,符合"谁造林管护,林权归谁所有"的处理原则,并且处理程序合法,应予以维持。遂判决维持该乡人民政府 2002 年 11 月 17 日作出的争议处理决定。

柯某某不服一审判决,向某市中级人民法院提起上诉。某市中级人民法院审理后认为,某乡人民政府作出的"关于林木林地权属争议处理决定",事实清楚,程序合法,适用法律正确,依照《行政诉讼法》第 54 条第 1 款的规定,应予维持。因此,对一审判决予以维持。据此,判决驳回柯某某的上诉,维持原判。

三、 评 析

本案涉及的主要行政法问题是行政确认这一具体行政行为,具体到本案中,即某乡人民政府对位于某乡富塘村俗名"猴石岭"山场四至范围内的林地使用权和林木所有权问题作出的行政确认行为。而本案中关于该山场的林地使用权和林木所有权涉及的焦点问题是争议山场的俗名是否是"契石"以及争议的山场是否在被申请人柯二的土地证的四至范围之内。

(一)行政确认的概念和法律特征

行政确认,是指行政主体依法对行政相对人的法律地位、法律关系或者有关法律事实进行甄别,给予确定、认定、证明(或否定)并予以宣告的具体行政行为。作为具体行政行为的行政确认,具有以下的法律特征:

第一,行政确认行为的主体是行政主体。也就是说,只有行政机关以及法律、法规授权的组织,针对行政法律规范所规定的需要确认的事项,在其职权范围内,依照法定的程序,根据法定的条件,作出的确认行为才能称之为行政确认。

第二,行政确认行为的内容是对行政相对人的法律地位和权利义务的确定或否定。行政确认行为的直接对象是那些与行政相对人的法律地位和权利义务紧密相关的特定法律事实或法律关系。通过对这些对象进行法律、法规和规章所规定项目的审核、鉴别,以达到确定行政相对人是否具备某种法律地位,是否享有某种权利,是否应承担某种义务。例如,对土地使用权的确认,对收养关系的确认等,都是为了确定其是否具有相应的权利义务。

第三,行政确认权是国家行政权的组成部分,行政确认行为是行政主体实施的具体行政行为。这种行政确认行为由特定的行政主体针对特定的相对人或特定事项实施,是行政机关代表国家所作的权威性认定。尽管行政确认行为中的行政主体往往处在平等主体当事人双方之间,但是,行政主体的确认权不是源于当事人的自愿委托,而是直接来源于国家行政管理权。所以,行政确认行为不同于公民个人的作证行为以及非行政主体的技术鉴定行为,而是具有强制力的行政行为,有关当事人必须服从,否则即要承担相应的法律责任。

在行政确认中,除土地所有权确认等直接决定行政相对人的法律地位和权利义务的行为外,还有些行政确认行为属于技术鉴定,其本身并不直接确定行政相对人的权利义务,但是,该鉴定的结论却是决定行政相对人权利义务的先决条件。也就是说,技术鉴定间接确定行政相对人的权利义务。许多情况下,一般是首先有行政确认行为,然后才能据以作出有关处理决定。因此,行政机关所进行的技术鉴定也可归入行政确认行为。

第四,行政确认是要式的行政行为。由于行政确认的直接表现形式是对特定的法律事实或法律关系是否存在的甄别和宣告,所以,行政主体在作出确认行为时,必须采用书面的形式,并按照特定的技术规范要求作出。参加确认的有关人员应当在确认文件上签名并由确认的行政主体加盖印鉴。如果没有满足以上的形式要求,则难以产生预期的法律效力。

第五,行政确认是羁束性行政行为。行政确认是对特定法律事实或法律关系是否存在进行的宣告,以便确定相对人的法律地位和权利义务,而某种法律事实或法律关系是否存在,是由客观事实和法律规定决定的,并受到各种技术性规范的制约。因此,行政主体的确认行为,只能严格地按照法律规定和技术规范进行操作,没有自由裁量的余地,或者说很少自由裁量的余地。

(二)行政确认的主要形式和种类

根据法律规范和行政管理活动的实际情况,行政确认主要有如下几种具体形式:

1. 确定。确定指的是行政主体对个人或组织的法律地位与权利义务的确定,如颁发土地使用证、宅基地使用证或房屋产权证书等,以确定相对人的财产所有权。

2. 认定。认定指的是行政主体对个人或组织已有的法律地位和权利义务以及确认事项是否符合法律要求的承认和肯定。例如,对无效合同或行为的认定,对交通事故责任的认定,对产品质量是否合格的认定以及对企业性质的判定等。

3. 证明。证明指的是行政主体向其他人明确肯定被证明对象的法律地位和权利义务或某种情况的真实性的行为。如对身份、学历、资格的证明,对货物原产地的证明等。国家公证机关根据当事人的申请,依法证明法律行为,有法律意义的文书和事实的真实性、合法性的行为称为公证。可见,公证行为是通过国家公证机构来确认并宣告相对人的法律地位或权利义务是否存在的活动,是行政确认的重要内容之一。

4. 登记。登记指的是行政主体应相对人的申请,在法定的规范性登记形式中,记载相对人的某种情况或事实,并依法对其法律地位和权利义务予以正式确认的行为。例如,工商企业的注册登记、房屋产权登记和户口登记等。

5. 鉴证。鉴证是指行政主体对某种法律关系的合法性予以审查后,确认或证明其效力的行为。例如,工商管理机关对经济合同的鉴证,有关部门对选举是否合法的确认,对文化制品是否合法的确认等。

以上各种形式的行政确认,其所确认的内容可分为两个方面,即法律事实和法律关系。

对法律事实的行政确认。行政确认中的法律事实,除具有一般法律事实的性质外,着重强调其特定的确定行政相对人的法律地位和权利义务的属性。这些法律事实都与能否确认管理相对人的法律地位和权利义务有着紧密的联系,是一种特定的法律事实,包括某项事实的性质、状态、质量、规格、等级、数量等方面。如对相对人具体行政违法行为性质的认定,对产品质量的检验认证等。对特定法律事实的确认,是行政确认中数量较大的部分,涉及的范围也较广，内容较为复杂。

对法律关系的确认。行政确认中的法律关系是特定的，是以确定行政相对人的法律地位或权利义务是否存在或者是否合法、有效，以及相对人权利义务性质为内容的。行政确认行为所引起的法律关系和行政确认行为所要予以确认的法律关系，是两个不同的概念。前者是行政主体在行政确认行为中引起的，并由行政法律规范予以规定的，实施确认行为的行政主体与管理相对人之间的权利义务关系。后者则是行政确认行为所要确认的对象。这些作为确认对象的法律关系，可以是行政法律关系，也可以是民事法律关系或者其他法律关系。

目前，我国法律、法规规定的有关特定法律关系的行政确认大致有如下内容：

第一，不动产所有权的确认。包括城镇私有房屋所有权、土地所有权等。例如《土地管理法》第11条第1款规定："农民集体所有的土地，由县级人民政府登记造册，核发证书，确认所有权。"

第二，不动产使用权的确认。包括自然资源使用权、土地使用权等。例如《土地管理法》第11条第4款规定："确认林地、草原的所有权或者使用权，确认水面、滩涂的养殖使用权，分别依照《森林法》、《草原法》和《渔业法》的有关规定办理。"

第三，合同效力的确认。包括劳动争议仲裁委员会对无效的劳动合同的确认，以及对解除合同效力的确认等等。例如《劳动法》第18条第3款规定："劳动合同的无效，由劳动争议仲裁委员会或者人民法院确认。"

第四，专利权的确认。包括对相应专利是否为职务发明的专利的确认等。

（三）行政确认的程序和原则

目前，我国的行政确认尚没有统一的程序性规定。从有关法律规定和确认必经的程序来看，大体上包括确认申请、确认审查、作出确认决定并制作、送达确认文书等过程。

首先，确认申请。行政确认可以分为依申请的确认和主动的确认。凡规定应依申请确认的事项，需先由相对人提出要求行政主体进行确认的申请，申请应采用书面形式。凡规定属依职权确认的事项，行政主体则应主动进行确认。

其次，确认审查。这是行政主体对确认事项所作的审查、审核。这个环节包括对相对人申请的确认事项是否属于行政确认的范围；是否属于受理申请的行政主体管辖的审查；对申请人的要求是否合法、合理的审查；对有关证据材料的审查等。

最后,作出确认决定。行政主体经审查,在充分调查、研究和掌握证据的基础上,应依法作出行政确认决定,并按法定形式制作相应的确认文书,及时送达有关当事人。

行政确认还要遵循以下原则:

第一,依法确认的原则。行政确认的目的在于维护公共利益,保护公民、法人和其他组织的合法权益。因此,行政确认必须严格按照法律、法规和规章的规定进行,遵循法定程序,确保法律所保护的公益和行政相对人的权益得以实现。

第二,客观、公正的原则。行政确认,是对法律事实和法律关系的证明或明确,因而必须始终贯彻客观、公正的原则,不允许有任何偏私。为此,需要建立一系列监督、制约机制,还须完善程序公开、权利告知等有关公证程序。例如,《公证暂行条例》专设一章"办理公证的程序",在第 25 条中规定:"公证处拒绝当事人申请办理公证时,应当向当事人用口头或者书面说明拒绝的理由,并且说明对拒绝不服的申诉程序。"

第三,保守秘密的原则。行政确认往往较多地涉及商业秘密和个人隐私,尽管其确认程序要求公开、公正,但同时必须坚决贯彻保守秘密的原则,并且,行政确认的结果不得随意用于行政管理以外的目的。

行政确认是行政主体运用国家行政权的活动,具有确定力和强制性。同时,行政确认作为一种具体行政行为,必然会对相对人的权利义务产生影响,当事人对行政确认有异议时,享有救济的权利,当事人可以通过行政复议或行政诉讼的途径获得救济。

(四)本案的分析

某乡人民政府对位于某乡富塘村俗名"猴石岭"山场四至范围内的林地使用权和林木所有权问题作出的行政处理决定是一项典型的行政确认行为。根据行政确认的概念,该处理决定是针对"猴石岭"山场四至范围内的林地使用权和林木所有权而对柯某某与柯二、柯三以及富塘村村民委员会之间的法律关系进行的确定。

该行政确认行为是该乡人民政府运用国家的行政权力,以书面的形式,在对有关的事实和证据进行审查的基础上,针对山场四至范围内的林地所有权、使用权和林木所有权作出的有拘束力的具体行政行为。这一行政确认行为主要是通过确定这一行政确认的主要形式,对相对人的财产所有权加以认证,从而使行政相对人之间的法律地位和权利义务得以明晰,并且符合行政确认的程序性要求,故而满足了行政确认这一具体行政行为在实体上和程序上两个方面的要求,从而具备了合法性和正当性。

人民法院审理行政案件,主要是对具体行政行为是否合法进行审查。经审查,如果行政机关作出的具体行政行为具备事实根据和法律依据,并且符合程序要求的,人民法院就应当判定这一行政行为是合法的,应当予以维持。在本案中,某乡人民政府提交的山场勘验笔录及示意图、柯某某及柯二的土地证证实了柯某某及柯二的土地证所记载四至方向错位、土地证实际四至方向同地标物吻合及争议山场在柯二的土地证的四至范围之内的事实;某乡人民政府提交的证人柯朋某、柯郑某、高某某、柯昌某等的证言证实了"猴石岭"山场同"契石"山场界址以丫丘下田上下岗脊为界,岗脊以东山场为"契石"山场,岗脊以西山场为"猴石岭"山场,结合山场勘验笔录中所确定的纠纷山场的四至范围,可以证实纠纷山场应为土名"契石"的山场。因此,某乡人民政府作出的关于林木林地权属争议处理决定,认定纠纷山场为"契石"山场及该山场在第三人柯奇某土地证四至范围之内的事实清楚,证据充分。因此,依照《行政诉讼法》第54条第1款的规定,应当判决予以维持。所以,二审判决认定原审判决认定事实清楚,证据充分,程序合法,适用法律正确,判决"驳回上诉,维持原判"是正确的。

(宁德市中级人民法院　吴先干

厦门大学法学院　李　玲)

⑩ 行政合同是可诉行政行为

——杨某诉某县教育委员会履行委培合同案

一、 案情

原告:杨某。

被告:某县教育局。

　　1996 年 8 月 19 日,原告杨某与某县教育局(现教委)为甲乙双方,签订"福建省学生与委托单位协议书"(下称"协议书"),约定:甲方必须刻苦努力学习,遵守学校的各项规章制度,争取做德智体全面发展的学生。在校学习期间,如中途因表现不好或学习上主观不努力而退学、留级的,应向乙方赔偿其培养费;若因身体原因而退学,另作处理。学完全部课程毕业后必须到委培单位工作,服从工作分配,见习期满,经考核合格后,服务期为 6 年。见习期和服务期内不得自行提出要求调动工作。甲方应缴给乙方或直接交给学校培养费人民币 6000 元正。委培经费分一年(次)交清,如不按期缴纳培养费,学校可以拒绝甲方报名注册。甲方毕业后由乙方负责分配工作,保证专业对口。本协议书自双方签订之日起生效,生效后双方不得毁约。如有单方毁约,将负责赔偿对方全部损失。合同签订后,杨某履行了"协议书"所约定的全部义务,并于 1999 年 7 月取得福建省宁德地区师范学校毕业证书。嗣后,杨某要求教委履行委托代培合同,教委以教师队伍的编制受县委、县政府的制约,暂时无法履行合同为由,拒绝为杨某安排工作。杨某于 2000 年 11 月 22 日向人民法院提起诉讼,要求被告某县教育局履行委托代培合同,给原告安排工作。原告杨某诉称,1996 年 8 月 19 日,原告与被告签订委托代培协议书,按协议的规定,原告一次性向学校交清培育费 6000 元,嗣后,在宁德师范学校完成全部课程,1999 年 7 月毕业。毕业后,原告曾三次向被告请求履行委托代培合同遭拒绝,请求人民法院依法判令被告履行委托代培合同。被告某县教育委员会辩称,原告等人不能按照协议的约定立即分配就业,是受该县客观条件的限制,而非被告违约。同时,被告及县政府一直都在想办法履行协议,为毕业生寻求就业之路,因此被告不存在违约和推卸责任不履行协议。且本案属人事安排,不属法院受案范围。

二、　裁　判

　　县人民法院认为,被告与原告签订的委托代培合同,是被告某县教育委员会根据中共中央关于教育体制改革的决定精神及省、地教委的指令性招生计划而与原告签订的,目的是为履行国家赋予其的行政管理职能,符合行政合同的特征,属行政合同。该合同有国家政策和政府规范性文件为依据,是合法有效的。杨某已全面履行了"协议书"约定的义务,被告作为代表国家行使行政管理权的机关,应依法行政,以取信于民,维护行政机关的社会公信力,被告拒绝履行协议是违法的。县人民法院依照《行政诉讼法》第 54 条第 1 款和第 67 条第 1 款的规定,判决如下:(1)某县教委应在本判决生效后 60 日内履行其与杨某签订的委培合同;(2)案件受理费 300 元,由被告负担。

三、 评析

(一)行政合同的概念及其特征

行政合同又称行政契约,是指行政主体以实施行政管理为目的,与行政相对一方就有关事项协商一致而达成的协议。[①] 行政合同因其具有合意、协商等行政民主精神,在行政管理过程中具有独特作用,而得到广泛运用。例如,国有土地使用权出让合同、计划生育合同、国有公路经营权转让合同、环境卫生责任合同、行政机关工作人员聘任合同等等。行政合同是一种区别于民事合同、经济合同的合同,因而其具有自己独特的法律特征。它们主要是:第一,行政合同的主体至少有一方当事人必须是行政机关或其他行政主体。行政合同的主体与民事合同主体不同,一般都有行政主体作为当事人或至少是一方当事人。行政主体包括国家行政机关和法律、法规授权的组织以及行政机关委托的组织,它们是以行政职权的执掌者或行使者的身份、地位成为行政合同的当事人的,而不是以机关法人即平等民事主体的身份、地位成为合同当事人的。这表明行政合同始终是与行政职权联系在一起的。这是与民事合同、经济合同的重大区别。第二,行政合同以履行行政职责为目的,是行政机关履行职责的一种手段或方式。行政合同之所以成为行政合同而不是民事合同,其最根本的特征在于,行政合同本身是执行公务或履行行政职责的手段,因此,行政合同必须要服从它在整个执行公务或履行行政职责的过程或系统中的地位、作用和目标,要按照行政法的规定和行政法律规则签订、履行。第三,行政合同以双方意思表示一致为前提。行政合同属于双方行政行为,双方的行政行为须以双方意思表示一致为前提。当然,双方意思表示一致并不等于双方追求的目的相同,行政主体签订行政合同的目的是为了执行公务,行政管理相对方则是为了获取私利。行政合同的合意性是区别于其他单方性行政行为的重要特征。第四,行政合同不受或部分不受民事合同规则的约束,而受行政法规则的支配与约束。在行政合同中,无论是行政机关与公民、法人之间的合同,还是两个非行政机关的企事业单位之间的合同,合同的条款本身约定的内容、合同的签订方面,都有行政法的行为规则与内容,这些规则与内容是与民

[①] 姜明安:《行政法与行政诉讼法》,北京大学出版社、高等教育出版社 1999 年版,第251 页。

事法律的原则、规则所不同的,甚至是违背民事法律的行为规则要求的。第五,行政主体在行政合同的变更和解除上有行政优益权。这种行政优益权显示出行政主体与行政相对人一方在行政合同中的不平等的法律地位。在行政合同中行政优益权表现在:行政主体单方面选择行政相对人而与之签订行政合同,行政主体在合同履行过程中享有监督权或指挥权;行政主体根据公共需要,在情势变更时可单方面变更或解除合同;行政主体享有对对方违约行为的制裁权等。当然行政优益权仍然应是一种法律上的权利,而不是法外特权,它应该受到法律、法规的规范。而且如果行政主体根据公共利益变更或解除合同,应给予对方当事人补偿。

（二）行政合同的法律救济

从以上我们对行政合同的概念及特征的分析可知,行政合同与民事、经济合同有本质的区别,因行政合同产生的行政主体与行政相对人的纠纷在性质上也就不同于民商事纠纷,所以不宜当作民事案件而适用民商事法律和民事诉讼程序来处理。那么行政合同纠纷如何解决？依据我国行政法律法规的规定,主要是两种方式:一是行政救济,即行政复议。行政合同作为一种行政行为,应受行政法调整,对于行政合同纠纷,救济途径不可能排除行政救济即行政复议。我国《行政复议法》第2条规定:"公民、法人或者其他组织认为具体行政行为侵犯其合法权益,向行政机关提出行政复议申请,行政机关受理行政复议申请,作出行政复议决定,适用本法。"第6条对行政复议范围作了明确的规定,其中第5款规定"认为行政机关侵犯合法的经营自主权的",第6款规定"认为行政机关变更或者废止农业承包合同,侵犯其合法权益的",这些规定是将纳入行政复议范围的行政合同具体化了。所以相对人也可以通过行政复议来解决行政合同纠纷。二是司法救济,即行政诉讼。行政主体在行政合同中处于优越的地位,而行政管理的相对人就成了弱势群体,所以司法救济是保护行政管理相对人合法权益的最有效也是最后的途径。我国《行政复议法》第5条规定:"公民、法人或者其他组织对行政复议决定不服的,可以依照行政诉讼法的规定向人民法院提起行政诉讼。"我国《行政诉讼法》第2条规定:"公民、法人或者其他组织认为行政机关和行政机关工作人员的具体行政行为侵犯其合法权益的,有权依照本法向人民法院提起诉讼。"行政合同行为属于行政机关针对特定的相对人就特定的行政合同事项实施的,能够影响相对人权利,产生行政法上法律后果的行为,应属具体行政行为,具有行政可诉性。

（三）行政合同责任的承担方式

因为行政合同不同于民商事合同,所以在合同责任的承担方式上也有自己的特点,有些民事合同责任形式并不适合于行政合同。行政合同责任的承担方式主要有以下三种:一是赔偿损失。它是指行政机关违约给相对人造成损害时,依法承担的赔偿责任。这与民事合同责任形式大体相似,但是在赔偿范围上与民事合同不同。民事合同责任的赔偿范围原则上包括直接损失和间接损失两部分,而行政合同责任的赔偿中,由于行政赔偿是一种国家赔偿,依据我国国家赔偿法的规定,其赔偿范围只限于直接损失,而对于间接损失是不予以赔偿的。当然,从世界范围来看,每一个国家奉行的原则不同,有的国家也同我们国家一样只赔偿直接损失,如美国;有的国家不但赔偿直接损失,而且赔偿间接损失,如法国。二是实际履行。它是指当行政主体不履行合同义务时,相对人依据法律法规的规定,可以要求行政主体继续履行义务。换言之,相对人按合同规定履行合同义务以后,行政机关不按合同规定履行其义务,相对人可以要求行政机关履行其义务。这是因为一方面行政合同是行政主体与行政相对人合意的结果,行政主体应切实履行其承诺的义务,应受到行政合同的约束,另一方面行政主体的合同义务,在本质上也是行政法律、法规规定的行政主体行政职责,行政主体不履行合同义务的实质就是未履行法定的职责。这是由行政合同的第二个特征即行政合同以履行行政职责为目的,是行政机关履行职责的一种手段或方式决定的。三是行政补偿。它是指行政主体基于行政优益权而变更或解除行政合同时,给相对人因此而造成的损失予以补偿。从严格意义上讲,行政补偿不是一种行政合同责任,因为行政补偿是指行政主体的合法行政行为给行政相对人的合法权益造成损失,依法由行政主体对相对人所受的损失予以补偿的制度,而行政责任是违法、不当的行政行为引起的法律后果。但是,行政补偿责任既然是法律规定的一种义务,对补偿主体来,它当然也是一种责任。因此,在这个意义上,把行政补偿作为一种行政主体承担行政合同的一种责任方式并无不可。

本案被告与原告签订的"协议书"符合行政合同特征,所以当属行政合同无疑。行政机关与相对人之间行政法律关系上的权利义务关系主要由行政合同来规定。相对人按合同规定履行了义务,就有权要求行政机关按行政合同的规定,履行行政职责。因为行政机关履行行政合同的行为符合具体行政行为的特征,所以它是一种具体行政行为。如果行政机关不按合同规定履行行政职责,其行为就体现为行政不作为。由于某县教委委托与杨某之间没有建立一种特定的人事上的隶属关系,双方间的权利义务关系主要是依"协议书"而产生,受其约束,所以以为原告与被告之间的纠纷属于人事争议应通过人事争议仲裁解决的主张不能成立。原告因被告不履行义务而无法就业符合《行政诉讼法》第 10 条"认为行政机关的具体行政行为侵犯其合法权益"的规定,属行政案件的受案范围。

某县教育委员会与杨某双方经协商自愿签订具有权利义务内容的"协议书",从其形式要件和内容看,并未违反法律、法规和国家政策的规定,该行政合同与民事合同一样,一经成立即生效,合同当事人均受合同约束,均应全面履行合同。在原告杨某依其自身能力全面履行合同后,某县教委以教师队伍的编制受县委、县政府的制约为由,单方面变更及不履行合同没有法定的依据,被告不履行该合同没有法定的理由,法院不支持。根据最高人民法院《关于执行〈中华人民共和国行政诉讼法〉若干问题的解释》第 57 条第 1 款"人民法院认为被诉具体行政行为合法,但不适宜判决维持或者驳回诉讼请求的,可以作出确认其合法或者有效的判决"的规定,故判决"协议书"有效,某县教委应在合理期间内履行其与原告杨某签订的委培合同。在本案审理过程中,还有另外一个争议,即关于此诉是确认合同是否有效之诉还是行政不作为之诉。审判实践中有两种意见:一种意见认为是确认之诉,即确认行政机关与相对人所签订的合同是否有效,如 2000 年 9 月朱某等 5 人要求某县教育局履行"委培协议"一案,某县法院审理后只作确认合同有效的判决,而未作责令某县教育局履行合同的判决,结果造成教育局不履行合同的结果;另一种意见认为是行政不作为之诉,法院应审查行政机关行政不作为是否存在。本案主审法官主张此类案件应当是上述两诉的合并,理由是作为行政诉讼,人民法院在审理过程中,对行政机关的具体行政行为的合法性进行全面审查,针对此案,既要审查行政合同的合法性,又要审查行政机关是否不作为。我们认为,原告的诉求是要求行政主体履行行政合同约定的义务,并不是要求确认该行政合同的合法性,所以法院理所当然地应当审查行政机关的不作为,即不履行行政合同的行为的合法性问题。当然,法院在判定行政机关不履行行政合同的行为是否违法、是否应担承担行政合同责任及承担什么样的合同责任之前,应当审查行政合同的有效性。这就是说,对行政合同的有效性的审查是判定行政机关不履行行政合同责任的前提。

(厦门大学法学院　石世峰)

⑪ 对行政机关不作为可以提起行政诉讼

——蔡某某诉某市兽医卫生监督检验所行政不作为案

一、 案 情

上诉人(原审被告):某市兽医卫生监督检验所。

法定代表人:范某某,所长。

被上诉人(原审原告):蔡某某,个体屠宰户。

2003年7月1日晨5时许,被上诉人蔡某某把屠宰好的生猪肉拉到沙埕镇农贸市场,要求上诉人的工作人员陈某某进行检疫,双方发生纠纷,到同日上午11时才进行检疫,致使猪肉无法及时出售。原审原告遂诉至法院,要求法院确认原审被告某市兽医卫生监督检验所不适时履行对原审原告所屠宰的生猪进行检验的行为违法。

二、 裁 判

一审法院依法受理了本案,经审理认为,根据《动物防疫法》的相关规定,被告某市兽医卫生监督检验所是对本行政区域内实施动物防疫和动物防疫监督的法定机构,应当派动物检疫员及时对即将上市交易的动物、动物产品进行检疫。本案原告虽然未提供证据证明其及时要求被告的工作人员对生猪肉进行检疫检验,但整个行为被告已经予以认可。因被告无法提供证据证明,其已依法及时履行对原告屠宰的生猪肉进行检疫检验的法定职责,所以应当承担不利的法律后果。原告的诉讼请求依法应予以支持。依照最高人民法院《关于执行〈中华人民共和国行政诉讼法〉若干问题的解释》第57条第2款第1项的规定,一审法院确认被告某市兽医卫生监督检验所不适时履行对原告所屠宰的生猪进行检验的行为违法。

被告某市兽医卫生监督检验所对一审的判决不服,提起上诉,诉称:(1)被上诉人没有依法向上诉人申请生猪屠宰检疫;(2)被上诉人的行为具有违法性;(3)上诉人已适时履行了对被上诉人的生猪肉检疫,不存在不作为的事实。因此,请求撤销一审判决,驳回被上诉人的诉讼请求。被上诉人蔡某某答辩称:(1)上诉人称答辩人"没有依法向上诉人申请生猪屠宰检疫"没有事实依据;(2)答辩人的行为不具有违法性;(3)上诉人不适时履行对答辩人的生猪肉进行检疫,不作为事实存在;(4)上诉人派无证人员陈某某上岗检疫,该行为违法。因此,请求二审法院驳回上诉,维持原判。

二审法院受理了上诉人的上诉,经过审查,认定了与一审法院所认定的相同的事实。但在法律问题上,二审法院认为,根据《动物防疫法》的规定,上诉人某市兽医卫生监督检验所是对本行政区域内实施动物防疫和动物防疫监督的法定机构,对即将上市交易的动物、动物产品进行检疫是其法定职责。但《福建省动物防疫和动物产品安全管理办法》第23条第1款规定:"动物、动物产品检疫实行报检制度。动物、动物产品在运离饲养、经营地之前,饲养、经营者必须向所在地动物防疫监督机构或其派驻的动物检疫员申报检疫。"由本款规定可知,国家对动物、动物产品的检疫是实行报检制度,并非属于应当依职权主动履行的法定职责。由于本案系属原告起诉被告不作为的行政诉讼案件,根据最高人民法院《关于行政诉讼证据若干问题的规定》第4条第2款的规定,"在起诉被告不作为的案件中,原告应当提供其在行政程序中曾经提出申请的证据材料",除非被告应当依职权主动履行法定职责,或者原告因被告受理申请的登记制度不完备等正当事由不能提供相关证据材料并能够作出合理说明。结合本案情况,被上诉人未能提供证据证明其已依法及时向上诉人申请报检,因此,根据最高人民法院《关于行政诉讼证据若干问题的规定》第4条第2款的规定,被上诉人应当承担举证不能的不利后果。被上诉人诉请确认上诉人某市兽医卫生监督检验所不适时履行对其所屠宰的生猪进行检验的行为违法理由不能成立。原审判决确认上诉人某市兽医卫生监督检验所不适时履行对其所屠宰的生猪进行检验的行为违法事实不清,适用法律、法规错误,依法应予以改判。依照《行政诉讼法》第61条第3款、最高人民法院《关于执行〈中华人民共和国行政诉讼法〉若干问题的解释》第56条第1款的规定,二审法院作出了如下判决:

(1)撤销一审法院的行政判决;

(2)驳回被上诉人的诉讼请求。

三、 评析

本案涉及的主要问题是行政机关不作为这种具体行政行为,具体于本案中就是一审被告某市兽医卫生监督检验所的行为是否构成行政法上的行政不作为。

(一)行政不作为及其可诉性

行政不作为是根据行为的方式对行政行为作出的一种分类。一般而言,行政机关的行为有两种方式:一种是积极的方式,具有积极的动作,表现为具体的作为,如采取行政强制措施、作出具体的行政处罚;另一种便是消极的方式,表现为具体的不作为,如行政机关对行政相对人的申请不予答复,例如本案中的一审原告所主张的被告某市兽医卫生监督检验所对原告的生猪肉未及时检验。

从存在论的角度而言,行政不作为并不是一个行为,但是,从法律规范或者法律价值的角度来理解行政不作为,行政不作为作为一种法律拟制的法律行为却具有诉讼法上不可忽视的价值。从行政机关积极地行使法定职权角度的反面来认识行政不作为,才便于在实践中加以辨别。

行政不作为从理论上可以分为:第一,迟延的不作为。即相对人提出申请以后行政主体未在法定期间内作出意思表示。如本案中,被告某市兽医卫生监督检验所的行为就属于这种类型。第二,基于危险管理义务而产生的不作为。即行政主体对于正处于危险之中的相对人,不论这种危险来自社会、自然界或者第三人,都有依职权主动排除的义务。如果不积极主动行为即可能构成这种类型的不作为。如在发生霍乱的地区,行政主体有义务采取积极行为排除危险,而并不以相对人的申请为前提。这两种类型的不作为均可以成为诉讼标的,接受司法权的审查。一般而言,以往的行政法理论认为,只有依申请的行政行为才会产生行政机关的不作为的情形,但是,目前人民法院亦将上述第二种类型的依职权的行政不作为列入司法审查的范围。关于行政机关依职权应当主动履行法定职责,作出行政行为的,人民法院将适用"严格审查"的标准,适用行政不作为来监督行政机关。这样的司法审查标准有利于加强对行政机关的监督力度,督促行政机关履行保护人民的人身权和财产权的法定职责。

根据《中华人民共和国行政诉讼法》第11条的规定,行政相对人认为符合法定条件申请行政机关颁发许可证和执照,行政机关拒绝颁发或者不予答复的;申请行政机关履行保护人身权、财产权的法定职责,行政机关拒绝答复或者不予答复的；认为行政机关应依法发给抚恤金而不依法发给的。在这些情况下均可以对相应的行政机关就其行政不作为向人民法院提起行政诉讼。对于本条规定的行政不作为，在行政诉讼的实践中当作扩张性的解释，即凡是侵犯了相对人的人身权、财产权的不作为，只要此种行为不涉及行政诉讼法明文规定的国家行为、抽象行政行为、内部行政行为和法律规定的行政终局裁决行为等排除事项的，都可以认定是法律、法规规定的可以提起行政诉讼的不作为，均具有可诉性。

行政不作为具有可诉性，相应地应具备以下几项法律特征：

第一，可诉性不作为是被认为违反作为义务的行为。行政主体存在作为的义务是行政不作为构成的前提。

第二，与可诉性不作为相对应的作为必须具有可诉性。与国家行为、抽象行政行为、内部行政行为、终局裁决行为相对应的不作为不具有可诉性。

第三，可诉性不作为必须涉及公民的财产权和人身权，涉及政治权利的不作为如无法律、法规的特别规定，不具有可诉性。

第四，可诉性不作为是超过法定期间或者合理期间而不履行一定法定职责的行为。在没有法定期间的情况下，应当根据多方面因素，包括行政机关处理这类问题的惯用时间、事件本身的难易程度、行政机关的主客观条件、有无法定阻却事由等，确定一个合理时间，并以该合理时间为基准确定是否有不作为的事实存在。

就行政不作为提起的行政诉讼，在举证责任的分担上，最高人民法院《关于执行〈中华人民共和国行政诉讼法〉若干问题的解释》第27条第2项规定，在起诉被告不作为的案件中，原告应证明其提出申请的事实。就同一问题，最高人民法院《关于行政诉讼证据若干问题的规定》第4条作出了更为详细的规定："在起诉被告不作为的案件中，原告应当提供其在行政程序中曾经提出申请的证据材料。但有下列情形的除外：（一）被告应当依职权主动履行法定职责的；（二）原告因被告受理申请的登记制度不完备等正当事由不能提供相关证据材料并能够作出合理说明的。"根据本条规定，行政相对人起诉行政机关不作为的，应当证明其曾经向行政机关提出申请的证据材料，但原告的这一举证责任只限于起诉依申请而作出的行政行为，而不适用于被告应依职权作出的行政行为。当由于行政主体受理申请的登记制度不完备等正当事由而导致原告无法提供相关证据材料，并且原告能作出合理说明的，即视为原告已经履行了其举证义务。

（二）本案中的问题

根据《中华人民共和国动物防疫法》的第 6 条、第 30 条的规定,上诉人某市兽医卫生监督检验所是对其所辖行政区域内实施动物防疫和动物防疫监督的法定机构,对即将上市交易的动物、动物产品进行检疫是其法定职责。然而这一法定职责的实际履行应以行政相对人提出申请为前提。《福建省动物防疫和动物产品安全管理办法》第 23 条第 1 款规定:"动物、动物产品检疫实行报检制度。动物、动物产品在运离饲养、经营地之前,饲养、经营者必须向所在地动物防疫监督机构或其派驻的动物检疫员申报检疫。"由此可知,国家对动物、动物产品的检疫是实行报检制度,动物防疫检疫行为在性质上乃是依申请而作出的行政行为,实施动物防疫检疫并非防疫机关应当依职权主动履行的法定职责。

因此,被上诉人蔡某某认为上诉人行政不作为的主张是否成立,将取决于被上诉人能否向法院提供其在行政程序中曾经提出申请的证据材料,被上诉人不能提供证据的,也必须是其因上诉人受理申请的登记制度不完备等正当事由不能提供相关证据材料,并且能够作出合理说明的。

在案件的审理过程中,上诉人某市兽医卫生监督检验所向原审法院提交下列证据,证明其行为合法:(1)上诉人持有的《中华人民共和国事业单位法人证明》,上诉人的法定代表人的身份证明,有关检疫人员的证书。这些证据用以证明上诉人是法定的生猪肉检疫机构。(2)2003 年 7 月 1 日某市农业局作出的《关于沙埕镇屠商蔡某某阻碍并殴打动物检疫员执行公务的情况汇报》,某市沙埕中心卫生院出具的陈某某的疾病证明书,2003 年 9 月 9 日某市兽医卫生监督检验所工作人员对郑某、刘某制作的询问笔录及某市兽医卫生监督检验所向法院申请调取某市公安局对蔡某阻碍公务殴打他人治安案件的档案材料。这些材料用以证明是被上诉人的阻碍公务行为导致上诉人不能适时对被上诉人屠宰的生猪肉进行检疫。(3)2003 年 9 月 9 日沙埕工商分局出具的证明,用以证明上诉人 7 月 1 日鉴定的程序合法。同时,上诉人某市兽医卫生监督检验所还向原审法院提供了下列法律依据,证明其行为合法:《中华人民共和国动物防疫法》第 6 条第 3 款,第 31 条,第 32 条第 1 款、第 3 款,第 18 条第 3 款和《福建省动物防疫和动物产品安全管理办法》。

被上诉人在质证过程中认为:对证据 1 本身没有异议,但不能证明陈某具有检疫的执业资格。证据 2 中的某市农业局作出的《关于沙埕镇屠商蔡某某阻碍并殴打动物检疫员执行公务的情况汇报》出处不明确,不能作为证据使用;陈某某的疾病证明书与本案无关;郑某、刘某的询问笔录及证据 3 沙埕工商分局出具的证明是在被上诉人起诉后上诉人调取的,不能作为本案的证据使用；某市公安局对蔡某某阻碍公务殴打他人治安案件的档案材料与本案没有关联性，不能证明上诉人所主张的事实。同时，被上诉人对上诉人提供的法律依据无异议。

一、二审法院均认为，上诉人举证的证据1，被上诉人没有异议，可以作为本案的定案依据。证据2和证据3被上诉人的质证意见成立，不能作为本案的定案依据。因被上诉人对上诉人向法庭提供的法律依据无异议，该法律依据可以作为本案的定案依据。

此外，在二审庭审中，上诉人向法庭举出下列依据：(1)《生猪屠宰管理条例》第2条、第3条、第5条；(2)《福建省牲畜屠宰管理条例》第3条；(3)国务院办公厅国办发(1996)40号《关于生猪屠宰检疫管理体制有关问题的通知》。用以证明国家对生猪实行定点屠宰、集中检疫、统一纳税、分散经营的制度，以及未经定点，任何单位和个人不得屠宰牲畜。被上诉人认为，该三份依据上诉人在一审时未提供给法庭，且被上诉人的行为是符合定点屠宰、定点检疫的规定，上诉人没有证据证明被上诉人没有定点屠宰。二审法院经审查认为，该三份依据均属于在一审前已颁布实施的法规和规范性文件，与本案具有关联性，可以作为本案的定案依据。

然而在本案的质证过程中，被上诉人未能提供证据证明其曾经向上诉人提出申请，要求上诉人对其所售猪肉进行检疫。因此，本案中被告的行为是否构成行政不作为，其关键问题是被上诉人是否履行了证明义务。而这一关键问题的关键又是：以何种标准来判断被上诉人是否履行了证明义务。这就涉及行政诉讼的证明标准问题。

由于我国《行政诉讼法》及最高人民法院的司法解释均未提及行政诉讼的证明标准问题，因此，行政诉讼中的证明标准更多地体现于行政法学理论及人民法院在审判实践中的通常做法。证据法学上通常将证明标准分为以下三类：优势(preponderance)证明标准、清楚而有说服力(clear and convincing)标准和排除合理怀疑(beyond a reasonable doubt)标准。适用优势证明标准时，承担证明责任的一方当事人只需就其提供的证据使法官相信案件的存在比不存在更具有可能性，即履行了举证义务。因此，优势证明标准通常适用于民事案件的举证。排除合理怀疑标准一般适用于刑事案件中，即公诉人应使法官相信其所指控的犯罪事实排除了一切合理怀疑，从而保证公民免受不正当的牢狱之灾。行政案件的证明标准介于民事和刑事案件之间，一般情况下适用清楚而有说服力标准，而不适用其他两个标准。

但是，优势证明标准也例外地适用于行政案件，这主要是由于在行政法律关系中,双方当事人的法律地位不对等。当由作为被告的行政机关进行举证时,应当适用较为严格的证明标准,以充分保证行政机关依法行政;但在原告应当就特定事项举证时,应当适用优势证明标准,以平衡行政相对人在行政法律关系中所处的劣势与被动的地位。本案即属于此种情形。在原告起诉被告不作为的案件中,原告应当提供证据证明其在行政程序中曾经提出申请的事实。但在质证的过程中,法官不能只看原告是否提供了应当提供的证据,还应当注意到证据对所要证明的事实的优势性。如果表明原告在行政程序中提出过申请的证据的可信性达到 51%,而表明原告在行政程序中未提出申请的证据的可信性达到 49%,法官即应当认定原告曾经在行政程序中提出过申请。

一审法院认定:本案原告虽然未提供证据证明其及时要求被告的工作人员对生猪肉进行检疫检验,但整个行为被告已经予以认可。因被告无法提供证据证明,其已依法及时履行对原告屠宰的生猪肉进行检疫检验的法定职责,所以应当承担相应的法律后果。这可能是出于双方都确认的如下事实:原告于 2003 年 7 月 1 日 5 时许把屠宰好的生猪肉拉到沙埕镇农贸市场,曾经与上诉人的工作人员陈某某发生纠纷,到同日上午 11 时被告才实施了检疫行为。因此,在一审法院的法官看来,从或然性的角度,原告很可能是由于要求被告实施检疫行为而与被告的工作人员发生纠纷的。而二审法院则认为被上诉人没有依照最高人民法院《关于行政诉讼证据若干问题的规定》第 4 条履行证明义务,应当承担不利的法律后果。因此,二审法院推翻了一审法院关于原告举证责任的认定,认为原审判决确认上诉人某市兽医卫生监督检验所不适时履行对其所屠宰的生猪进行检验的行为违法事实不清,适用法律、法规错误。

(厦门大学法学院　李　玲　王建学)

⑫ 行政机关侵犯企业经营自主权的可诉性(一)

—— 某石材厂不服某市人民政府行政扶优扶强措施案

一、 案情

原告:某石材厂。

被告:某市人民政府。

2001年3月13日,被告某市人民政府为了促进该市的玄武岩石材企业上规模、产品上档次,由其下属的办公室作出鼎政办(2001)14号文件,批准下发《某市工业领导小组办公室关于2001年某岩石板材加工企业扶优扶强的意见》。该文件中,确定2001年在全市扶持具有一定生产规模的31家石板材企业。文件规定,第三人福建某石材有限公司要为年销售收入1000万元以上的10家企业,每家全年增加供应某岩荒料500立方米;要为年销售收入500万元以上的21家企业,每家全年增加供应某岩荒料300立方米。该文件以通知形式下发到该市各乡(镇)人民政府、街道办事处、市直有关单位和龙安开发区管委会。该市的玄武岩石材企业,其生产用原料都由第三人福建某石材有限公司供应,而且供应数量有限。原告认为该文件虽未给原告某石材厂确定权利与义务,但却通过强制干预第三人福建某石材有限公司的销售,直接影响到点头隆胜石材厂的经营权利。并认为强劲、优势的企业只能通过公平竞争显露出来,不能通过行政手段扶持起来,所以,被告作出的鼎政办(2001)14号文件是违法行政,请求依法撤销。

被告辩称,鼎政办(2001)14号文件,只是在取得行政相对方本案第三人福建某石材有限公司同意后,对其业务所作的非强制性、不直接产生法律后果的行政指导性文件。对原告来说,该文件既没有给他设定权利,也没有对他课以义务,与他的利益没有直接的关系,不属于《中华人民共和国行政诉讼法》第2条规定的具体行政行为,不是行政诉讼可诉的对象。原告无权就该文件向人民法院提起诉讼。

在本案审理期间,被告某市人民政府又于 2001 年 7 月 13 日作出鼎政办(2001)74 号文件,决定停止鼎政办(2001)14 号文件的执行。

二、 裁 判

法院审理认为,某市的某岩石材企业,其生产用原料都由第三人福建某石材有限公司供应,而且供应数量有限。在此情况下,被告某市人民政府以鼎政办(2001)14 号文件,批准下发了《某市工业领导小组办公室关于 2001 年玄武岩石板材加工企业扶优扶强的意见》。该文件虽未给原告某石材厂确定权利与义务,但却通过强制干预福建某石材有限公司的销售办法,直接影响到原告的经营权利。因此对原告来说,该文件具有了《行政诉讼法》第 11 条第 1 款第 3 项规定的"认为行政机关侵犯法律规定的经营自主权的"情形,是《行政诉讼法》第 2 条规定的具体行政行为,属于人民法院行政诉讼的受案范围,某石材厂有权提起行政诉讼。人民法院受理此案,符合最高人民法院《关于执行〈中华人民共和国行政诉讼法〉若干问题的解释》第 1 条第 1 款关于"公民、法人或者其他组织对具有国家行政职权的机关和组织及其工作人员的行政行为不服,依法提起诉讼的,属于人民法院行政诉讼的受案范围"的规定。

本案被告某市人民政府收到起诉状副本后,在法定期限内仅提交了答辩状,没有提供作出鼎政办(2001)14 号文件的事实根据和法律依据,不能证明该文件是合法的,依法应予撤销。本案审理期间,某市人民政府作出鼎政办(2001)74 号文件,已经停止执行鼎政办(2001)14 号文件,再判决撤销该文件,已无实际意义。据此,法院根据最高人民法院《关于执行〈中华人民共和国行政诉讼法〉若干问题的解释》第 50 条第 3 款关于"被告改变原具体行政行为,原告不撤诉,人民法院经审查认为原具体行政行为违法的,应当作出确认其违法的判决"的规定,作出确认被告某市人民政府鼎政办(2001)14 号文件违法的判决。一审宣判后,双方当事人均未上诉,该判决已经发生法律效力。

三、 评 析

本案主要涉及行政机关的行政行为侵犯企业经营自主权及其救济的问题。

首先,我们要分析的问题是本案被告的行为是否侵犯了原告的企业经营自主权。

所谓企业经营自主权是指企业在法律规定的范围内,自行调配和使用自己所掌握的人力、财力和物力,组织生产经营和销售,根据效益自行决定分配,在经济活动中独立地享受民事权利和承担民事义务,而不受他人非法干涉的权利。企业的经营自主权是由法律、法规确认的,是企业的一项基本的民事权利,不受任何机关、团体和个人的非法干涉。本案被告作出的鼎政办(2001)14号文件,以权力性命令形式单方面地强制规定被告的下属企业福建某石材有限公司要为该市31家年销售收入较高的石材加工企业,每家全年增加供应玄武岩荒料,作为被告的下属企业福建某石材有限公司就必须执行。该文件干预企业生产商品的销售权。因为原告是该市的玄武岩石材加工企业,其生产用原料玄武岩荒料都由第三人福建某石材有限公司供应。玄武岩矿山年开采荒料仅9万立方米,由第三人供应给该市920余家石材加工企业,平均每家石材加工企业得到不足98立方米,年供应数量有限。2001年度第三人按鼎政办(2001)14号文件规定执行,就必须从开采荒料的总量中提留11300立方米用以扶优扶强,原告等没有被扶优扶强的石材加工企业,年度所能得到的玄武岩荒料量将减少,影响企业的生产经营。因此,被告某市人民政府作出的鼎政办(2001)14号文件的行政行为侵犯了原告企业的经营自主权。

其次,我们要分析的问题是侵犯原告企业经营自主权的被告行政行为是抽象行政行为还是具体行政行为。这关系到本案原告救济途径的选择问题。因为如果被告某市人民政府作出的鼎政办(2001)14号文件行政行为是抽象行政行为,那么依据我国现行《行政诉讼法》关于受案范围的规定,即便其客观上侵害了原告的企业经营自主权,原告也不能以提起行政诉讼的方式寻求权利救济。所以本案被告的行为性质是一个关键问题。具体行政行为与抽象行政行为如何区分,涉及人民法院受理行政案件的界限范围,自1989年颁布《行政诉讼法》至今一直存有争议。学理上一般认为,所谓抽象行政行为,是指行政主体针对广泛、不特定的对象设定具有普遍约束力的行政规范的活动。它的功能在于从日常纷繁多样的具体行政管理活动中"抽象"出行政活动领域中人们应当普遍遵守的、具有高度概括性的行为规范,而且这类行为所形成的结果即行政法规、行政规章和规范性文件本身对广泛的对象具有普遍的约束力,因而称之为抽象行政行为。所谓具体行政行为,是指行政主体针对特定对象具体适用法律规范所作出的、只对特定对象产生约束力的行为。两者主要存在如下六个方面的区别:第一,前者是设置法律关系模式的行为,而后者则是将行为模式在现实生活中加以具体适用;第二,前者只为行政法律关系的产生、变更和消灭提供法律前提和可能性,而后者使行政法律关系的产生、变更和消灭成为现实;第三,前者所规定的行政法律关系主体的权利义务仅是在法律条文上设置一般行为模式,只是一种可能性但尚未发生实际的后果,而后者对相对人的权利义务的影响是实际存在的,是已造成现实后果的;第四,前者是为后者提供依据的活动,因此,它与行政相对人并无直接的、现实的利害关系,而后者与行政相对人有直接的、现实的利害关系;第五,具体行政行为具有直接的强制执行效力,如果有关当事人不执行,行政主体可以申请人民法院强制执行或依法自行强制执行,而抽象行政行为不具有直接的强制执行效力,不能直接自行强制执行或申请人民法院强制执行;第六,具体行政行为已经是在适用法律规范了,所以它一定是针对已经发生的事实,是在已有事实的基础上直接适用法律规范,而抽象行政行为因其规范性,它所针对的事实是规范发布以后的事实,所以抽象行政行为还需要具体的适用,才能发生效果,它只是对未来之事作出"假定"、"处理"、"制裁"的规定。为了法院在受理行政诉讼案件的过程中,更好地把握行政诉讼的受案范围,最高人民法院在 2000 年 3 月 1 日实施的《关于执行〈行政诉讼法〉若干问题的解释》(简称为《司法解释》),试图对具体行政行为与抽象行政行为作一个更明确的界定。该《司法解释》第 1 条对"具体行政行为"的解释为我们判断何为具体行政行为提供了法律上的依据。最高人民法院把"具体行政行为"解释为是指国家行政机关和行政机关工作人员、法律法规授权的组织、行政机关委托的组织或者个人在行政管理活动中行使行政权,针对特定的公民、法人或者其他组织,就特定的具体事项,作出的有关该公民、法人或者其他组织权利和义务的单方行为。由此可以看出,具体行政行为应具备下列三个最基本的特征:(1)必须是行政主体行使行政职权的行为;(2)行为的对象必须是特定的相对人或特定的具体事项;(3)必须是单方面作出的有关特定的相对人权利和义务的行为。那么,何谓抽象行政行为呢?《司法解释》虽没有直接采用抽象行政行为这一学术术语,但是在第 3 条中的规定显然是对抽象行政行为的界定。依该条规定,人民法院不予受理的抽象行政行为"是指行政机关针对不特定的对象发布的能反复适用的行政规范性文件"。从这个《司法解释》对抽象行政行为的规定来看,"针对不特定的对象"和"反复适用"是它区别于具体行政行为的两个重要特征。这为我们区分具体行政行为与抽象行政行为提供了更为清晰的标准。据此,本案被告某市人民政府作出的鼎政办(2001)14 号文件表面上看是一个抽象行政行为,但是细究其实质,它其实是一个具体行政行为,因为该文件所针对的对象是特定的(它明确规定第三人福建某石材有限公司要为年销售收入 1000 万元以上的 10 家企业,每家全年增加供应玄武岩荒料 500 立方米;要为年销售收入500 万元以上的 21 家企业,每家全年增加供应玄武岩荒料 300 立方米)。而原告作为当地的一家石材厂的利益客观上受到该具体行政行为的损害,依据《行政诉讼法》及最高人民法院《关于〈中华人民共和国行政诉讼法〉若干问题的解释》第1条第1款关于"公民、法人或者其他组织对具有国家行政职权的机关和组织及其工作人员的行政行为不服,依法提起诉讼的,属于人民法院行政诉讼的受案范围"的规定,原告可以就这一具体行政行为提起行政诉讼。

再次,我们有必要分析一下,被告作出的鼎政办(2001)14号文件是否是行政指导具体行政行为。

所谓行政指导,是指国家行政机关在其所管辖事务的范围内,对于特定的人、企业、社会团体等,运用非强制性手段,获得相对人的同意或协助,指导行政相对人采取或不采取某种行为,以实现一定行政目的的行为。通常采用说服、教育、示范、劝告、建议、协商、政策指导、提供经费帮助、提供知识及技术帮助等非强制性手段和方法。从本案被告作出的鼎政办(2001)14号文件的具体内容看,该文以权力性命令形式单方面地强制规定被告的下属企业福建某石材有限公司要为31家年销售收入较高的企业,每家全年增加供应玄武岩荒料。作为被告的下属企业福建某石材有限公司必须执行。该文件已经运用了强制性手段,因此,被告作出的鼎政办(2001)14号文件并非是行政指导性文件,即不是行政指导行为。

综上所述,本案被告某市人民政府以自己的名义作出鼎政办(2001)14号文件,决定第三人福建某石材有限公司对玄武岩荒料的销售实行扶优扶强措施,侵犯了第三人和原告的经营自主权。

(宁德市中级人民法院 刘海滨
厦门大学法学院 石世峰)

⑬ 侵犯企业经营自主权(二)

——福安市赛岐汽车修理厂诉被告福安市赛岐
镇人民政府侵犯企业经营自主权案

一、 案 情

原告:福安市赛岐汽车修理厂,住所地福安市赛岐镇。

法定代表人刘招福,厂长。

被告:福安市赛岐镇人民政府。住所地福安市赛岐镇 104 国道桥头边。

法定代表人王国华,镇长。

原告福安市赛岐汽车修理厂于 2003 年 5 月 13 日作出福赛汽(2003)字第
003 号《关于成立福安市赛岐汽车修理厂清算工作小组的通知》,并抄送给被
告福安市赛岐镇人民政府企业站。赛岐镇企业站于 2003 年 5 月 20 日作出赛
企(2003)5 号《关于对刘招福所谓"福安市赛岐汽车修理厂(2003)字第 003 号
文件"批复》,批复主要内容如下:(1)原告无权成立清算工作小组;(2)3 号文
的职工名单我站无档案,不属于原告企业职工;(3)立即将原告企业公章上缴
镇企业站。原告不服,于 2003 年 5 月 26 日向本院起诉。

原告起诉称,福安市赛岐汽车修理厂为妥善管理资产,确认股权、清偿债
务、安置职工等有关事宜,经本企业职工大会决议,成立"福安市赛岐汽车修理
厂清算工作小组"负责上述事宜。原告上述行为符合法律规定。然而,被告福
安市赛岐镇人民政府企业管理站作出赛岐(2003)5 号批文,认为刘招福无权
成立清算工作小组。原告认为被告以行政手段干预企业内部管理,其行为已
侵犯和干扰了企业的正常经营自主权。恳请法院依法撤销被告赛企(2003)5
号具体行政行为,维护企业的合法权益。原告向法院提交的证据材料有:(1)
赛企(2003)5 号文;(2)企业法人重新开业登记及从业人员花名册;(3)~(7)
审计事务所材料,证明刘招福占 32%股权;(8)福赛汽(2003)003 号文;(9)
(2002)安行初字第 084 号行政判决书。

被告答辩称:(1)福安市赛岐汽车修理厂被吊销营业执照,在已成立清算

组的情况下,福安市赛岐汽车修理厂无诉讼主体资格。(2)刘招福的法定代表人身份已被免去,刘招福无权作为"福安市赛岐汽车修理厂"的法定代表人起诉。(3)刘招福作为原企业的承包人,无权成立清算组织。(4)福安市赛岐汽车修理厂被吊销营业执照后无经营权。被告赛岐镇人民政府向本院提交的证据材料有:(1)承包协议书;(2)安工商企字(2001)第130号处罚决定书;(3)福安市赛岐汽车修理厂营业执照6份;(4)审计材料2份;(5)福安市赛岐镇企业站赛企(2002)1号文;(6)《闽东日报》2002年11月23日第2版刘招福声明;(7)1986年前福安县赛岐汽车修理厂行政工作人员名单;(8)福安县赛岐人民公社管理委员会文件(82)赛社管字第006号;(9)(82)赛社管便字第005号通知;(10)福安县赛岐企业管理站文NO.0001302号;(11)福安市人民法院2002年5月29日开庭笔录;(12)行政诉状一份;(13)(2002)安行初字第084号行政判决书一份;(14)赛企(2003)5号批复。

二、 裁 判

法院开庭审理后认为,被告提交的证据1、2、8、10、11和原告提交的证据3～7在本院(2002)安行初字第084号行政判决书所认证生效。被告提交的证据3中有(86)安工商字1068号营业执照。1990年4月5日营业执照被(2002)安行初字第084号行政判决书所认证生效。证据3其余的3份营业执照的证据内容与上述两份相一致,均证明原告的企业系集体所有制企业予以采信。证据4审计材料均是审计报告的附件,已作认证。证据5免去刘招福厂长职务文,原告认为依据《中华人民共和国城镇集体所有制企业条例》的规定,厂长是由职工大会选举产生,赛岐镇政府作出免职决定超越职权。本院认为免去厂长职务是企业的重大事项,应按法定程序进行,因此,被告在判决前作出免去刘招福厂长的决定,缺乏法律依据,本院不予采信。且本院(2002)安行初字第084号行政判决书系生效判决,已确定刘招福为福安市赛岐汽车修理厂的法定代表人。证据6,原告对证据形式没有异议,本院予以采信,对证据内容本院已作判决不再重述。证据7、8、9原告认为上述这些人有在原告工厂工作过,但不能证明现有还在汽修厂工作,本院认为,对劳动者与企业之间的劳动关系应由劳动管理部门依据劳动法律法规进行认定,且属于另一个法律关系。证据12是行政诉状,是受证据13生效判决所约束,证据13是生效判决,本院予以采信。证据14是本案所审理的具体行政行为。

上述证据证明了以下事实:福安市赛岐汽车修理厂创建于1976年,该厂属于集体所有制的企业。审计报告表明刘招福占32%的股份,集体积累占

68％的股份。2002年10月19日福安市赛岐镇人民政府(2002)赛政100号关于成立赛岐汽车修理厂清算工作组的通知,原告不服,于2002年11月19日向本院起诉。本院于2003年1月10日作出(2002)安行初字第084号行政判决书,原、被告均未提出上诉,本判决已发生法律效力。对于2003年5月13日原告福赛汽(2003)字第003号关于成立福安市赛岐汽车修理厂清算工作小组的通知,2003年5月20日,福安市赛岐镇企业站赛企(2003)5号关于对刘招福所谓"福安市赛岐汽车修理厂(2003)字第003号文件"的批复,原告不服,于2003年5月26日向本院起诉。被告在审理中向本院提供最高人民法院《关于贯彻执行〈民法通则〉若干问题的意见(试行)》、《2001年11月13日当前民事审判工作应当注意的主要问题》、《企业法人登记条例》、《城镇集体所有制企业条例》、《乡镇企业承包经营责任规定》、《城镇集体所有制企业、单位清产核资产权界定暂行办法》、《城镇集体所有制企业、单位清产核资产权界定工作的具体规定》等,证明被告系履行法定职责。本院认为,被告内设机构所作赛企(2003)5号批复,其中关于福安市赛岐汽车修理厂的权属及企业性质为集体所有制企业、刘招福拥有的股份、承包经营等内容已经本院(2002)安行初字第084号行政判决所确定。本案所争议的实质是福安市赛岐汽车修理厂被吊销营业执照停业后,其资产产权归属未确定之前,被告作出上述具体行政行为是否合法的问题。本院认为,该资产产权界定工作应依照《城镇所有制企业条例》、《城镇集体所有制企业、单位清产核资产权界定暂行办法》、《城镇集体所有制企业、单位清产核资产权界定工作的具体规定》等规定办理。被告所作出的批复中没有适用法律、法规及规章。在产权有争议尚未界定之前,被告所作出的具体行政行为尚无事实依据和法律依据。被告所作出批复第2点系劳动者与企业之间劳动的法律关系问题,应由劳动和社会保障局主管,被告所作出的与劳动相关的具体行政行为,超越行政职权。据此,被告赛岐镇人民政府内设机构在没有法律、法规或规章授权的情况下,以自己的名义对原告作出具体行政行为,原告不服提起诉讼的,应当以该行政机关为被告,应依法判决撤销。被告的辩称本院不予支持。依照《行政诉讼法》第54条第2项第1、4目的规定,判决撤销福安市赛岐镇人民政府企业管理站2003年5月20日作出的赛企(2003)5号关于对刘招福所谓"福安市赛岐汽车修理厂(2003)字第003号文件"批复的具体行政行为。

三、 评析

本案原告以福安市赛岐镇人民政府企业管理站侵犯其企业经营自主权为

由提起行政诉讼,法院依法受理此案并作出裁判。本案的焦点问题有两个:一是福安市赛岐镇人民政府企业管理站 2003 年 5 月 20 日作出的赛企(2003)5 号关于对刘招福所谓"福安市赛岐汽车修理厂(2003)字第 003 号文件"批复的具体行政行为是否侵害了原告的企业经营自主权;二是原告认为福安市赛岐镇人民政府企业管理站的行为侵犯其企业经营自主权,它应以谁为被告。

对于第一个焦点问题,我们首先要正确理解何谓企业经营自主权。所谓企业经营自主权是指企业在法律规定的范围内,自行调配和使用自己所掌握的人力、财力和物力,组织生产经营和销售,根据效益自行决定分配,在经济活动中独立地享受民事权利和承担民事义务,而不受他人非法干涉的权利。其主要是集中表现为企业在人力、财力和物力三个方面的权利。就本案而言,被告作出赛企(2003)5 号关于对刘招福所谓"福安市赛岐汽车修理厂(2003)字第 003 号文件"批复的具体行政行为存在以下三个方面的违法之处:第一,行政机关作出免去刘招福厂长职务的行政决定没有法律依据,因为依据《中华人民共和国城镇集体所有制企业条例》的规定,厂长是由职工大会经民主选举产生,而后报其主管机关备案。由此可见,依法行政机关并无权直接任命城镇集体所有制企业负责人,因为企业的主要负责人是企业的法定代表人,是企业的首脑和决策者,企业的权利能力和行为能力都是通过企业主要负责人行使,企业经营自主权所体现的人、财、物,无不是通过企业主要负责人支配,所以行政机关随意任命企业主要负责人,将直接构成对企业经营自主权的严重侵害。同理,如果行政机关可以随便直接免除城镇集体所有制企业负责人的职务,那么企业的经营自主权也难以保证。所以,本案被告发文直接免去原告厂长职务的这一行为超越了职权范围,客观上,侵犯了原告的企业经营自主权。第二,被告作出的行政行为没有法律依据因而是违法的。福安市赛岐汽车修理厂被吊销营业执照停业后,其资产产权归属未确定之前,被告作出上述具体行政行为是违法的。因为该资产产权界定工作应依照《中华人民共和国城镇所有制企业条例》、《城镇集体所有制企业、单位清产核资产权界定暂行办法》、《城镇集体所有制企业、单位清产核资产权界定工作的具体规定》等规定办理,而被告所作出的批复中没有适用任何法律、法规及规章,这显然是不依法行政的行为,因而是违法的。第三,被告作出的具体行政行为的部分内容因超越其法定权限,是违法无效的。被告所作出的《批复》第 2 点,是关于劳动者与企业之间劳动法律关系问题,依法应由劳动和社会保障局主管,而被告并无此项职权。被告所作出的与劳动相关的具体行政行为,显然是超越职权的行为。由于存在以上三方面的违法之处,其客观上侵犯了企业的经营自主权,所以被告所作出的行政行为是违法的。

那么接着的问题是,行政相对人应当以谁为被告提起行政诉讼? 这是本案的又一个关键问题。赛岐镇企业站是赛岐镇人民政府的内设机构,在没有法律、法规或规章授权的情况下,以自己企业站的名义对原告作出具体行政行为,原告不服提起诉讼的,应当以该站的行政机关赛岐镇人民政府为被告。它的法律依据是最高人民法院《关于执行〈中华人民共和国行政诉讼法〉若干问题的解释》第 21 条。该条对行政主体的识别问题进行规定。行政主体是指能以自己的名义实施国家行政权,并对行为效果承担责任的组织。构成行政主体资格应具备:(1)只有实施国家行政权,以行政管理为职责的组织才是行政主体,所以从中央到地方各级人民政府是主要的行政主体。(2)行政主体是能以自己的名义实施管理,反映了它是否享有独立的法律人格。(3)行政主体能独立地承担自己行为所引起的法律责任。本案中的赛岐镇企业站是赛岐镇人民政府的内设机构,虽然以自己的名义对外实施行政行为,但不是法律法规或规章的授权组织,不能独立地承担自己行为的法律责任,其法律责任只能由赛岐镇人民政府承担,赛岐镇人民政府是实施国家行政权的组织,是地方人民政府,具有行政主体资格,故本案只能列其为被告才是符合最高人民法院的司法解释规定。

（福安市人民法院　郑成锦
厦门大学法学院　石世峰）

⑭ 侵犯企业经营自主权(三)

——某县服装厂不服某县二轻工业局侵犯企业经营自主权案

一、 案 情

原告:某县服装厂。

负责人曾根先。

被告:某县二轻工业局。

法定代理人胡元波。

1995年10月25日,某县二轻工业局通过考核,经局务会议研究决定,以古二轻人(1995)第23号文任命顾富年兼任某县服装厂厂长职务。某县服装厂不服,行文向县委、县政府、县人大、县总工会等部门及县主要领导申诉,要求开全厂职工大会依法产生新任厂长,未果。据此,某县服装厂向某县人民法院提起诉讼,请求法院撤销某县二轻工业局直接任命某县服装厂厂长的具体行政行为。

原告诉称:原告系于1995年建厂的城镇集体所有制企业,经营服装制造加工。近年来,由于领导班子软弱涣散,企业经营管理不善,车间基本停产,职工离散,工厂濒临倒闭。1995年5月间,经被告同意决定由曾根先负责主持某县服装厂工作。曾根先主持工作5个月来,各项工作刚有眉目,被告却于1995年10月25日任命原某县钟表刻印社主任郑富年兼任原告厂长职务,其行为违反了《中华人民共和国城镇集体所有制企业条例》的有关规定,被告越权任命原告厂长,侵犯了原告的企业经营自主权。

被告辩称,对原告厂长的直接任命,是按干部任免规定,经考核由局务会议研究决定作出的具体行政行为,程序合法,请求依法判决予以维持,其主要理由是:

(1)作为原告主管局有权依照人事任免规定,直接任命下属企业的厂长,其行为不属于侵犯企业经营自主权,考核任命下属企业厂长、经理并无违法之处。因为原告属我县二轻集体联社开办的集体企业,并非原告单独投资开办,其企业用地仍属国有,被告有权依照规定任免原告主管人员。

(2)依照本县历来的做法,二轻系统企业的厂长、经理均由被告考核任免,鉴于某县服装厂内部机构不健全,生产经营状况不好,职代会等组织处于瘫痪状态,才对原告厂长进行直接任命。

二、 裁 判

某县服装厂建于1955年,属于城镇集体所有制企业,主要经营服装制造加工,该厂现有在职职工149名,退休职工104名。被告某县二轻工业局系原告某县服装厂的主管行政机关,近年来由于行业竞争激烈,该厂经营管理不善,连年亏损,职工生活困难,出现集体上访现象。为了摆脱企业困境,经该厂管委会决议请老厂长曾根先复出主持服装厂工作,并报告被告。被告某县二轻工业局于 1995 年 5 月间下文决定由曾根先负责主持某县服装厂全面工作。同年 10 月间,被告认为曾根先主持某县服装厂工作以来,企业生产经营状况仍无改变,从报表中体现亏损额扩大,据此,考核后经局务会议研究决定,以某县二轻工业局古二轻人(1995)23 号文任命原某县钟表刻印社主任郑富年兼任某县服装厂厂长职务,原告接到该任命决定后即向被告提出异议,要求依照法律规定的程序产生原告厂长,经多次交涉,被告不予接受。该厂主持工作的曾根先,拒绝与郑富年进行交接工作,致使该厂党政工作秩序受到严重冲击,职工队伍更加涣散,同年 12 月间,被告又以古二轻人(1995)年第 27 号文督促原告方主持工作的曾根先按被告的决定尽快与郑富年做好交接工作。1996年 1 月,原告以古服(1996)字第 1 号文件向被告及县委、县人大、县政府、县政协、县政法委、县总工会和县有关领导申诉,要求召开全厂职工大会,按法定程序产生新任厂长,未果。原告遂向某县人民法院提起行政诉讼,要求法院依法撤销被告超越职权侵犯企业经营自主权,直接任命原告厂长的具体行政行为。

上述事实有如下证据佐证:某县二轻工业局古二轻(1995)年第 23 号文关于郑富年兼任某县服装厂厂长职务的任命通知、某县二轻工业局古二轻(1995)第 9 号文关于曾根先负责主持某县服装厂工作的通知、某县服装厂企业法人营业执照、某县二轻工业局古二轻(1995)第 27 号文关于督促县服装厂尽快做交接工作的通知、某县服装厂古服(1996)第 1 号文关于要求召开全厂职工大会通过新任厂长的报告、某县服装厂工会委员会组织民意测验调查统计情况表、其他有关人员对上述事实的证言。

某县人民法院认为,原告某县服装厂系城镇集体所有制企业,集体企业实行厂长负责制,厂长必须由企业的职工代表大会选举或招聘产生。被告某县二轻工业局直接任命郑富年兼任原告某县服装厂厂长职务,其行为侵犯了原告的经营管理自主权,违反了《中华人民共和国城镇集体所有制企业条例》第28 条第 1 款第 2 项、第 32 条第 1 款之规定。因而,被告直接任命城镇集体所有制性质的企业某县服装厂厂长个体行政行为,缺乏事实根据和法律依据,明显超越职权范围,是违法行为,应予撤销。

某县人民法院根据《中华人民共和国行政诉讼法》第 54 条第 2 项之规定,作出判决:撤销被告某县二轻工业局古二轻人(1995)第 23 号文关于任命郑富年兼任某县服装厂厂长职务的决定;本案诉讼费 100 元,由被告某县二轻工业局负担。

三、 评析

本案主要涉及两个问题，一是行政机关直接任命厂长的行为是否构成对原告某县服装厂的自主经营权的侵犯；二是行政机关任命新的厂长后，原厂长是否具有提起行政诉讼的主体资格。

关于第一个问题，《行政诉讼法》第 11 条第 3 项规定"认为行政机关侵犯法律规定的经营自主权的"，属于行政案件的受案范围。但这项规定过于抽象，依据这一规定，行政机关的哪些行为构成对行政相对人的经营自主权的侵犯及行政相对人的经营自主权范围有多宽等问题并不明确。事实上企业的经营自主权的内容非常宽广，根据有关法律法规规定，各种性质的企业享有经营自主权的范围和具体内容并不完全相同，这给我们判断行政机关的行政行为在具体的案件中是否构成对行政相对人经营自主权的侵犯增加了难度。一般而言，所谓企业经营自主权是指企业在法律规定的范围内，自行调配和使用自己所掌握的人力、财力和物力，组织生产经营和销售，根据效益自行决定分配，在经济活动中独立地享受民事权利和承担民事义务，而不受他人非法干涉的权利。其集中表现为企业在人力、财力和物力三个方面的权利，当然，对于不同性质的企业，这三个方面的具体范围还是有一定差异。本案是关于集体所有制企业的经营自主权问题，依据相关法律法规的规定，集体所有制企业的经营自主权主要包括：占有和使用企业资产，依照国家规定筹集资金；在核准登记的范围内自主安排生产经营活动；确定企业内部机构设置和人事安排；有权自行销售本企业的产品；有权自行确定本企业的产品价格、劳务价格；自愿参加行业协会和产品评比；自愿参加各种招标、投标活动，申请产品定点生产，取得生产许可证；自主订立经济合同，开展经济技术合作；依法开发和利用自然资源；依法利用外资，引进先进技术和设备，开展进出口贸易等涉外经济活动，并依照国家规定提留外汇收入；拒绝摊派和非法罚款等等。司法实践中，法院受理涉及企业经营自主权的行政案件主要有如下几种类型：一是随意任免企业主要负责人的职务，侵犯企业人事管理权；二是随意扣押财物，胁迫企业签订销售合同，侵犯企业产品购销权；三是无故变更或者解除承包、租赁经营合同，侵犯企业承包、租赁经营权；四是强迫或阻挠企业进行联营或者兼并，侵犯企业经营自主权；五是侵犯企业的投资决策权；六是非法向企业摊派，非法干预企业资金留用支配权等等。就本案而言，原告某县服装厂建于 1955 年，根据档案记载和某县工商行政管理局企业法人营业执照（注册号 15762839－6－1）证实，原告企业性质属于城镇集体所有制。依据《中华人民共和国城镇集体所有制企业条例》第28条第1款第2项、第32条第1款之规定，某县服装厂的法定代表人应由职工代表大会民主选举产生，而后报其主管机关备案。由此可见，行政机关并无权直接任命某人为该企业负责人，所以，被告发文直接任命原告厂长的这一具体行政行为，超越了职权范围，侵犯了原告企业经营自主权。企业的主要负责人是企业的法定代表人，是企业的首脑和决策者，企业的权利能力和行为能力都是通过企业主要负责人行使，企业经营自主权所体现的人、财、物，无不是通过企业主要负责人支配，所以行政机关随意任免企业主要负责人，构成对企业经营自主权的严重侵害。

第二个问题是一个较有争议的问题。一种观点认为，被罢免的企业负责人不具有原告主体资格，不享有起诉权。因为在行政侵权行为中形成的行政法律关系的一方主体是行政机关，另一方的主体是企业法人，不是自然人。企业法人的人事管理权受到侵害，具有原告主体资格的应是企业法人，不是被罢免的厂长或经理。只有以企业之名义并盖有企业法人公章的诉讼，法院才受理。另一种观点则认为，被罢免的企业负责人具有原告主体资格，享有起诉权。我们同意这一观点。如果依据第一种观点，那么，企业以行政机关侵害其人事权而提起行政诉讼实质成为不可能，使得企业在这种情形下的诉权落空，因为企业的主要负责人是企业的法定代表人，是企业的首脑和决策者，企业的权利能力和行为能力都是通过企业主要负责人的活动来实现的，而如今行政机关罢免了其作为企业法定代表人的地位，这正是企业与行政机关的争议焦点所在。按照第一种观点的逻辑，在这种情况下，应由新任命的企业负责人来提起行政诉讼主张行政机关罢免前任负责人，任命自己为企业的新负责人是错误的，这显然是不可行的。何况，倘若行政机关只是罢免企业负责人，而不任命新的负责人或者在起诉时效过后再任命新的负责人，那么企业的合法权益如何救济呢？所以只有赋予被罢免的企业负责人代表企业就行政机关的罢免行为提起行政诉讼的权利，企业法人对抗行政机关通过非法任免企业负责人的方式侵犯企业经营自主权的权利才具有真正实现的可能。

（古田县人民法院　吴雅珍　郑守云

厦门大学法学院　石世峰）

⑮ 行政强制的可诉性

—— 陈臻不服被告霞浦工商行政管理局扣留财物行政强制措施并请求行政赔偿案

一、 案情

原告:陈臻,个体工商户。

被告:某县工商局。

原告陈臻系主营碾米,经营方式为加工零售的个体工商户,1998 年 12 月 17 日,某县民政福利服务公司与原告签订了"委托加工九八年度冬令救济大米协议",委托原告加工 2000 担大米。随而原告与某县沙江粮站达成购买 1000 担早谷的协议。1999 年 1 月 7 日,原告与林法玉达成雇车协议,由林法玉的福建 J90160 号手扶拖拉机为其运输稻谷,约定每日"包车费"为 120 元。同月 11 日,原告让林法玉为其从沙江粮站提运订购的稻谷,沙江粮站交付 2204 公斤稻谷并按例开具未加盖其单位公章的霞粮字 NO.0052426 发货明细表随货同行(该发货明细表不属县粮食局统一发放的备号表),稻谷运到原告店门口时,被告工作人员进行检查,认为原告不能提供福建省粮食销售专用发票等合法手续,要求原告将该稻谷卸到西关粮库后到被告处接受处理。在西关粮库该车稻谷经过磅为 2198 公斤。同日,被告以原告"涉嫌不合法手续收购粮食"为由,根据《投机倒把行政处罚暂行条例》第 3 条、第 7 条之规定作出霞工商检(1999)第 02 号扣留(封存)财物通知书,对原告该次运输的 30 包计 2198 公斤稻谷予以扣留,并将该扣留(封存)财物通知书送达原告;以涉嫌为陈臻无合法手续收购粮食活动提供运输方便条件为由,根据《投机倒把行政处罚暂行条例》第 3 条第 1 款第 8 项、第 4 条第 2 项的规定,作出霞工商检通字(1999)第 03 号扣留(封存)财物通知书,对林法玉用于运输稻谷的福建 J90160 号手扶拖拉机予以扣留,但未将该通知书送达给林法玉。1999 年 2 月 8 日,被告解除了对林法玉手扶拖拉机的扣留强制措施。从 1999 年 1 月 12 日至 2 月 28 日,原告共付给林法玉"包车费"3240 元。

二、 裁 判

　　行政强制措施是行政机关为实施行政管理、实现行政目的,为制止危害行为的发生,而有即时处置的必要时对相对人的财产等实施强制而采取的措施。在具体实施过程中,合法性、合理性原则和程序公正原则等应当是遵守的基本原则。本案被告在案件审理过程中不能提供证据证明其执法人员在当日执法过程中有着制服、佩戴执法标志,并向原告出示证件和表明身份,违背了《福建省行政执法程序规定》第 4 条的规定,属程序违法。原告被扣留的该车稻谷系购自属国有粮食收储企业的沙江粮站,虽然当时沙江粮站只出具了惯用的发货明细表未加盖公章,且未在某县粮食局备号,其主要责任在于沙江粮站。原告对该批稻谷是购买行为,而被告在霞工商检字(1999)第 02 号扣留(封存)财物通知书中认定原告"涉嫌无合法手续收购粮食"的证据不足,事实不清。原告与某县民政福利服务公司签订的"委托加工九八年度冬令救济大米协议"系委托加工合同,加工费包含在合同约定的清算价之中,是履行委托加工合同的行为,并非倒卖粮食,其行为不符合投机倒把的行为特征。而被告适用《投机倒把行政处罚暂行条例》对该批稻谷及运输该批稻谷的拖拉机予以扣留属适用法律错误。因此,法院最终判决撤销了被告的扣留财物通知书;并判令被告赔偿原告付出的"包车费"3240 元。

三、 评 析

　　对我国行政法律法规关于行政机关作出行政行为在程序上和实体上的相关规定进行概括,合法行政行为至少应当满足三个条件:一是作出行政行为的主体合法,即要求行政主体具有法定职权,且作出的行政行为在其法定职权范围内。二是行政行为内容合法。这就要求行政行为有事实根据并证据确凿,正确适用法律、法规、规章和其他行政规范性文件,行政行为的目的与立法目的相一致。三是作出行政行为的程序合法。这就要求行政行为应当符合法定方式,具体说来,就是行政行为要符合法定的步骤、顺序、时限等规定。根据这三个对合法行政行为最一般要求来看,本案行政机关作出的具体行政行为显然是违法的,因为虽然本案行政主体依法具有相应的法定职权,但是本案行政主体却存在行政程序违法、事实不清和适用法律错误的情形。具体表现在:第一,被告在案件审理过程中不能提供证据证明其执法人员在当日执法过程中有身着制服、佩戴执法标志,并向原告出示证件和表明身份,违背了《行政处罚法》和《福建省行政执法程序规定》第 4 条的规定,属程序违法。第二,原告对该批稻谷是购买行为,而被告在霞工商检字(1999)第 02 号扣留(封存)财物通知书中认定原告"涉嫌无合法手续收购粮食"主要证据不足,事实不清。第三,原告与某县民政福利服务公司签订的"委托加工九八年度冬令救济大米协议"属于委托加工合同,加工费包含在合同约定的清算价之中,是履行委托加工合同的行为,并非倒卖粮食,其行为不符合投机倒把的行为特征。而被告适用《投机倒把行政处罚暂行条例》对该批稻谷及运输该批稻谷的拖拉机予以扣留属适用法律错误。所以法院判决撤销行政机关作出的行政行为是正确的。

但是,本案法院认定行政机关作出的具体行政行为属于行政强制行为。所谓行政强制是指行政主体为实现行政目的,对相对人的财产、身体及自由等予以强制而采取的措施,称为行政强制。一般认为行政强制包括行政强制执行、行政上的即时强制和行政调查中的强制。那么本案中,行政机关的行政若是属于行政强制行为的话,它具体属于行政强制执行,还是行政上的即时强制,抑或是行政调查中的强制,对此,法院在判决中没有明确界定。我们知道,所谓行政上的即时强制,是指行政主体根据目前的紧迫情况没有余暇发布命令,或者虽然有发布命令的余暇,但若发布命令便难以达到预期行政目的时,为了创造出行政上所必要的状态,行政不必以相对人不履行义务为前提,便可对相对人的人身、自由和财产予以强制的活动或制度。本案行政机关在作出行政行为时并不存在紧迫情况的情形,所以显然不属于行政上的即时强制。进一步分析,我们会发现,行政机关的行为也不属于行政调查上的强制,因为所谓行政调查中的强制是指为了实现行政目的,由行政主体依据其职权,对一定范围内的行政相对人进行的,主要指影响相对人权益的检查、了解等信息收集活动。这样,行政机关的行为就只有可能是行政强制执行了。但是,当把行政机关的行为与行政强制执行的法律特征作一个对照的话,似乎其也不属于行政强制执行行为,因为所谓行政强制执行是指行政法律关系中,作为义务主体的行政相对人不履行其应履行的义务时,行政机关或人民法院依法采取行政强制措施,迫使其履行义务的活动。其特征有五:一是行政相对人不履行义务,是适用行政强制执行的前提条件。这种义务既可以来自法律法规的直接规定,也可以由具体行政行为所确立。二是行政强制执行的主体是行政机关人民法院。三是行政强制执行的目的是实现义务的履行。四是行政强制执行的对象具有广泛性和法定性。五是在行政强制执行中不得进行执行和解。①
所以有人认为本案行政机关的行为不属于行政强制,而应当属于行政处罚行
为。这种分歧主要是由行政处罚行为与行政强制行为关系的复杂性导致的。
那么,行政处罚与行政强制的关系到底为何? 首先,让我们来看一下,在学理
上学者们对它们分别所下的定义。关于行政处罚,《中国大百科全书·法学
卷》是这样描述的:"国家行政机关对违反行政法规者所给予的制裁。只给予
犯有轻微违法行为尚不够刑事处分者,处罚必须依据法律规定。"②有学者认
为行政处罚是指"特定的国家机关依法对违反法律、法规尚未构成犯罪的行政
管理相对人所给予的特定的法律制裁"③。也有学者认为行政处罚是指"国家
行政机关以各种犯有违法行为的人在其职权范围内所作的制裁措施"④。关
于行政强制,有学者认为是指"相对人负有法定义务拒不履行,由行政机关依
法采取强制措施。迫使其履行义务或者代为履行以达到同样目的的具体行政
行为"⑤。也有学者认为是指"个人、组织不履行法律规定的义务,行政机关依
法强制其履行义务的行政行为"⑥。从学者给它们分别所下的定义来看,两者
无疑是既有密切联系,又存在一定区别的。关于两者之间的关系,学术界主要
有这么三种观点:(1)两者相互区别说。大多数学者持此种观点,他们认为行
政处罚和行政强制为两种不同的制度,归为两个不同的范畴——制裁行为与
非制裁行为。"行政强制是国家行政机关对负有行政法义务的当事人所采取
的一种措施,目的是为了促使其自觉履行义务,所以行政强制本身不是一种制
裁或处罚。"而"行政处罚是国家行政主管机关依法对社会上各种违反行政法
义务,但未引起刑事责任的行为所给予的制裁"。⑦"行政处罚关心的是制裁
性,行政强制关心的是义务的履行或达到履行的相同状态。"⑧"行政处罚是一
种行政制裁行为,因而必须以相对人的行为违法为前提;行政强制不是一种行

---

　　① 　以上关于行政强制的概念特征主要参考姜明安:《行政法与行政诉讼法》,北京大
学出版社、高等教育出版社 1999 年版,第 234~237 页。
　　② 　见《中国大百科全书·法学卷》,中国大百科全书出版社 1984 年版,第 670~671
页。
　　③ 　转引自汪永清:《行政处罚》,中国政法大学出版社 1994 年版,第 1 页。
　　④ 　转引自汪永清:《行政处罚》,中国政法大学出版社 1994 年版,第 1 页。
　　⑤ 　王连昌主编:《行政法学》,中国政法大学出版社 1994 年版,第 225 页。
　　⑥ 　罗豪才主编:《行政法学》,中国政法大学出版社 1996 年版,第 198 页。
　　⑦ 　侯洵直主编:《中国行政法》,河南人民出版社 1987 年版,第 218、237 页。
　　⑧ 　朱新力:《行政法基本原理》,浙江大学出版社 1995 年版,第 209 页。

政制裁行为,因而与行政相对人的行为是否违法没有必然联系。"①(2)两者部分衔接关系说。此观点认为,行政处罚与行政强制作为两种不同的行政行为,尽管其间存在很大区别,但在"许多情况下,行政强制同行政处罚还有着承接关系,即当相对一方当事人拒不接受或执行行政处罚时,行政处罚的内容构成了行政强制执行的内容,行政机关可以强制执行行政处罚决定"。②(3)两者属同一行为范畴说。此种观点认为,行政处罚和行政强制属同一范畴的制度,都具有制裁性质,两者只是行为方式上的区别。如:"行政处罚是指国家行政机关依法对违反法律、法规尚未构成犯罪的行政管理相对一方当事人所给予的一种法法律制裁。""行政强制是执行法律的活动,也是保护法律秩序的手段,它本身就是一种暴力的方式,具有强迫的性质,是对违法行为的反作用。"③"行政处罚、行政强制……都是对当事人非法行为进行制裁,惩处其非法行为所得利益的行政行为。"④行政强制与行政处罚在行为起因、当事人所承受的最终法律效果、行为模式、行政性质四个方面存在着同一性。⑤ 以上三种观点都有其合理成分,但是都有进一步探讨的必要。我们认为在行政管理活动中,行政机关应当注意到两者的区别,特别是两者各自所适用的范围,同时,也要注意到两者的密切关系,尤其是行政强制对行政处罚在实现行政管理目标方面的补充作用。就本案而言,我们比较倾向于认为行政机关的行为属于行政处罚行为,因为显然行政机关认为行政相对人的行为违法,而不是认为行政相对人不履行法律直接规定的义务或先前具体行政行为所确定的义务,而行政机关所作出该具体行为具有明显的制裁性,所以我们认为定其为行政处罚行为较为妥当。当然,除了行政强制与行政处罚两者有时难以区分外,正如有学者指出的,行政强制这个概念本身就有广义和狭义之分,从广义上讲,拘留、罚款、吊销或扣留许可证和执照、责令停产停业、没收财物等行政处罚行为也属于行政强制。狭义上讲,行政强制专指强制检查治疗、强制戒毒、强制传唤、强制带离现场等对人身自由的限制,以及查封、扣押、冻结、强制拆除建

---

① 胡建淼:《行政法学》,法律出版社 1998 年版,第 377 页。
② 张尚鷟主编:《行政法学》,北京大学出版社 1991 年版,第 237 页。
③ 王周户主编:《行政法学》,陕西人民教育出版社 1992 年版,第 259、276 页。
④ 关保英:《市场经济与行政法学新视野论丛》,法律出版社 1996 年版,第 118~119 页。
⑤ 张淑芳:《行政强制与行政处罚关系的若干问题探讨》,《中国法学》1999 年第 3 期。

筑物、变卖拍卖财物、强制转让专利权、强制转让商标等对财产的强制。[①]因为行政强制和行政处罚并不是严格的法律概念,而主要是一种学术用语,那么,法院从广义上使用行政强制这一概念未尝不可。本案最大的意义在于,引发我们思考如何在理论和实践中处理好行政强制行为与行政处罚行为的关系。

（厦门大学法学院　石世峰）

⑯ 行政即时强制的可诉性
——陈昌协要求确认交通警察行政行为违法案

一、案情

原告陈昌协于 2001 年 6 月 14 日下午 4 时,驾驶车牌号为宁登－82443 本田 CB－125T 摩托车途经某市区淡水桥路段,某市公安局交通警察大队的执勤人员发现原告陈昌协没有戴头盔、脚穿拖鞋,遂驾驶三菱越野警车跟上来,用警车上的喇叭喊话,示意原告陈昌协停车检查。当原告拒绝停车,继续驾车行驶,经春亭桥头时,被告工作人员打开警车上的警报装置,警车紧逼追赶,原告飞速穿过鹿峰路后,慌不择路冲进一条小巷。在小巷的出口处,原告撞上手扶拖拉机,造成车损人伤。原告于 2001 年 7 月 2 日向法院提起诉讼,请求判决确认被告某市公安局交通警察大队工作人员追赶原告的行政行为违法。

二、裁判

一审法院经审理认为,《中华人民共和国人民警察法》第 6 条第 3 项规定,公安机关的人民警察按照职责分工,依法履行维护交通安全和交通秩序,处理

---

① 姜明安:《行政法与行政诉讼法》,北京大学出版社、高等教育出版社 1999 年版,第 235 页脚注。

交通事故的职责。本案被告某市公安局交通警察大队具备行政执法的主体资格,其依法应当履行维护交通安全和交通秩序,处理交通事故的法定职责。交通民警在道路上执勤、执法时,遇有机动车辆有其他明显交通违章行为的,应当指挥机动车驾驶员立即停车,接受检查、处理。本案被告某市公安局交通警察大队工作人员发现原告陈昌协驾驶摩托车没有戴头盔,脚穿拖鞋,有明显交通违章行为,其即指挥示意原告陈昌协停车接受检查、处理。在原告陈昌协拒绝停车,并驾车高速行驶逃避检查时,被告工作人员驾车追赶,在通过车辆、人员繁杂的路段、路口,警告其他车辆让行时,使用警报器,不违反法律规定。该追赶行为是其履行职责所必须的,没有超越法定职权的范围。据此,判决驳回原告的诉讼请求。

二审法院经审理认为,《人民警察法》第6条第3项规定,公安机关的人民警察按照职责分工,依法履行维护交通安全和交通秩序,处理交通事故的职责。上诉人陈昌协驾驶两轮摩托车未带安全头盔,违反了《道路交通管理条例》第26条第1款第10项"驾驶和乘坐两轮摩托车须带安全头盔"的规定。被上诉人依法应当指挥上诉人立即停车,接受检查、处理,但上诉人拒绝停车且为逃避检查而驾车高速行驶,被上诉人为制止违章行为驾车进行追赶系其履行维护交通安全和交通秩序的法定职责所必须,并未超越职权。根据《警车管理规定》第15条规定,警车在执行治安、交通巡逻等任务时可以使用警灯、警报器。被上诉人在实施追赶行为时,为了警告其他车辆让行而使用警报器符合《警车管理规定》第16条第1款第1项的规定。上诉人主张被上诉人连续使用警报器,但其提供的证人证言不足以证实被上诉人有连续使用警报器,且目前法律法规对警报器使用多长时间属于连续没有予以明确,庭审中又证实追赶行为前后总共两分钟时间,在追赶过程中被上诉人有用喊话器喊话,依警报器的功能使用喊话时,必然引起警报的中断,因此,上诉人主张被上诉人连续使用警报依据不足,被上诉人追赶行为合法。上诉人主张其驾驶摩托车时脚穿皮鞋并非拖鞋,但该事实是否存在并不影响本案的定性,因此,原审认定事实清楚,适用法律正确,程序合法,应予维持。据此,作出终审判决:驳回上诉,维持原判。

三、 评析

本案主要是涉及对被告行政行为的性质的认定及对行政即时强制行为的认识问题。本案被告行政机关作为交通秩序的主管机关在发现原告有违反交通管理规定时,要求原告停车接受调查和处罚,而原告拒绝停车且为逃避检查而驾车高速行驶,行政机关为制止违章行为驾车进行追赶。行政机关这一行为依据行政法及行政法相关理论应当属于行政强制,具体说来应当属于行政强制中的即时强制行为。当然,这个结论并不是显而易见的,因为什么是行政强制、什么是行政即时强制、它们两者又是什么关系等问题本身在法学界就有相当分歧。长期以来,我国行政法理论先后或同时使用行政强制措施、行政强制执行、行政强制和行政即时强制等提法,来概括或指称行政上有"强制性"的一类行为,或者概括或指称其中的一部分,各种提法并存,有的内容还彼此交叉,如有学者认为:"行政强制,是指行政主体为实现行政目的,对相对人的财产、身体及自由等予以强制而采取的措施,也称'行政强制措施'。"①这显然是把行政强制与行政强制措施等同起来。这反映出我们国家行政法理论还非常不成熟。这种状况到 1989 年《中华人民共和国行政诉讼法》(以下简称《行政诉讼法》)颁布实施有所改变。因为《行政诉讼法》第 11 条第 1 款第 2 项规定了"行政强制措施"和该法第 66 条所规定的"行政强制执行"。这样越来越多的学者主张把行政强制作为行政强制执行和行政强制措施的上位概念,即行政强制既不能等同于行政强制执行,也不能与行政强制措施划等号,而是这两者的合称,如认为"行政强制措施与行政强制执行均属于行政强制的范畴"②。"行政强制措施是指国家行政机关或者法律授权的组织,为了预防或制止正在发生或可能发生的违法行为、危险状态以及不利后果,或者为了保全证据、确保案件查处工作的顺利进行而对相对人的人身自由、财产予以强制限制的一种具体行政行为。"③"行政强制执行是指公民、法人或者其他组织逾期不履行行政法上的义务时,国家行政机关依法采取必要的强制性措施,迫使其履行义务,或达到与履行义务相同状态的具体行政行为。"④仔细分析这一观点,我们会发现也存在诸多不足的地方,最主要的问题是行政强制措施的提法,很容易让人误认为所谓行政强制措施是行政主体在行政执法中所运用的具有强制性的各种手段和方法,因而行政强制执行是行政强制措施中的一种。所以学界在考察了行政强制立法比较发达的德国、日本、奥地利和我国的台湾地区,发现它们普遍使用即时强制而非行政强制措施的提法。正如台湾学者城仲模所言:"德、奥、日行政法学界对于行政强制之分类及学理说明,几乎一脉相承,即

---

① 张正钊:《行政法与行政诉讼法》,中国人民大学出版社 1999 年版,第 144 页。
② 方世荣:《行政法与行政诉讼法》,中国政法大学出版社 1999 年版,第 250 页。
③ 方世荣:《行政法与行政诉讼法》,中国政法大学出版社 1999 年版,第 249 页。
④ 方世荣:《行政法与行政诉讼法》,中国政法大学出版社 1999 年版,第 254 页。

在'行政强制'的上位概念之下,区分为'行政上强制执行'及'行政上即时强制'。"①那么,它们所指的行政即时强制是什么呢? 以日本为例,日本行政法学者认为即时强制是指"在眼前存在急需排除的障碍而又无预先命令这种义务的余地,从该事物性质上看,通过科以义务仍不能实现行政目的的情况下,不做出履行义务的命令,而直接对国民的身体及财产施加强力,从而实现行政上必要状态的作用"。②从这个概念来看,它与我们国家所称的行政强制措施其实是一回事。由于行政即时强制比较好地反映出其所指的具体行政行为的特点,并且不易引起误解,所以学界普遍接受了行政即时强制的提法,如认为"行政强制由即时性强制与执行性强制组成"③;"行政强制行为分为即时强制措施与执行性强制措施两部分"④。也有认为行政强制包括行政强制执行、行政上的即时强制和行政调查中的强制。⑤

在国内学者看来,何谓行政即时强制呢? 比较有代表性的观点认为:"行政上的即时强制,是指行政主体根据目前的紧迫情况没有余暇发布命令,或者虽然有发布命令的余暇,但若发布命令便难以达到预期行政目的时,为了创造出行政上所必要的状态,行政机关不必以相对人不履行义务为前提,便可对相对人的人身、自由和财产予以强制的活动或制度。"⑥由此可以看出,行政即时强制的最大特点在于它的"即时性",而在强制这一点上,它与行政强制执行并不存在太大的差别。正如有学者分析指出的:"立即性是即时强制与一般强制相区别的重要标准,由于立即性,行政主体极可能用行动来表达行政决定的作出并立即强制执行;由于立即性,即时强制无暇期待相对人自动履行义务;由于立即性,即时强制也不允许行政主体启动敦促相对人自动履行义务的催告程序。"⑦对于即时强制这一区别于行政强制执行的特点,德、日、奥等国的行政强制理论提供了更好的说明。它们把行政强制划分为"基础行为"与"执行

① (台)城仲模:《行政法之基础理论》,台湾地区三民书局 1994 年版,第 320 页。

② (日)室井力主编,吴微译:《日本现代行政法》,中国政法大学出版社 1995 年版,第 136 页。

③ 周佑勇:《行政法原论》,中国方正出版社 2000 年版,第 244~245 页。

④ 罗豪才:《行政法学》,北京大学出版社 1996 年版,第 233 页。

⑤ 姜明安:《行政法与行政诉讼法》,北京大学出版社、高等教育出版社 1999 年版,第 235 页。

⑥ 姜明安:《行政法与行政诉讼法》,北京大学出版社、高等教育出版社 1999 年版,第 235 页。

⑦ 朱新力:《论行政上的即时强制》,《浙江学刊》2001 年第 5 期。

行为",并认为无论是即时强制,还是行政强制执行,都是对"基础行为"的一种执行,即时强制无非是"基础行为"与"执行行为"在程序上的合一,而行政强制执行严格地将"基础行为"与"执行行为"分离。由于行政强制执行严格地将"基础行为"与"执行行为"分离,这就决定了行政主体在启动行政强制执行前,必须经过一系列如告知、听证、催告等程序保证"基础行为"已具"不可争议性",或称"法律上之形式确定"。① 相对应的,由于即时强制将"基础行为"与"执行行为"在程序上合一,这就决定了行政主体在启动强制行为前,不可能采取太复杂的程序来作出"基础行为",而往往只是一个动作或语言,这是由当时情形的紧迫性决定的。以本案为例,原告陈昌协没有戴头盔、脚穿拖鞋驾驶摩托车显然违反了《道路交通管理条例》第 26 条第 1 款第 10 项"驾驶和乘坐两轮摩托车须带安全头盔"的规定。某市公安局交通警察大队的执勤人员发现这一情况后,遂驾驶三菱越野警车跟上来,用警车上的喇叭喊话,示意原告陈昌协停车检查。这是行政主体以动作和语言作出"基础行为"。当原告拒绝停车,继续驾车行驶时,被告工作人员打开警车上的警报装置,并紧逼追赶。这是行政主体启动的"执行行为"。由于原告的行为构成对自己和他人的现实危险性,而且该行为具有紧迫性,因为原告不听行政机关的劝阻,继续驾车行驶,行政机关依法必须立即加以制止。所以本案被告的行为属于行政法上的即时强制行为。

行政即时强制的特点决定了在程序性规范方面相对而言不是很严格,这是为了适应行政主体及时制止不法行为或阻制危险情形出现、创造出行政上所必要的状态的需要。但是即时强制也并不是完全不需要程序规范,因为如果没有一定的程序和条件对其进行限制,将对行政相对人的合法权益构成潜在的现实威胁。而在我们国家因为专门规范行政强制行为的法律正在起草制定中,所以目前还没有明确的法律对行政主体的即时强制行为进行规范。尽管如此,我们还是可以从行政法的一般原理和德、日、奥等国和我国台湾地区关于即时强制的规定中归纳出即时强制的基本条件。德国法兰克福大学海默斯(Georg Hermes)教授认为适用即时强制的三个条件是:"(一)虽然具备作出行政行为的法律条件,但因为特殊紧急情况而不能作出行政行为;(二)具备使用各种强制方法的法律条件;(三)有特殊紧急的需要。如果从觉察到危险到出现预期的损害之间的时间很短,以至于因作出行政行为而产生的迟延导

---

① 城仲模:《日本行政代执行法之研究》,《"行政法"之基础理论》,台湾地区三民书局1994 年版,第 365~366 页。

致不能有效排除危险或者甚至加重了排除危险的难度,这种情况就是特殊紧急的需要。"①我国台湾学者李建良根据台湾地区《行政执行法》(修正草案,1989 年已正式通过)的内容并参照德国立法例及学说与判例见解认为,即时强制权的发动原因与要件有三:"(1)须为阻止犯罪、危害之发生或避免急迫危险;(2)须有即时处置之必要;(3)须予法定职权范围内。"②我们认为学者李建良提出上述三要件是行政即时强制的最基本要求,也就是说任何行政即时强制行为的作出至少要满足这三个要件。在本案中,行政机关作出即时强制行为完全符合这三个要件。第一,原告陈昌协没有戴头盔、脚穿拖鞋在公路上驾驶摩托车显然构成急迫危险,这种潜在的危险如果不加以阻止,就很有可能导致对其本人或他人的危害的发生;第二,某市公安局交通警察大队的执勤人员发现原告的违法行为后,遂驾驶三菱越野警车跟上,用警车上的喇叭喊话,示意原告陈昌协停车检查,而原告拒绝停车,继续驾车行驶,在这种情况下,行政机关采取即时强制以外的其他行政行为显然无法达到预期目的,所以即时强制是必要的;第三,本案中,行政机关并没有超越其法定职权范围作出具体行政行为,因为依据《人民警察法》第 6 条第 1 款第 3 项规定,公安机关的人民警察按照职责分工,依法履行维护交通安全和交通秩序,处理交通事故的职责。依据这条规定,本案行政机关有权对行政相对人违反交通管理规定的行为采取即时强制。

此外,本案还涉及行政上的即时强制具体行政行为取证的特殊性问题,其突破了行政法律规定的"先采证后裁决"一般证据取证原则。作出行政上即时强制具体行政行为时所面临的情况紧迫性决定了程序上的烦琐要求不利于达到预期行政目的。行政主体只能依当时的状况及时判断是否应采取紧急强制措施,才能有效地履行行政管理职责,维护社会公共秩序。行政主体在行政即时强制措施实施后,应及时全面完整地收集证据。收集证据只能限制在行政主体实施行政即时强制措施时就已经存在的行为和事实。而本案被告发现原告驾驶摩托车没有戴头盔,有明显交通违章行为,其即示意原告停车接受检查、处理。在原告拒绝停车,并仍然驾车高速行驶逃避检查时,被告工作人员才即时采取追赶措施,为此,该追赶行为应是合法的,也是必要的。被告不可能等收集证据后再行追赶,而使预期的行政管理目的落空。且事后被告将在追赶行为实施前已经存在的事实,用书面形式予以体现,其证据符合客观性、

---

① 转引自:胡建淼:《行政强制》,法律出版社 2002 年版,第 19 页。
② 李建良:《行政执行》,载翁岳生主编:《行政法》,自刊,1998 年版,第 931～932 页。

关联性、合法性,系有效证据,可予采信。因此,可以认定被告在实施具体行政行为时证据确凿,适用法律法规正确,程序合法。

关于行政相对人在逃避检查过程中,与他人相撞而造成的损害,由于与行政机关的行政行为不存在法律上的因果关系,所以其主张行政赔偿于法无据。

(宁德市中级人民法院　刘海滨

厦门大学法学院　石世峰)

⑰ 依职权行政行为和依申请行政行为的区分
——苏芳雄诉被告福安市劳动和社会保障局

一、　案情

原告:苏芳雄,福安市福厦厨房设备厂业务员。

被告:福安市劳动和社会保障局。

第三人:福安市福厦厨房设备厂。

福安市福厦厨房设备厂未经工商部门登记注册,负责人为李丽芳。1999年10月原告苏芳雄被聘请任该厂业务员,负责采购、供销工作,月工资1200元。2001年7月10日该厂没有生产任务,工人不上班。苏芳雄因查看加工自用煤气灶架子油漆干否到厂内,遇李丽芳公公王积富在清洗修理欲送亲戚的旧灶,即帮助修理,在使用角磨机切割灶上焊点时,砂轮片破裂,碎片击中苏芳雄右眼致4级伤残。原告苏芳雄起诉认为,其与第三人之间存在事实劳动关系,在劳动合同存续期间,受厂管理人员安排,在厂内使用了存在不安全因素的设备,为厂进行切割工作时受伤,符合《企业职工工伤保险试行办法》第8条第4项规定,应属工伤事故。被告所作出的(2002)安劳监010号工伤认定书认定其不属工伤,在认定事实、适用法律法规、程序上均错误,请求判决撤销(2002)安劳监010号工伤认定书。

二、 裁 判

2002 年 7 月 28 日福安市法院一审判决认为,《企业职工工伤保险试行办法》第 7 条规定,县级以上各级人民政府劳动行政管理部门主管本行政区域内的企业职工工伤保险工作,被告作出(2002)安劳监 010 号工伤认定书是依职权作出。原告与第三人存在事实劳动关系,但原告在事故当天所从事的切割工作既非职责要求,也非厂负责人安排。因此,对照《企业职工工伤保险试行办法》第 8 条关于工伤范围及其认定标准,原告苏芳雄事故不属于工伤事故。一审判决维持被告的具体行政行为。原告不服提出上诉。

二审法院认为:《企业职工工伤保险试行办法》第 7 条规定,县级以上各级人民政府劳动行政管理部门主管本行政区域内的企业职工工伤保险工作,福安市劳动和社会保障局依照苏芳雄的申请作出(2002)安劳监 010 号工伤认定书符合法律规定。苏芳雄的上诉主张依据不足。一审认定事实清楚,适用法律、法规正确,程序合法。但认定被上诉人依职权作出工伤认定不当,应予纠正。二审判决驳回上诉,维持原判。

三、 评 析

该案虽然二审判决驳回上诉,维持原判,但也指出一审判决中存在的不当之处,即一审认为福安市劳动和社会保障局是依职权作出工伤认定。一审在理解依职权行政行为和依申请行政行为概念上存在错误。在学理上,以是否可由行政主体主动实施为标准,将行政行为分为依职权行政行为和依申请行政行为。依职权行政行为,是指行政主体根据其职权而无须行政相对人申请就能主动实施的行政行为,也称主动行政行为和积极行政行为。依申请行政行为,是指行政主体只有在行政相对人提出申请后才能实施而不能主动实施的行政行为,又称被行政行为和消极行政行为。在实践中应从以下几个方面加以区别:一是前者依法律授权主动行使职权,如社会和劳动保障局对违反安全生产方面规定所进行的行政处罚;后者是依当事人申请行政机关才行使行政职权,如本案的工伤认定。二是前者行政机关应主动调查取证;后者则先由当事人依法向行政机关提出材料及相关材料,再由行政机关依职权进行审查并作出行政行为。三是前者多为要求行政机关和行政相对人履行义务;后者多为当事人要求行政机关履行职权实现其权利,如要求行政机关颁发许可证等。四是立案程序不一样。前者可以是行政机关发现立案,也可以是举报等立案;后者则只能是依当事人申请立案。

从以上关于依申请行政行为与依职权行政行为的比较,我们很容易发现依申请行政行为所具有的被动性特点。依申请行政行为的这一特点导致行政相对人常因行政机关不作为或逾期作为而发生诉讼。因依申请行政行为引起的行政不作为或逾期作为而导致的行政诉讼具有自己的特殊性。司法实践中,如下几个问题常引起争议:

第一,关于起诉期限。属于依申请行政行为的行政不作为而引起的行政诉讼,行政相对人一般起诉要求行政机关履行法定职责。由于行政机关行为形式上的不作为性,即并没有具体行政行为的实际作出,这样,法院就不能像确定其他具体行政行为那样,以行政机关作出具体行政行为的时间或行政机关送达行政处理决定并告知诉权和起诉期限之日作为行政相对人提行政诉讼的起诉期限的起算日。这给法院在审查立案时,判断行政机关是否超过履行职责应有期限带来困难,在这种情况下,法院也难以认定行政相对人是否超过诉讼时限。一般认为应当为自行政机关不予答复或拖延履行行为超过其履行职责应有期限之日起算。当然,即便这样,我们还是会遇上如法律规范关于行政机关履行职责应有期限的规定,有时不尽一致,甚至没有规定的情形。这也给人民法院在审查立案时,判断行政机关是否超过履行职责应有期限带来困难。我们认为当几个法律规范对行政机关履行期限规定不一致时,法院应当遵循上位法优于下位法,特别法优于一般法的原则来选择适用。而对于没有相关法律法规对行政机关的履行期限作出规定时,如何确定起诉期限呢? 我们认为应当由法院参照相类似的关于作出行政行为的期限,来认定行政机关合理履行期限,进而确定起诉人的起诉期限。实践中,还会遇到这样一种情况,有时,由于行政机关对公民、法人或其他组织的申请未予答复,申请人便多次要求行政机关作出某种具体行政行为,从而产生行政相对人再三要求后的起诉期限起算问题。对此,应当注意申请人的反复提出要求的时间。易言之,在行政机关履行职责法定期限内,行政相对人多次催促行政机关履行行政职责的,其起诉期限仍应适用上述办法,即为行政机关超过履行职责法定期限之日起三个月。在这三个月中,如果申请人继续催促行政机关履行法定职责未果而向法院起诉,只要还在原三个月的期限内,人民法院应当受理。三个月的起诉期限届满之后,倘若行政机关依然不予答复,公民、法人或其他组织又多次催促行政机关履行法定职责的,则可将此时的催促视为再申请,起诉期限可以从行政机关最后一次办理其申请的期限届满之日的次日起重新开始计算。这样,有利于充分保护公民、法人或其他组织应有的诉权及实体权利。

　　第二,关于起诉条件。对于依申请行政行为,行政相对人依法提出申请,但行政主体明确拒绝受理申请或不予答复或逾期作出行政行为的,行政相对人提起要求履行法定职责行政诉讼的条件应当符合行政诉讼法关于起诉条件的一般规定。但由于依申请行政行为的被动性,决定了行政机关只有在行政相对人提出申请,且对于行政相对人所申请的事项,行政机关享有相应职权和职责,行政机关依法才作出行政行为。那么,当起诉人的申请事项不属被诉行政机关法定职责范围的,其提起要求履行法定职责诉讼,是否符合起诉条件,法院是否应当受理呢? 有人认为是否属于被诉行政机关法定职责范围,这是案件的实体问题,不宜作为起诉条件来约束起诉人。有人认为,在这种情形下,法院不应当受理。理由是:在这种情形下,法院一旦受理,将导致裁判困难,因为不属于被诉行政机关法定职责范围的事项,无论行政机关对申请人是明示拒绝,还是不予答复,法院都不能认定该行政机关已经履行了法定职责,也不能认定其应该履行而没有履行,当然更无从认定其拖延履行。这样,法院必然无法对被诉行政机关的行为从是否已履行法定职责上作出合法与否的判定,进而缺乏是否判令行政机关履行法定职责的条件和前提,其结果只能是驳回起诉。而驳回起诉正是原告不符合起诉条件的结果所在。我们同意第一种观点。我们认为,首先,行政机关收到不属于其法定职责范围的申请,自然不可能作出相应的行政行为,但是,一般情况下,行政机关应当书面或口头告知申请人其申请的事项不属于其职责范围。其次,如果行政相对人坚持认为其申请的事项属于行政机关的法定职责,而提起诉讼要求行政机关履行法定职责的,法院应当先予受理,因为申请人所申请事项是否属于行政机关法定职责问题确属实体问题,需要通过法院开庭审理、双方当事人举证质证后才能判定。再次,这也是保护行政相对人的诉权所必需的。

　　第三,关于合法性审查的内容。有人认为,审理要求履行法定职责行政案件,就是审原告,即审查原告的申请理由是否能够成立,并由此在举证责任、裁判方式上采取不同于行政诉讼法规定的方式。诚然,要求履行法定职责行政案件与一般行政案件确有所不同,但我们不能过于强调其特殊性,而忽视了其作为行政诉讼案件的一般规律和一般要求。换言之,审理要求履行法定职责行政案件,同样要贯彻合法性审查原则。在审查的具体内容上,则可以与一般行政案件有所区别。具体地说,应当分阶段查明以下事实:原告申请情况,即原告是否向被告提出过要求履行法定职责的申请,提出申请的时间、方式、内容、理由以及原告认为被告不履行法定职责的事实根据;被告行政程序履行情况,即被告是否收到原告申请,收到申请的时间等。被告法定职责范围情况。

即原告申请的事项是否属于被告法定职责范围,法律、法规或者规章对被告就原告申请事项有哪些职责上的规定和要求;被告是否履行法定职责情况,即针对原告的申请,被告是否已履行职责,拖延履行或不予答复等不履行法定职责行为是否属实,对被告拒绝原告申请的行政行为,则还要查明原告申请的事实和理由是否成立,被告拒绝原告申请是否属实,是否符合法律规定。

第四,关于举证对要求履行法定职责行政案件的举证问题。有人认为应由原告负举证责任,有人认为应由原告和被告分担举证责任,还有人认为仍应由被告负举证责任。根据《行政诉讼法》及《最高人民法院关于行政诉讼证据若干问题的规定》的规定,对被诉具体行政行为进行合法性审查和由被告负主要举证责任是行政诉讼的一般原则,在要求履行法定职责案件的审理上,并没有特别例外的规定,因此,法院不应认为这类案件由原告就被告行政行为的合法性负举证责任。在这类案件中,法院应当要求原告就已向被告提出过申请的主张举证。这是"谁提出肯定性主张,谁就应举证,并推定其应当有能力举证"原则的体现。同时,原告有权对被告不履行法定职责及其违法的有关事实和法律依据提供证据,但是,原告并不为此承担举证不能的法律后果,这也就是说,当原告没能提供证据或所提供的证据并不能证明被告不履行法定职责及其违法的有关事实和法律依据时,原告即行政相对人并不为此承担不利后果。至于被告,应当对原告的申请是否属于其法定职责,是否已履行法定职责,是否未超过法定履行期限,拒绝申请、不予答复或者拖延履行等行为是否合法等加以举证。

(福安市人民法院　陈芳
厦门大学法学院　石世峰)

⑱ 行政机关的自由裁量不合理可以提起诉讼

——郑周不服周宁县公安局治安管理处罚裁决案

一、 案 情

原告:郑周,男,35 岁,汉族,周宁县人,系县百货公司退职职工,现在福日电视周宁维修站任职,住周宁县狮城镇南坂 30 号隔壁。

被告:周宁县公安局。

第三人:周华明,男,34 岁,汉族,周宁县人,县百货公司经理,住周宁县原商业局宿舍楼。

1991 年 12 月 31 日晚,第三人周华明从家里吃饭酒后出来,路经原告的"福日电视维修站(店)"便进店催款,原告提出其在百货公司原离职时的补助费 900 多元没领回,要求扣除补助费后还清百货公司欠款,第三人不同意,双方即引起争吵,对骂,后被在场的人劝阻,第三人退出店外。嗣后,第三人再次冲到店内引起互殴,原告随手用螺丝刀还击,第三人的眉内侧上被刺到受伤出血,后经周宁县公安局法医鉴定:右眉内侧有 0.5 厘米×0.5 厘米伤口,肿胀面积为 3.5 厘米×3.5 厘米,属轻微伤。1992 年 1 月 1 日,被告以殴打他人为由,根据《中华人民共和国治安管理处罚条例》第 2 条第 1 项规定,作出周公裁字第 0001 号"治安管理处罚裁定书",决定对原告拘留七天处罚(暂缓执行)并负担赔偿医疗费。原告不服处罚申诉至宁德地区公安处,同年 2 月 28 日地区公安处以相同事实与法律条款作出(1992)第 014 号"治安管理处罚申诉裁决书",维持原裁决处罚。但原告仍不服诉至法院。

原告诉称:因第三人酒后入其店内,挥拳踢脚侵犯原告人身权时,于匆忙中抵挡碰划第三人皮肤的,而被告仅听凭片面之词,违背客观原则进行裁决处罚,且放纵第三人的违法行为而不处罚,显失公正,请求人民法院维护其合法权益,判令撤销被告所作的处罚决定。

被告辩称:原告是过分强调第三人的不当之处,则隐瞒了拒不还钱与刺伤他人的事实。且原告的行为客观上侵犯了第三人的人身权利,违反治安管理行政法规,理应处罚,其所作的处罚是客观的、合法的、公正的,要求法院依法公正裁决。

第三人述称:其为企业法定代表人,为维护企业的合法权益,向原告催还久拖不还的公款,完全是正当合法的行为,应当受到法律的保护,而原告肆意拖欠不还,有意占用企业资金为己用,不仅侵犯了企业的合法权益,而且公怨私报持器伤人侵害其人身安全。为此,周宁县公安局所作出的裁决是恰当的、合法合理的。

二、 裁 判

周宁县人民法院经审理认为:原告郑周所欠的债务理应如期归还,不该与前来催索债务的第三人发生互殴,并致伤第三人,其行为已违反治安法规,第三人周华明系企业负责人,虽为公要债是积极的,但由于酒后不理智,且要债方法不当,不听劝告重进原告郑周经营的场所,并先行侵权引起互殴,是错误的,也应负一定责任。被告对原告作出的处罚决定事实清楚,证据充分,但被告没有对第三人进行必要的处罚处理,仅对原告处罚,显失公正。据此,依照《行政诉讼法》第 54 条第 4 项和《治安管理处罚条例》第 8 条、第 22 条第 1 项的规定,判决:(1)维持周宁县公安局(1992)周公裁字第 001 号《治安管理处罚裁决书》对郑周负担医疗费的裁决。(2)变更周宁县公安局上述裁决书对郑周拘留七天的处罚为罚款 200 元。

周宁县公安局不服一审判决,向宁德地区中级人民法院提出上诉。

上述人周宁县公安局以原审判决适用法律错误,违背了福建省高级人民法院《关于执行最高人民法院〈暂行规定〉若干具体问题的意见》第 18 条规定,请求维持上述人的原裁决。

宁德地区中级人民法院经审理认为:原审判决认定事实清楚,证据充分,程序合法,适用法律、法规正确,依法判决驳回上诉,维持原判。

三、 评 析

本案主要涉及行政机关的行政自由裁量权问题。什么是行政自由裁量权呢?学术界主要有以下几种代表性的观点。王珉灿主编的《行政法概要》这样定义:"凡法律没有详细规定,行政机关在处理具体事件时,可以依照自己的判断采取适当方法的,是自由裁量的行政措施。"①罗豪才教授在其主编的《行政法学》中这样定义:"自由裁量权是指行政机关的自行决定权,即对行为的方式、范围、种类、幅度等的选择权。"②王名扬先生在《美国行政法》一书中的定义是:"自由裁量是指行政机关对于作出何种决定有很大的自由,可以在各种可能采取的行动方针中进行选择,根据行政机关的判断采取某种行动或不采取行动。也可能是执行任务的方法、时间、地点或侧重面,包括不采取行动的决定在内。"③以上几种观点,在表述方面各自有不同的侧重点,但在基本方面还是一致的。他们都认为行政自由裁量权的概念应当包含以下几个要点:第一,这种权力是行政主体在其权限范围内享有的权力;第二,行政主体在行使此项权力时可根据自己的意志和判断作出选择;第三,行使此项权力的前提是缺乏羁束性规范;第四,这种权力可使行政相对人的权利和义务发生变化。基于以上四点,我们可以这样为其定义:所谓行政自由裁量权,是行政主体基于行政目的,就职权范围内的事项,在法律、法规的范围和幅度内,根据具体情况和自己的意志,自行判断、自行选择采取最为合适的行为方式及其内容的一种行政权力。应当注意的是,自由裁量权并非是完全的"自由"裁量,而是行政主体在其权限范围内享有的自由裁量。行政自由裁量权是实现有效行政管理所必需的。这主要是由以下两方面原因决定的:第一,随着行政权的不断扩展,其涉及的领域进一步广泛,行政机关在行政管理中所面对的社会情况日益复杂,为了使卓有成效的行政管理成为可能,必须授予行政机关一定的自由裁量权。第二,弥补立法缺憾要求行政自由裁量权的存在。因为面对复杂的社会关系,法律法规不能罗列穷尽,作出非常细致的规定。从立法技术上看,有限的法律只能作出一些较原则的规定,作出可供选择的措施和上下活动的幅度。而随着行政事务的不断扩大,新的社会关系必然涌现,在法律尚无对新的社会关系加以规范时,需要行政机关享有就新的问题作出灵活处理的行政自由裁量权,促使行政主体灵活机动地根据具体情况作出更有成效的管理。由此可以看出,行政自由裁量权的存在是有其合理性基础及必要性,但是,实践表明如果不对这种权力进行必要限制,它很容易被滥用,对行政法治构成严重威胁。那么,接着的问题就是如何对这种必须的行政自由裁量权进行限制。英国大法官科克的话,给了我们一些启迪,他说:"如果我们说由某当局在其自由

① 王珉灿:《行政法概要》,法律出版社 1983 年版,第 113 页。
② 罗豪才:《行政法学》,北京大学出版社 1996 年版,第 61 页。
③ 王名扬:《美国行政法》,法律出版社 1996 年版,第 545 页。

裁量之内做某事的时候,自由裁量权意味着,根据合理和公正原则做某事,而不根据个人意见做某事……根据法律合理做某事,而不是根据个人好恶做某事。自由裁量权不应是专断的、含糊不清的、捉摸不定的权力,而应是法定的,有一定之规的权力。"①从科克的话中,我们可以发现对行政自由裁量权进行控制的方式至少有两个:一是合法性控制,即行政自由裁量权应在法律、法规授权的范围内行使,否则即为违法行政,这也就是说,行政自由裁量权的行使,应当符合行政合法性原则;二是合理性控制,即行政自由裁量权的应用应客观、公正,符合理性,这也就是说行政自由裁量权的行使应当符合行政合理性原则。在这两种控制行政自由裁量权的行使方式中,主要还是依靠后者,即通过行政合理性原则进行控制,因为,就行政合理性原则产生角度而言,其正是基于行政自由裁量权的运行才得以产生的。在行政法制初期,人们只注意规范羁束的行政行为,行政法的任务亦停留在制定法律规范羁束行政行为这一层面,从而形成了行政合法性原则,而行政自由裁量权处于自由状态。随着社会的发展和人们对行政自由裁量权认识的深化,人们逐渐认识到行政法不仅应控制政府的羁束行为,同时更应控制政府的自由裁量行为,这样,作为控制行政自由裁量权不被滥用的行政合理性原则得以产生。所谓行政合理性原则,是指行政机关不仅应当按照法律、法规规定的条件、种类、幅度范围进行行政行为,而且要求这种行政行为符合法律的意图或精神,符合公平正义等法律理性。它对行政自由裁量权的控制主要表现在两个方面:第一,运用行政自由裁量权进行行政行为,必须符合法律、法规的目的。任何法律、法规的制定都是基于一定的社会需要,达到某种目的。法律、法规授予行政机关任何一项权力,也有其特定的目的,即为了使行政机关能更好地履行其相应的管理职能,完成相应的管理任务,实现行政管理的某种状态。行政机关运用行政自由裁量权,必须符合法律、法规的立法目的和授权目的,不得追求法律、法规规定以外的其他目的。第二,运用行政自由裁量权进行行政行为,必须建立在正当考虑基础上。法律、法规赋予行政机关行使自由裁量权,其目的在于使行政机关在作决定时基于法律、法规授权的目的,能够根据具体情况选择最适当的行为方案,以达到最佳的管理效果。尽管作出决定可能要受到多种因素的影响,但从行政合理性的角度看,有些因素是应该考虑的,而有些因素是不应该考虑的。如果应考虑的相关因素未考虑,不应考虑的相关因素却予以考虑,即属考虑不当。第三,运用行政自由裁量权时,应当公平、公正。如遵循合理的程序、

---

① 汪水清:《略论法律实施的保证》,《法学研究》1990 年第 4 期。

遵循比例原则,同等情况,同等对待,而对不同情况,则不同对待等。就本案而言,结合相关法律、法规的规定,分析如下:

(1)显失公正,是指行政主体在对被处罚人的行政处罚在形式上合法,但存在明显的不合理,从而在实质上不合法的行政处罚。根据《行政诉讼法》第54条第4项的规定,人民法院判决变更被诉具体行政行为必须同时具备两个条件:首先,必须是实施行政处罚的具体行政行为。即法律、法规规定的行政拘留、罚款、停业整顿、吊销营业执照等等行政处罚。其次,必须是"显失公正"的行政处罚。一个正确的处罚决定,应当是即合法又合理,也就是说,违法行为与受到的处罚相适应。行政诉讼法规定的一条原则是,法院对具体行政行为的合法性进行审查。同时又规定,对显失公正的具体行政行为可以变更。这就可以理解为,对显失公正进行审查属于合法性审查。因为显失公正与一般的不公正具有程度上的差别,这种差别可以引起性质上的变化,显失公正意味着行政职权的滥用,违背社会所公认的公平原则。

(2)在法定处罚幅度内也有显失公正的问题。《治安管理处罚条例》第22条规定:"有下列侵犯他人人身权利行为之一,尚不够刑事处罚的,处15日以下拘留,200元以下罚款或者警告:①殴打他人,造成轻微伤害的。……"为什么规定这样的幅度?因为每一个案件的具体情节、事实是不同的,规定这样的幅度,让执法人员根据具体情况,灵活掌握,自由裁量,以便做到违法行为与行政处罚相适应。如果违法行为与处罚不相适应,就是显失公正。本案在对被告具体行政行为合法性审查的同时,也对被告处罚的合理性进行审查,原告欠债还钱天经地义,与前来催索债务的第三人发生互殴,致第三人轻微伤,其行为已违反治安法规,应受法律相应处理,第三人酒后不理智,要债方法不当,不听劝告,并先行侵权引起互殴,亦有过错,但对被告仅向原告处罚,未对第三人作相应的处理,且对原告拘留七天的处罚明显过重,这种显失公平的处罚,难以让人口服心服,显然在法定处罚幅度内也有个显失公正的问题。法定处罚幅度是行政处罚是否显失公正的法律标准。因此,法院依法作出变更判决是正确的。

(周宁县人民法院　江祖玲　周伦希
厦门大学法学院　石世峰)

⑲ 行政处罚的可诉性*（一）

——南平市第一建筑工程公司宁德分公司不服 宁德地区林业局行政处罚案

一、 案情

原告：南平市第一建筑工程公司宁德分公司。

法定代表人：陈文盛，经理。

被告：宁德地区林业局。

法定代表人：叶锦明，局长。

原告承建宁德后岗邮电综合大楼后，于 1994 年 8 月至 1995 年 3 月间，购买有合法手续的木材 179.5566 立方米，并有购买木材的发票为证。1994 年 10 月 31 日，原告从合肥运回了 100 立方米旧模板，没有办理"出省木材运输证"等有关证件。1995 年 3 月 28 日，被告对宁德后岗邮电综合大楼地下层和第一层所有的模板含量，进行现场勘验，未通知行政相对人或其代理人参加，且勘验笔录也未经行政相对人或其代理人签名、盖章。1995 年 3 月 28 日，被告聘用宁德地区林业贸易公司的检尺员吴起兴（一级检尺员）、林坛泉，对宁德后岗邮电综合大楼地下层和第一层进行木材检尺鉴定，结论是：宁德后岗邮电综合大楼地下层和第一层现有的木材数量（模板含量）为 398.0306 立方米。只提供数字，没有提供数字的来源及操作过程等有关材料。被告根据木材检尺鉴定书，认为原告在 1994 年 8 月至 1995 年 3 月间购买无木材运输证件的木材共计 217.9734 立方米（此数字是鉴定结论 398.0306 立方米减去原告有运输手续的木材 179.5566 立方米得出的），其中松板 42.9734 立方米，旧模板 85 立方米，杉小径 75 立方米，杉旧料 15 立方米。被告根据《福建省实施〈森林法〉办法》第 46 条第 3 项的规定，作出行政处罚：（1）因木材正在工地上使用，故没收违法所得 172122.7 元；（2）处以木材非法所得 30% 的罚款共计

---

* 本案选入《福建行政审判参阅案例》一书。

51636.62 元。原告不服该处罚决定,向宁德市人民法院提起诉讼。

原告诉称:被告认定其购买无木材运输证件中的木材共计 217.973 立方米,缺乏事实根据,对其处以没收"违法所得"和罚款是错误的,请求人民法院依法撤销被告的处罚决定,同时认为勘验笔录是在不通知原告的情况下作出的,不符合事实,属违法取得。鉴定人是被告下属单位工作人员,存在着利害关系,且鉴定结论与事实严重不符,要求重新鉴定。

被告辩称:其处罚是有事实根据的,勘验笔录虽然没有通知原告参加,这只是形式问题,但所测的数据是可靠的,鉴定结论是在勘验笔录所获得数据基础上,根据数据分析和检尺表计算出来的,也是可靠的;同时,适用《福建省实施〈中华人民共和国森林法〉办法》第 44 条进行处罚是正确的,要求法院判决予以维持。

二、 裁判

宁德市人民法院根据原告的申请委托宁德地区建设工程造价管理站的技术人员,重新对宁德后岗邮电综合大楼地下层和第一层模板含量进行计算,结论是地下层和第一层模板含量为 267.7551 立方米,并提供了有关计算过程的材料,经与木板检验尺鉴定书结论相比模板的含量相差 130.2755 立方米。

宁德市人民法院认为:原告有合法手续的木材 179.5566 立方米,原、被告双方未表示异议。1994 年 10 月 31 日,原告从合肥运输了 100 立方米旧模板,没有办理"出省木材运输证"等有关证件,是违法的,被告对原告购买无运输证件的木材进行处罚,提供的证据主要有现场勘验笔录和木材检尺鉴定书。现场勘验笔录未经行政相对人签名,违反了法定程序不能作为认定案件的事实根据。木材检尺鉴定书只提供数据,而没有提供数据的来源及操作过程等有关材料,且被告的木材鉴定书与宁德地区造价管理站计算的结论有出入,所以被告作出的处罚决定主要证据不足,不予支持。为此,按照《行政诉讼法》第 54 条第 2 项第 1 目的规定,作出判决:撤销被告宁德地区林业局 1995 年 4 月 14 日作出的宁地林罚字第 627 号林业行政处罚决定,由被告重新作出具体行政行为。宣判后,原、被告双方均未上诉。

三、 评析

本案主要是关于行政处罚的证据问题。这是行政处罚中非常重要的问题,但也是实践中经常被忽视的问题。这是我们国家长期以来,"重实体,轻程序"观念在对待行政处罚证据方面的体现。这种观念显然是与依法行政的要求相违背的。行政机关作出行政处罚具体行政行为之前应当认真调查事实，在充分了解事实真相的基础上，才能作出决定，即应当遵循先调查取证，然后作出行政处罚的程序。对事实真相的了解必须借助各种证据来实现，所以证据对于行政主体作出行政处罚行为有很重要的意义。那么什么是行政处罚证据呢？一般说来，能够证明行政处罚合理、合法的一切事实，都是行政处罚的证据。它不仅包括能够证明行政违法案件真实情况的一切事实，而且还包括证明行政处罚行为具有法律依据的事实，证明行政处罚行为没有违反法定程序的事实，以及证明行政处罚行为没有滥用自由裁量权的事实。行政处罚证据应当具有如下三个特征：一是真实性，即证据是客观存在的事实，而非猜测和虚假的东西。真实可靠是行政处罚证据发生证明力的首要条件，行政处罚机关如果在认定行政违法行为，并决定给以相应的处罚时采用了不真实的证据，必然会得出错误的结论和作出违法的或不适当的决定，所以行政处罚机关在采用证据时，应特别注意证据的真实性问题，避免采用推测、假想、臆断的证据。二是相关性，即行政处罚的证据同案件事实有着客观联系事实，而非与后者毫不相关。可以作为证据的事实，与行政处罚中应当予以证明的案件事实，必须存在某种联系，即能够反映一定的案件事实。与行政违法案件事实没有关系的证据即使真实可靠也毫无证明价值可言。相关性是证据的又一独立的特征或另一种属性。它以证据的真实性特征为前提，但并不包含在证据的真实性特征中，因为指出证据与案件事实的联系是客观的，只是说明这种联系不依人的主观意志为转移，人们只能如实地去反映这种联系，而不能随意主观地乱联系。所以行政处罚证据的相关性必须加以重视，它是执法机关以及人民法院审查、判断行政处罚证据的重要标准。三是合法性，即行政处罚的证据必须符合法律要求的形式，并按法定程序收集、提供和运用证据。上述行政处罚证据的真实性与相关性解决的是证据的实体内容，而行政处罚证据的合法性解决的则是证据的形式问题。可以说凡是具有真实性和相关性的证据都具有证明价值，但却不能说有证明价值的证据必然就为行政机关以及法院所采纳。这是因为行政处罚证据除了真实性与客观性要求外，还有合法性的要求。那种认为证据只要有证明价值就可以采纳为定案根据的观点是值得商榷的，因为行政主体或法院不能因为要查明与制裁一件违法行为而放纵另一件违法行为，即取证中的违法行为。从国外相关规定来看，它们明确排除某些具有证明价值的证据的可采性，如证据的形式、取证的手段和程序不合法的证据；容易引起偏见的证据等。我国法律虽然没有明确规定在什么情况下应依法排除具有证明价值的证据,但传统诉讼法理论认为证据的形式和取得证据的方式、方法合法,是证据成为可被采纳为定案根据的条件之一。而对于证据合法性控制主要是通过取证方式和取证程序两个方面实现的。依据我国《行政处罚法》及其他行政法规,行政机关进行调查和收集证据的方式主要有以下几种:(1)调查询问,即由行政主体向行政相对人及其相关的人或组织调查询问情况;(2)调取有关材料,即由行政主体在其职权范围内向有关行政机关以及其他组织、公民调取其保存的与案件有关的书证、物证和视听资料等材料;(3)提交鉴定,即由行政主体将有关专门性问题提交鉴定部门运用科学技术手段进行鉴定;(4)勘验检查,即由行政主体自己或委托其他专门机构对现场或标的物进行勘验、检测等收集证据的方式;(5)检查,这是带有强制性的调查取证方式,《行政处罚法》第36条明确规定,行政机关发现公民、法人或其他组织有依法应当给予处罚的行为的,必要时,依照法律、法规的规定,可以进行检查,检查可以针对人身、住所、工作场所、财物等进行;(6)抽样取证,这是《行政处罚法》第37条第2款规定的一种证据收集方式,以从同类物中提取少量样品的方式达到取证目的。为了确保取证的结果的准确性、合法性及保护行政相对人的合法权益,法律法规对行政执法人员调查、收集证据时应当遵循的基本程序作出规定显然是必要的。一般说来,行政主体在调查和收集证据时应当遵循如下几个基本程序:(1)在调查或者进行检查时,执法人员不得少于两人。《行政处罚法》第37条明确规定:"行政机关在调查或者进行检查时,执法人员不得少于两人……"(2)在调查时,应向被调查人出示身份证件,说明事由。这也是由《行政处罚法》第37条明确规定的。(3)询问证人应单独进行。(4)应告知被调查人如实提供证据和故意作伪证或隐匿证据所应负的法律责任。(5)不得以威胁、引诱、欺骗以及其他非法的方法收集证据。(6)询问或者检查应当制作笔录。(7)调查笔录应向被调查人宣读,或者交被调查人阅读,并由被调查人签名或盖章。(8)采用抽样取证的方法收集证据的,应制作笔录或提取样品的清单,与当事人核对无误后,双方签字或盖章。(9)提交鉴定的,应当由具备专门知识或技术手段的机构对合法有效的鉴定材料进行鉴定并作出令人信服的鉴定决论。(10)与本案有直接利害关系的行政执法人员不得参与证据的调查与收集活动。行政相对人也有权申请与本案有直接利害关系的行政执法人员回避。

就本案而言,行政主体作出的具体行政行为主要以现场勘验笔录和鉴定结论作为事实根据。经法院审查两者均存在问题。第一,关于现场勘验笔录,根据《福建省行政执法程序规定》第24条第3项规定:现场勘验检查,应通知相对人或其代理人到场,相对人或其代理人拒不到场的,可邀请在场其他人员一至二人见证。本案被告制作勘验笔录时既没有通知相对人或其代理人到场,也没有其他在场人员进行见证,明显违反了法定程序。第二,关于鉴定结论,鉴定人是被告下属单位的工作人员,其进行鉴定是否属于回避的范围,原告认为被告叫下属宁德地区林贸公司派员鉴定,鉴定人与本案有利害关系,应当回避。这种观点显然是对行政回避制度的误解,所谓与本案有利害关系的人,是指与本案的处理结果有利害关系的人,而不是指与作为行政机关一方面存在某种关系的人。如果这样的话,那么,该行政机关的工作人员岂不是都得回避了。而且此种观点缺乏直接的法律依据。理由是:(1)《福建省行政执法程序规定》和《林业行政处罚程序规定》没有规定鉴定人员回避问题;(2)鉴定人与本案没有利害关系,不管本案被告是否处罚以及处罚正确与否,与鉴定人本身无直接利害关系;(3)根据《林业行政处罚程序规定》第18条规定:为解决林业行政处罚案件中某些专门性问题,可以指派或者聘请有关专门知识的人进行鉴定。但是,本案的鉴定问题在于:鉴定人进行鉴定是依据勘验笔录,而没有其他证据材料,由于勘验笔录不是依法取得的,依其内容得出的鉴定结论当然令人置疑。实际上,由于鉴定的内容不仅仅是对木材的检测,而且是一种较为复杂的鉴定,还包括模板含量的计算,涉及建筑方面的专业知识。鉴定人采取抽样推算的方法得出鉴定结论,而没有进行全部检测、计算,数据不很准确。更为重要的是木材检尺鉴定书只提供数据,而没有提供数据的来源及操作过程等有关材料。这样的鉴定结论无法让相对人信服,也给法院审查行政机关的处罚行为的合法性与合理性造成困难。且诉讼中法院委托宁德地区建设工程造价管理站进行重新鉴定,其结论与原鉴定结论相差 130.2755 立方米,所以被告据以作出具体行政行为的鉴定结论有错误,也不能作为定案的事实根据。

此外,本案还涉及行政机关作出行政处罚决定缺乏法律依据问题,因为依据《福建省实施〈中华人民共和国森林法〉办法》第 46 条规定:有下列行为之一的,没收木材,并处以相当于所没收木材价款 10%~15%的罚款……而本案行政机关依据该条款作出的"因木材正在工地上使用故没收违法所得 172122.70 元"的处罚,显然是没有法律依据的。

(宁德市蕉城区人民法院　许可宁
厦门大学法学院　石世峰)

⑳ 行政处罚的可诉性(二)

—— 黄清敏不服某县环境保护局噪声污染行政
处罚案

一、 案 情

原告:黄清敏,男,1964 年出生,汉族,福建省某县人,个体户,系某县城关
雷电迪吧业主。

被告:某县环境保护局。法定代表人阮贞江,局长。

某县雷电迪吧设在某县建设路文化宫内,由原告黄清敏经营。2000 年 4
月 21 日,被告某县环境保护局以原告经营的雷电迪吧营业时排放的超标噪声
严重影响了周围声域环境,群众反映烈,同时未依照古环保(2000)08 号文和
环评审批意见的要求全面落实环保措施,经地区环境监测站监测的数据表明
其迪吧排放的噪声依然超标,营业时严重扰民,已触犯《环境噪声污染防治法》
第 14 条的规定,根据《环境噪声污染防治法》第 48 条之规定作出古环保罚字
(2000)第 03 号行政处罚决定:(1)责令立即停止排放超标噪声。(2)责令停业
整顿。

原告及其委托代理人诉称:原告经营的雷电迪吧依法申领了个体工商户
营业执照。被告对原告的经营场所进行监测,认为噪声超标,要求原告进行整
改处理。原告接通知后,停业进行整改,即撤除了 CS—188 四只音箱、CS—
219 两只音箱,同时加强吸音、隔音处理,将门窗用砖堵住,防止噪声对外辐
射。但被告却以原告违法,作出古环保罚字(2000)第 03 号行政处罚决定责令
停业整顿,且被告在作出该行政处罚决定之前,未告知原告有要求听证的权
利。请求法院依法撤销被告作出的古环保罚字(2000)第 03 号环保行政处罚
决定的第二项。

被告及其委托代理人辩称:原告开办雷电迪吧,营业时排放噪声严重影响
周围环境,经地区环境监测站 2000 年 4 月 12 日监测数据:昼间噪声排放72.2
分贝,超标 14 分贝;夜间噪声排放 69.8 分贝,超标 19.8 分贝。同时未依照古

环保字(2000)08 号文和环评审批意见的要求全面落实环保措施,其对原告作出行政处罚责令原告停业整顿是正确的,请求法院维持其处罚决定。

二、 裁 判

某县法院经审理查明:原告黄清敏经营的雷电迪吧依法领取了个体工商户营业执照。被告某县环境保护局对原告经营的雷电迪吧进行监测,认为原告的雷电迪吧营业时排放的噪声严重超标,但庭审中被告提供的证据不能证明原告的雷电迪吧营业时排放的噪声超标。被告于 2000 年 4 月 21 日作出古环保罚字(2000)第 03 号行政处罚决定责令原告停业整顿,未履行听证程序。

上述事实有下列证据证明:

(1)某县工商局颁发的注册号为 3522273102125 号个体工商户营业执照;

(2)环保局行政案件立案审批表;

(3)对黄清敏的询问笔录;

(4)某县环境保护局行政处罚告知书副本;

(5)某县环保局告知书送达回证。

原、被告提供的其他证据不具有证明力或逾期提供,不予采信。

某县法院认为,被告作出的古环保处罚字(2000)第 03 号行政处罚决定,认定的事实是原告所经营的雷电迪吧噪声超标,影响周围群众正常生活,被告依照古环保(2000)08 号文和宁德地区环境监测站 2000 年 4 月 12 日对原告雷电迪吧的监测数据对原告进行处罚,但被告的这两份证据,一份未提交法庭质证,一份逾期提供,无证明力,因此该决定事实不清,主要证据不足;被告对原告责令停业整顿,未依照《行政处罚法》第 42 条的规定,组织听证,该处罚决定违反法定程序,原告请求撤销处罚决定的第二项,应予以支持。根据《行政诉讼法》第 54 条第 2 项第 1、3 目和《最高人民法院关于执行〈中华人民共和国行政诉讼法〉若干问题的解释》第 26 条、第 59 条第 1 款的规定判决如下:撤销被告某县环境保护局古环保罚字(2000)第 03 号行政处罚决定书第二项。

三、 评 析

本案涉及行政程序法上的一项重要制度——行政听证制度。行政听证制度是现代民主政治的产物,近几十年来,受到世界许多国家的高度重视。我国最早规定行政听证制度的是 1996 年施行的《行政处罚法》。随后,1998 年施行的《价格法》、2000 年施行的《立法法》先后规定了听证制度。由于行政听证制度在我国的出现是相当晚近的事,所以大家对行政听证制度并不是太熟悉,听证制度本身也相当不成熟、不完善。在对本案进行评析之前,有必要首先对行政听证制度作一个简要介绍。

何谓行政听证制度?

学者们从不同角度对其有不同的界定,如有学者认为,在行政执法的正式程序中,听证是指在行政机关作出了处罚或处理决定以后,被处罚或处理的对象不服,由该行政机关中相对独立的行政法官或检察官主持听审由该行政机关和被处罚或处理对象作为双方当事人参加的案件,听取意见,获取证据,并作出处理决定或提出处理建议的法定必经程序。①有些学者主张行政听证程序并不是一种事后程序而是一种事前程序,所以认为所谓行政听证制度是指行政主体作出影响行政相对人合法权益的决定前,由行政主体告知决定理由和听证权利,行政相对人随之向行政主体表达意见、提供证据,以及行政主体听取其意见、接纳其证据的程序所构成的一种法律制度。② 有些学者主张行政听证程序的参加人不应仅限于行政相对人,认为程序意义上的听证,指的是听证主持人在当事人及其他利害关系人参加下就相关的事实及法律问题听取意见、获取证据并作出行政决定或行政建议的活动过程。听证程序是听证制度的具体化,是听证制度的具体应用实施。③ 以上观点均在不同层面揭示了行政听证制度的内涵,但是都存在不够全面的一面。综合以上观点,我们认为理解行政听证制度应注意以下几个问题:第一,行政听证程序的概念不应仅限于行政处罚一个领域,而应广泛适用于行政的各个领域,因此第二种观点较为可取,即"行政主体作出影响行政相对人合法权益的决定"的可以启动行政听证制度。第二,上述概念强调的是正式听证程序。正式听证程序的优点在于严格依照法规保障公众参与的权利,和对法规的事实根据能够进行充分辩论。其缺点是缺乏灵活应变能力,浪费时间和金钱,往往与社会效益和政府行政效率不符合。因此听证程序还应包括可弥补上述正式听证程序缺点的非正式听证程序。第三,听证程序不仅应在"行政决定作出前给予当事人发表意见的机会",而且行政机关往往出于行政效率的考虑会在法律允许的情况下先作出决

---

① 赵安培:《关于在我国行政执法和行政处罚中设置听证程序的思考》,载《中国法学》1993 年第 5 期。

② 姜明安:《行政法与行政诉讼法》,北京大学出版社、高等教育出版社 1999 年版,第 269 页。

③ 王克稳:《略论行政听证》,载《中国法学》1996 年第 5 期。

定,事后当事人不服再给予听证的机会,因此听证程序概念中应包括"行政决定作出前和作出后"两种情况。1976 年,美国最高法院在"MATHEWS v. ELDRIDGE"一案的判决中表达了这一观点,法官们认为通常行政听证程序应当在作出行政决定之前举行,但是当现有行政机关已经提供了充分防止行政决定出错的程序时,行政听证程序并不必然地要先于行政决定作出前举行。①第四,关于行政听证程序的当事人,我们同意第三种观点,它不仅应包括具有直接利害关系的明显的当事人,也应包括间接利害关系人。因为间接利害关系人往往也由于行政决定而受到利益上的影响,如果这个影响已实质性地侵犯了间接利害关系人的权利和利益,那么他们就有必要参加听证。第五,行政听证程序中行政法官(或称听证主持人)在听证中了解了大量的事实与证据,应该根据这些事实与证据作出初步的决定和建议,如行政机关采纳,则可成为正式的决定。综上,我们认为所谓行政听证制度是指行政主体作出影响行政相对人合法权益的决定之前或之后,由行政主体告知决定理由和听证权利,行政相对人或其他利害关系人随之向行政主体表达意见、提供证据,以及行政主体听取其意见、接纳其证据的程序所构成的一种法律制度。

行政听证制度的法理基础和现实基础是什么?

行政听证制度作为一种崭新的制度,近几十年来在世界上大多数国家出现有其合理性与必要性。所谓合理性就是说行政听证制度的存在有其法理基础。一般认为在英美国家是以英美普通法中的自然公正原则为其法理基础的。自然公正原则要求"任何权力必须公正行使,对当事人不利的决定必须听取他的意见"。在行政法上,这个原则表现为行政机关的决定对当事人有不利影响时,必须听取当事人的意见,不能片面认定事实,剥夺对方辩护的权利。听取利害关系人的意见的程序,即为听证程序。美国宪法规定的正当程序(Due Process)条款是对"自然公正原则"的成文化与具体化。美国宪法修正案第 5 条规定:"未经正当的法律程序不得剥夺任何人的生命、自由或财产。"宪法修正案第 14 条规定:"任何州不得未经正当的法律程序而剥夺任何人的生命、自由和财产。"这两条分别适用于联邦政府机关和各州政府机关。依据"正当程序"条款,当行政机关对当事人作出不利的决定时,必须听取当事人的意见。大陆法系国家的行政听证程序一般认为是以其法治理论为法理基础的。以日本为例,日本学者认为日本国宪法中提出的"法治主义",并非是将"依法行政"的手段、形式自我目的化,而应将其目的、内容放在与人权保障为

---

① See:MATHEWS v. ELDRIDGE, 424 U.S. 319(1970).

核心的相应关系之中认识、分析和解释。因此,行政活动不能只是仅仅被要求符合宪法和法律的规定,即使法律中无具体的规定之时,行政活动也必须接受宪法原则的羁束,即"实质性法治主义"不满足于行政活动在形式上有法可依,更应从符合人权保障的法律目的、内容出发对行政手续和行政形式提出相应的要求。①在这样的认识前提之下,建立以行政相对人的参加为核心的行政听证程序被认为是现代法治主义的基本要求之一。所谓必要性就是说行政听证制度的存在有其现实基础。人类进入 20 世纪之后,各国行政权呈现出不断扩张的趋势,资本主义国家普遍由"守夜人"式的警察国家发展为对公民从"摇篮"到"坟墓"无所不管的福利国家。行政权的这一扩张使传统意义上的行政权有了如下两个方面的转变:一是行政权的活动范围与方式发生了改变,客观上形成了行政立法权和行政司法权。美国在二战后,出现大量近乎同时具有立法权、行政权和裁判权的独立控制机构就是一个很好的例证。二是行政主体的自由裁量权更加广泛。这样,如何控制日益扩张的行政权就成为事关法治生死存亡的问题了。人们对这个问题探索后,发现传统意义上的通过要求行政主体严格遵守实体法及司法机关事后对行政主体进行监督的方式已不能有效控制扩张后的行政权了,必须通过行政程序对行政权力的运行过程加以控制。这样旨在控制行政权力和保护行政相对人合法权益的行政听证制度就受到各国的广泛关注。

行政听制度的主要内容是什么?

各国的行政听证制度的具体内容有所差异,但共同的内容也不少。一般认为以下几项内容是行政听证制度的基本内容:一是告知和通知。告知是行政机关在作出决定前将决定的事实和法律理由依法定形式告知给利害关系人。通知是行政机关将有关听证的事项在法定期限内通知利害关系人,以使利害关系人有充分的时间准备参加听证。二是公开听证,即除非涉及国家秘密、商业秘密和个人隐私,听证应当公开举行。三是委托代理,即在听证中,行政相对人根据自己的需要可以委托代理人参加听证,以维护自己的合法权益。四是对抗辩论,即行政主体与行政相对人就行政决定的事实和法律依据进行辩论、质证。五是制作笔录,即听证过程必须以记录的形式保存下来,行政机

---

① 朱芒:《论行政程序正当化的法根据——日本行政程序法的发展及其启示》,《外国法译评》1997 年第 1 期。

关必须以笔录作为作出行政决定的唯一依据。①

我国的行政听证制度如何呢？

由于我国还没制定统一的行政程序法典，所以关于行政听证制度散见在单行法律法规中。最早规定行政听证制度的是 1996 年施行的《行政处罚法》。随后，1998 年施行的《价格法》、2000 年施行的《立法法》先后规定了听证制度。本案是关于行政处罚听证制度问题，所以以下简要介绍一下《行政处罚法》规定的行政处罚听证制度的主要内容。第一，行政处罚听证程序的适用范围。根据《行政处罚法》第 42 条的规定，邮政部门在作出下列行政处罚决定之前，应当告知当事人有要求举行听证的权利：(1)责令停产停业；(2)吊销许可证，如撤销信封生产监制证书，吊销集邮业务经营许可证；(3)较大数额的罚款。信息产业部发布的《通信行政处罚程序规定》明确：对公民罚款在 1 万元以上，对法人或者其他组织罚款在 10 万元以上，为数额较大的罚款；同时也可以按照省、自治区、直辖市人大常委会或者人民政府规定的标准执行。如河北省人民政府对较大数额的罚款规定为：对从事非经营活动的公民处以 500 元以上的罚款，对从事非经营活动的法人或者其他组织处以 5000 元以上的罚款；对从事经营活动的公民处以 1000 元以上的罚款，对从事经营活动的法人或者其他组织处以 10000 元以上的罚款。不告知当事人享有听证的权利，将导致行政处罚不能成立的后果。第二，行政处罚听证制度的基本程序。依据《行政处罚法》第 42 条的规定，听证程序依照下列规定举行：(1)当事人要求听证的，应当在收到"行政处罚意见告知书"之日起 3 日内以书面或口头形式提出。口头形式提出的，案件调查人员应当记录在案，并由当事人签字。(2)当事人提出听证要求后，法制工作机构或者承担法制工作的机构应当在举行听证 7 日前送达"行政处罚听证会通知书"，告知当事人举行听证的时间、地点、听证会主持人名单及可以申请回避和可以委托代理人等事项，并通知案件调查人员。案件调查人员应当在当事人要求听证之日起 3 日内告知法制工作机构或者承担法制工作的机构，并将案卷一并移送。(3)听证参加人员包括听证主持人、听证记录员、案件调查人员和当事人。当事人可以亲自参加，亦可以委托一至二人代理。当事人认为主持人与本案有利害关系的，有权申请其回避。(4)听证应当公开举行，但涉及国家秘密、商业秘密或者个人隐私的除外。(5)听证结束后，听证主持人应当依据听证情况，制作"行政处罚听证会报告书"并提出

---

① 参考姜明安：《行政法与行政诉讼法》，北京大学出版社、高等教育出版社 1999 年版，第 271 页。

处理意见,连同案件调查材料、听证笔录,报行政主管部门负责人审查,依据《行政处罚法》第 38 条的规定,根据情况分别作出予以行政处罚、不予行政处罚或者移送其他有关机关处理的决定。第三,行政处罚听证程序的主持人。依据《行政处罚法》第 42 条的规定,听证由行政机关指定非本案调查人员主持。行政部门一般应当指定法制工作机构的工作人员或者承担法制工作的机构相关人员主持听证,案件承办部门不得主持听证。听证的记录员亦应当执行前述规定。

就本案而言,固然被告存在着诸如举证等问题,但是最主要的问题在于,被告某县环保局在作出责令原告停产停业的行政处罚过程中没有依法履行行政听证程序,属于严重的程序违法。因为按照《行政处罚法》第 42 条的规定,行政机关决定作出责令停产、停业行政处罚前应当告知行政相对人有要求听证的权利。但本案被告自始至终未告知被处罚的行政相对人有要求举行听证的权利,致使行政相对人的合法权益受到严重侵害。所以本案行政机关作出的具体行政行为依法不能成立,应当依法被撤销。

(古田县人民法院　吴雅珍

厦门大学法学院　石世峰)

㉑ 行政处罚的可诉性(三)

——章生发不服宁德市公安局治安处罚决定案

一、案 情

原告:章某,男,50 岁,闽东宾馆职工。

被告:宁德市公安局。

第三人:郑某,女,37 岁,宁德地区财贸宾馆职工。

1989 年 12 月,章某所在单位将宁德地区管理局承租给关某、郑某夫妇居住的一套宿舍调整为章某居住,章因催促搬家未果,于 1991 年 1 月 14 日晚

10时许,采用暴力闯进郑家,砸坏凳子等家具、掀翻饭桌,郑家计损失180元。而后章某欲踢卧室门而踢中郑下腹部,宁德地区第二医院诊断为:郑某因受惊吓出现头晕、心慌、发作性哭啼,属神经衰弱症状,经宁德地区公安处法医鉴定为轻微伤(偏中)。郑住院68天,花医疗费948.16元。1991年8月1日,宁德市公安局认为章某非法侵入他人住宅处以拘留7日,赔偿损失180元,负担医疗费935.36元。章某不服向宁德地区公安处提出申诉,公安处撤销原裁决退回重裁。宁德市公安局又以章某行为系故意损坏公私财物,根据《治安管理处罚条例》(以下简称《条例》)第23条第4项、第8条之规定,处章某拘留7日,并赔偿郑某财物损失180元。章、郑均不服,向宁德地区公安处提出申诉,公安处维持裁决。1991年12月13日章某以其到关某住房与郑某(关之妻)论理,不慎撞倒一张小圆桌,根本没有任何损失等为由,请求撤销裁决。郑某以章强行踢门,砸坏家具,殴伤身体等为由,诉请加重对章处罚,判令章负担医疗费。

二、 裁 判

宁德市人民法院经审理认为:章某踢进郑家并损坏家具,违反《条例》第23条第4项之规定,公安机关处拘留七日和赔偿180元财物损失的裁决,事实清楚,证据确凿,适用法律正确;郑某请求判令章某负担医疗费,因是误伤所致,应另行起诉。于1992年2月26日判决维持处罚和赔偿损失裁决。章某、郑某均不服,分别以一审认定事实有出入,适用法律不当等为由提出上诉。

宁德地区中级人民法院经审理认为:章某因宿舍居住问题与郑某发生纠纷,采用暴力踢郑家门,砸坏郑家部分家具,造成郑受伤,其行为是违法的。宁德市公安局认为章的行为系故意损坏公私财物,适用《条例》第23条第4项之规定进行处罚,适用法律不当,原审判决予以维持不妥。于1992年5月10日作出判决,撤销一审判决及宁德市公安局的裁决,由宁德市公安局重新作出裁决。

1992年6月8日宁德市公安局以章非法侵入他人住宅,造成较严重后果,根据《条例》第22条第2项、第17条第1项、第8条之规定,处章某拘留15日,赔偿财物损失180元,负担医疗费1148.16元。章不服,向地区公安处申诉,公安处维持原裁决。章以其没有用暴力侵入他人住宅和损坏郑家之物等为由,向宁德市人民法院起诉,请求撤销市公安局的裁决。

宁德市人民法院经审理认为:宁德市公安局认定章非法侵入他人住宅处拘留15日,赔偿损失180元,适用法律正确,应予维持。但裁决负担医疗事实不清,主要证据不足,于 1992 年 8 月 29 日作出判决:(1)维持宁德市公安局的治安处罚和赔偿损失的裁决;(2)撤销医疗费裁决,并由宁德公安局重新作出具体行政行为。章某、郑某、宁德市公安局均不服,提出上诉。宁德地区中级人民法院经审理认为:章某因住房问题与郑某发生纠纷,章没有通过正当渠道解决,却采取暴力方式踢进郑家,砸坏家具,致郑某受轻微伤,其行为属于非法侵入他人住宅,且情节较严重,宁德市公安局作出处罚和赔偿损失的裁决,原审判决予以维持是正确的。郑某伤情经宁德地区二院疾病证明及法医鉴定,系章的违法行为所致,原审判决撤销负担医疗费不当,但郑的医疗费中有106.54 元系外购药品,应予剔除。于 1992 年 10 月 13 日作出判决:(1)维持宁德市法院(1992)宁法行字第 009 号行政判决第一项,即维持市公安局处罚裁决和赔偿损失 180 元裁决;(2)撤销宁德市法院(1992)宁法行字第 09 号行政判决书第二项;(3)章某负担郑某医疗费用 1041.62 元。

三、 评析

本案是关于行政处罚行为的问题。何谓行政处罚呢? 学者们从不同角度给行政处罚下了不同的定义。如有人认为:"行政处罚是国家特定行政机关或法律授权的其他组织,依法惩戒违反行政法律规范的个人、组织的一种行政行为,属行政制裁范畴。"[1]"行政处罚是指具有法定管辖权的行政主体,对违反行政法规范的公民、法人或其他组织所实施的一种行政制裁。"[2]也有人认为:"行政处罚,是指行政主体为达到对违法者予以惩戒,促使其以后不再犯,有效实施行政管理,维护公共利益和社会秩序,保护公民、法人或其他组织的合法权益的目的,依法对行政相对人违反行政法律规范尚未构成犯罪的行为(违反行政管理秩序的行为),给予人身的、财产的、名誉的及其他形式的法律制裁的行政行为。"[3]这些定义虽有差异,但是它们共同揭示了行政处罚如下几项特征:第一,行政处罚的主体是行政主体,这里的行政主体主要是指行政机关,当然也包括一些依照法律、法规的直接授权或根据行政机关的委托,在一定范围内进行行政管理,行使行政处罚权的社会组织;第二,必须依据法定权限实施行政处罚行为;第三,行政处罚是对违反行政法律规范的行政相对人进行制裁

---

① 罗豪才主编:《行政法学》,中国人民大学出版社 1989 年版,第 155 页。

② 方世荣主编:《行政法与行政诉讼法》,中国政法大学出版社 1999 年版,第 229 页。

③ 姜明安主编:《行政法与行政诉讼法》,北京大学出版社、高等教育出版社 1999 年版,第 220 页。

的具体行政行为,从实施惩戒的主体的角度来说,它是一种制裁性行政行为,而从承受惩戒的行政相对人的角度来说,它是一种惩罚性的行政法律责任;第四,行政处罚的目的既是为了有效实施行政管理,维护公共利益和社会秩序,保护公民、法人或其他组织的合法权益,同时也是对违法者予以惩戒和教育,使其以后不再犯;第五,行政处罚是对于违反行政法律规范尚未构成犯罪的行政相对人的制裁。当然也有学者认为"在行政处罚的定义中加入'尚未构成犯罪'的限制条件,是不准确的"。[①] 理由是:公民、组织违反行政法产生民事、行政、刑事三种法律责任,其中后两种责任同属于公法上的责任,一般说来,当公民、组织违反行政法规范达到触犯刑律的程度,以致构成犯罪,需要承担刑事责任时,刑事责任可将行政责任吸收,法院追究了犯罪人刑事责任的,行政机关不应再行处罚,而当犯罪受行政处罚在前、刑事制裁在后时,行政处罚会折抵成相应刑罚。但是,行政责任与刑事责任不完全是一一对应关系,前者不能完全包容在后者之内,两者之间存在交叉现象,举例说,暂扣、吊销许可证和执照,责令停产停业之两种行政责任形式就不能为刑事责任所包容,法院对于构成犯罪的单位,只能通过处以罚金的形式追究其刑事责任,至少在目前,法院还没有作出暂扣、吊销许可证和执照以及责令停产停业的刑事判决的权力。因此,当公民、组织的行为违反行政法规范而构成犯罪时,就有可能出现行政责任和刑事责任并存的现象。[②] 我们认为这一质疑还是有一定说明力的。但是毕竟行政责任和刑事责任并存的现象是属于一种特例,大多数情况下,刑事责任是能够吸收行政责任的,所以,从通常意义上说,行政处罚是对于违反行政法律规范尚未构成犯罪的行政相对人的制裁并无不妥。

另外,因行政处罚而形成的行政法律关系中,除了作为管理者一方的行政主体外,还有另外作为被处罚者一方的行政相对人,由这两者共同构成行政处罚的法律关系。通常我们在探讨行政处罚问题时,多数是从行政主体这一角度进行的,往往忽略了行政相对人这一角度。我们认为要想全面把握行政处罚这一法律关系,必须两者兼顾。就我们要讨论的这个案例而言,如果离开了行政相对人角度的分析,很难准确评价行政处罚行为的合法性与合理性。那么从行政相对人角度来探讨行政处罚行为时,我们所应注意的是行政相对人的什么行为、在什么情况下应受行政处罚,即行政违法责任的构成要件问题。所谓行政违法责任构成要件,是指行政相对人违反行政法应承担行政处罚责

---

① 冯军:《行政处罚法新论》,中国检察出版社 2002 年版,第 34 页。

② 冯军:《行政处罚法新论》,中国检察出版社 2002 年版,第 33～34 页

任的必要的共同构成要件。这种构成要件是由法律规定或包含的,实际上意味着法律对处罚责任的基本要求,在客观上反映出一个违法行为应受谴责并承担责任的必然性。关于行政违法责任构成要件的内容,理论上有所谓"四要素说"、"三要素说"和"两要素说"等。所谓"四要素"包括:主体要件,即具备责任能力的公民、法人或其他组织;主观要件,即主观故意或过失的心理状态;客体,即受行政法律法规保护的特定的社会关系;客观要件,即违法行为、危害后果以及违法行为与危害后果之间的因果关系。这种"四要素"说显然是沿袭犯罪构成理论和民事责任构成理论。而"三要素说"认为行政违法责任的构成包括三个方面要素:客观方面,即违法行为;主体方面,即有责任能力的公民、法人或其他组织;法律、法规明确规定应受到处罚的行为。还有"二要素说"认为行政违法行为的构成要件仅包括两个:一是主体条件,即作为行政管理对象的公民、法人或者其他组织;二是客观要件,即在客观方面存在违反行政法律规范的行为。我们认为刑事责任、民事责任和行政责任作为三种不同性质的法律责任,它们之间存在一些区别,但是它们显然存在着共性。我们知道刑事责任和民事责任共同遵循"四要素说",那么行政责任是否存在什么特别的地方,以至于无法用"四要素说"来说明呢?我们认为没有,恰恰相反,"四要素说"能很好地说行政违法责任的构成问题,对于行政机关作出恰当的行政处罚有很强的指导作用。所以行政主体在认定行政相对人是否应当承担行政违法责任时,应当认真考察行政相对人及其行为是否满足以下四个方面的条件:一是主体。行政处罚责任的主体要件是指具有行政处罚责任能力,实施了违法行为的公民、法人或者其他组织。和刑事、民事责任主体要件一样,主要是从行为人的年龄和精神状态来界定其是否具备主体资格。如《行政处罚法》第25条规定:"不满14周岁的人有违法行为的,不予行政处罚。"二是主观方面,即违法行为人对自己行为会造成危害后果所具有的主观的心理状态,包括故意和过失两种。三是客体,即行政法所保护的并为违法行为所侵害的行政管理秩序。它是一种社会关系。四是客观方面,即在客观方面有违反行政法律规范的行为、有危害结果的发生且违法行为与危害结果之间有因果关系。

就本案而言,从行政机关角度来看,本案行政主体是适格的行政机关,具有法定的职权等,并不存在太大的争议。本案的主要争议点还在于行政相对人的行为定性方面,即行政违法责任构成要素之一的行政处罚客观要件。分析如下:

1. 章某的行为如何定性,这是本案的关键所在。章的行为应否认定为非法侵入他人住宅,公安机关裁决和法院审理过程中对此认识分歧,致使案件未能及时审结。章某在事件发生的整个过程中表现为三种连续行为状态：(1)是非法侵入他人住宅的行为。章某对自己分配到的住房因郑某未搬出而不能迁入感到非常气愤，在多次催促未果的情况下，夜间踢门进入郑某家吵闹，砸坏家具等，其行为符合非法侵入他人住宅行为的构成要件。(2)是故意损坏公私财物的行为。章某到郑某家后，掀翻饭桌、砸坏凳子等家具，造成郑180元的经济损失。章的这一行为是属于故意损坏公私财物行为；(3)是误伤郑某的行为。章某要踢郑某卧室的门，郑拦着不让，结果章某未踢到门却误伤了郑某，致郑左下腹部有一处5厘米×3厘米青紫。对章某的三种连续行为状态，公安机关并不是逐一处理。因为章某三种连续行为状态之间存在密切联系，属于吸收行为。即事实上是数个不同的行为，其中一个行为吸收另一个行为。章某非法侵入郑某住宅是进行故意损坏财物和误伤郑某的必经阶段。当时章如果没有非法侵入郑某家就不会发生误伤和砸坏家具等情况。所以章某非法侵入他人住宅与损坏财物属同一过程。在这种情况下，公安机关只能选用一种行为进行处罚。司法实践中，应遵守重行为吸收轻行为的原则。根据《条例》第22条、第23条的规定，不能明确区分非法侵入他人住宅与损坏公私财物两种行为的轻重（误伤郑某只引起民事赔偿，不存在处罚问题）。因为从处罚程度看，前者比后者轻，前者规定处15日以下拘留、200元以下罚款或者警告，后者规定处15日以下拘留或警告，可以单处或者并处200元以下罚款；从条文规定顺序看，前者比后者重，法律条文一般是从重到轻排列，前者是《条例》第22条规定，后者是《条例》第23条规定；从行为性质看，前者比后者重，前者是侵犯人身权，后者是侵犯财产权，一般说侵犯人身权比侵犯财产权严重。从实际情况分析，章某实施的行为均可以表现在非法侵入他人住宅行为之中，章损坏财物，误伤郑使郑受惊吓等情况可作为章实施非法侵入他人住宅行为的情节来考虑，这样才能全部体现出违法行为的严重性。章故意损坏财物只是章实施非法行为的一部分，如果仅以此来认定章的行为就不能包括章的误伤和非法侵入他人住宅的行为，更无法考虑造成郑某受惊吓的后果，因而就会出现重违法轻处罚的现象。实践也说明了这一点，公安机关认定章故意损坏财物行为时，就没有责成章赔偿郑的医疗费，处罚也较轻。所以公安机关认定章的行为属非法侵入他人住宅，适用《条例》第22条第2项的规定进行处罚是适当的，二审法院对此问题的认定均是正确的。

2. 郑某的医疗费负担问题。本案除了对章某行为如何定性外，公安机关裁决郑某的医疗费由章某负担是否合法，成了双方当事人诉争的焦点。要解决这个问题，主要在于弄清章某的行为与郑某病情的发生是否存在必然的因果关系。首先,要搞清郑的病情是章某何种行为引起的。有的认为是章某误伤引起的,显然这种观点不能成立,因为两者之间没有因果关系,章的误伤,只造成郑左下腹5厘米×3厘米青紫,不可能引起植物性神经功能紊乱症状。如果认为郑的病情是因章非法侵入其住宅等行为引起的则有一定道理。因为章的整个行为过程,足以引起郑某因惊吓造成神经衰弱症而住院,所以对郑病情的起因不能只从章的误伤来分析,更应从章某行为全过程造成的后果来分析。况且章某的行为与郑某的病情、宁德地区二院的证明、法医的鉴定都是相吻合的。其次,分析郑某发病的直接原因。章的行为客观上存在几个因素致使郑病情的发生:(1)章某的行为是发生在夜深人静之际;(2)章使用暴力、实施踢门砸家具等行为;(3)郑的丈夫不在家,郑处于孤立无援的境地,又担心孩子的安全。连惊吓带害怕,引起旧病复发。所以郑住院章有不可推卸的责任,是章行为的结果。再次,要搞清郑为什么在事发后7天才住院,这是因为她丈夫不在家,又要带孩子,照顾家庭,马上住院有很多不便,更主要的是由于她的病本身没有明显的危险性,迟几天住院也是可以的。不能因此而否认章的行为是郑发病的原因。所以二审法院认定章某的行为与郑某的病情有因果关系,判令章某负担医疗费是可以成立的。

此外,郑某的医疗费中有106.54元,是郑未经医生同意,擅自到宁德市医药公司购买药品的费用,依照公安部《关于执行〈治安管理处罚条例〉若干问题的解释》第4条规定,该费用不属于赔偿范围,公安机关一并裁决由章某负担是错误的,二审法院直接判决予以变更是可行的。第54条第4项规定:"行政处罚显失公正的,可以判决变更。"对其他行政处理决定显失公正的能否变更没有规定,赔偿损失、负担医疗费的裁决是公安机关依职权处理民事争议的行政处理决定,不具有处罚性质,但对这种情况法院直接判决予以变更具有现实意义,既有利于当事人参加诉讼,也有利于人民法院审理案件。如果法院不予直接变更,而判决撤销,公安机关就必须重新进行裁决,又会出现申诉和诉讼过程,其处理结果又是一样的,势必造成循环诉讼,费时耗资,对当事人和法院都不利。

(宁德市蕉城区人民法院 许可宁

厦门大学法学院 石世峰)

22 行政处罚的可诉性(四)

——原告陈某不服被告某市建设委员会行政处罚案

一、 案 情

原告:陈某。

被告:某市建设委员会。

1989年4月19日经福建省民政厅批复,原某县上白石乡改为建制镇。1999年6月7日,原告陈某向上白石村镇建设管理站交纳了建筑占地面积50平方米计5层的配套费3000元。而后,原告即在上白石镇街西段的宅基地上施工建房,建房实际建筑占地面积为64.67平方米。1999年8月13日,被告所属市村建站在原告建第一层时向原告发出"责令停止违法行为通知书",并责令原告停止建设。但原告并未停建,至处罚时原告已建三层(未封顶)。1999年12月24日,被告作出安城建罚字(1999)84号"行政处罚决定书"认定原告超核准建筑占地面积建设,违反建设工程规划许可证施工,被通知停建后仍行抢建、影响拓宽规划,根据《城市规划法》、《福建省实施〈中华人民共和国城市规划法〉办法》的规定,作出行政处罚:拆除抢建部分、超出核准面积部分的违章建筑并处该项目违法建设工程造价5%罚款3900元。原告陈某认为被告作出的行政处罚事实有误,适用法律不当,行政处罚款的依据不足等为由,于2000年1月6日向某市人民法院提起行政诉讼。

二、 裁 判

某市人民法院依法受理后组成合议庭,经公开开庭审理,于2000年3月29日作出(2000)安行初字第006号行政判决书,判决被告某市建设委员会作出的行政处罚证据不足、违反法定程序,依照《行政诉讼法》第54条第2项第1、3目之规定,撤销被告某市建设委员会1999年12月24日对陈某作出的安城建罚字(1999)84 号行政处罚决定。宣判后,原、被告匀未提出上诉。

三、 评析

　　行政处罚行为是一种剥夺限制被处罚人的权益给被处罚人增加新的义务负担的具体行政行为。一方面,由于行政处罚带有很强的惩戒性,其在实现行政管理目标、维护公共利益和社会秩序等方面具有不可替代的作用,因而它是行政机关所必须的。但是,另一方面,由于行政处罚带有很强的侵益性,若不对其进行实体上与程序上的约束,将对公民、法人及其他组织的合法权益构成严重威胁。因此,行政处罚行为自始至终都应该严格遵循由《行政处罚法》明确规定或暗含的一系列原则,唯有如此,才能确保行政处罚行为依法作出和保障行政相对人的合法权益。《行政处罚法》明确规定的原则有:行政处罚法定原则(第 3 条)、行政处罚公正原则(第 4 条)、行政处罚公开原则(第 4 条)、行政处罚过罚相当原则(第 4 条)、处罚与教育相结合原则(第 5 条)、保障相对人权利原则(第 6 条)等。《行政处罚法》暗含的原则有哪些呢?学术界对此并没有统一的认识,比较有代表性的观点有如下几个:一是认为行政处罚原则应该有十二项,它们分别是法定原则、公正适当原则、客观公正原则、决定权与执行权分离原则、一事不再罚原则、无救济便无处罚原则、处罚与教育相结合原则、充分保障当事人权利原则、监督制约原则、程序及时性原则、程序民主原则及不和解原则。[①] 二是认为行政处罚原则有六项,它们是处罚法定原则、处罚公正公开原则、处罚与教育相结合原则、保障相对人权利原则、职能相分离原则和一事不再罚原则。[②] 当然也学者认为归纳起来就只有两项,它们是处罚法定原则和一事不再罚原则。[③] 以上观点,有的过于简单,难以反映行政处罚的基本要求,而有的又过于细化,不够简洁。我们认为,行政处罚原则的归纳,必须根据《行政处罚法》的规定,也必须参考其他单行法中有关行政处罚的规定,但是,不能仅限于条文的具体、明确规定,还应结合法律的一般原理进行归纳。基于此,我们认为行政处罚的原则主要包括:

　　(一)处罚法定原则

---

　　① 杨海坤:《跨入 21 世纪的中国行政法学》,中国人事出版社 2000 年版,第 354~355 页。

　　② 姜明安主编:《行政法与行政诉讼法》,北京大学出版社、高等教育出版社 1999 年版,第 224~226 页

　　③ 张树义:《行政法学新论》,时事出版社 1991 年版,第 150 页。

　　行政处罚涉及公民的权利,应当采取法定原则。行政处罚的法定原则,主要包括四个方面:

　　第一,对公民和组织实施行政处罚必须有法定依据,法无明文规定的不处罚。公民、法人或者其他组织的行为,只有在法律、行政法规或者地方性法规明确规定应予处罚、给予何种处罚时,才受法律、法规规定的处罚;没有规定的,不受处罚。我国刑法对刑事责任采取法定原则,法无明文规定不为罪。行政处罚也要采取法定原则。所以要采取这个原则,一是,行政处罚虽然与刑罚不同,但也涉及公民的人身、财产等权利,依照法定原则,应当这样办;二是,目前,乱处罚的情况在一些地方存在,有的还相当严重,为了解决乱处罚的问题,需要采取法定原则,这是客观实际的需要;三是,现在与十多年前不同了,立法方面取得很大进展,采取法定原则是有条件的。六届全国人大常委会1986年制定新的治安管理处罚条例时,就已经采取了法定原则,把原条例中类推的规定删去了,其意义就在于对违法行为的认定,必须有法律明确的规定。同时,还应当指出,法律规定追究刑事责任的也不能以行政处罚代替刑罚。

　　第二,行政处罚由有权设定行政处罚的国家机关在本法规定的职权范围内设定,并依照法定的程序制定、公布;无权设定的国家机关不得设定,各有权机关也不得越权设定。法律、行政法规、地方性法规和部门规章、地方规章分别拥有各自的设定权,即法律可以设定各种行政处罚,行政法规可以设定除限制人身自由以外的其他处罚,地方性法规可以设定除限制人身自由和吊销执照以外的处罚,但法律、行政法规已有处罚规定的,地方性法规只能在其规定的行为、种类和幅度范围内规定,不得创设新的处罚种类。规章则只能在上位阶法所规定的行为、种类、幅度内作出具体规定,上位阶法无规定的,只可以设定警告和一定数量的罚款。超越了这些规定的权限设定行政处罚的行政法规、地方性法规和规章都是无效的,即所谓"越权无效"。"越权无效"是行政法的中心思想,也是行政处罚法中法定原则的内容之一。

　　第三,实施行政处罚应当由有行政处罚权的行政机关在法定职权范围内实施,其他机关和组织无权实施。行政处罚法规定,行政处罚权主要由行政机关依法行使,但法律、行政法规或者地方性法规授权的组织也可以行使某些行政处罚权,县级以上人民政府还可以委托其他机关和具备限定条件的组织实施处罚。同时,也并不是所有的行政机关都有行政处罚权,而是要依法行使。

　　第四,行政机关实施行政处罚,必须严格依照法定程序进行。实施行政处罚必须遵守法律规定的程序,既包括行政处罚法规定的程序,也包括其他行政法关于程序的规定。程序守法,是法制的一项基本原则。现代法制理论认为,

"以法治国"的基本内容有三,一是政府的权力要受到限制,即公民个人享有某些不容侵犯的基本权利;二是政府权力的行使必须遵守法定的程序;三是设置和加强司法机关,以保障前两条原理付诸实现。我国的行政诉讼法第一次对程序违法作出了规定,人民法院对行政机关作出的具体行政行为违反法定程序的可以判决撤销或者部分撤销。在我国法制史上,一直是"重实体,轻程序",表现在法律制度的建设上,相对于程序法来说实体法制定得多,而且也详尽;表现在执法上,认为只要是抓准了、处理对了,程序上差一些没关系。行政处罚法应当说是一部程序法,对处罚程序作了较为详尽的规定,针对不同情况,规定了简易程序和一般程序。对公民个人处 50 元以下、对法人和其他组织处 1000 元以下罚款或警告的,可以当场作出决定。其他处罚在处罚前必须经过调查或检查、鉴定,还规定了在作出行政处罚决定之前,要向当事人说明作出行政处罚的事实、理由和依据,要听取当事人的陈述和申辩,重大的行政处罚(包括责令停产停业、吊销许可证或者执照、较大数额罚款等)还要举行听证。如果没有告知当事人所享有的权利,也是违反程序,作出的行政处罚是无效的。

(二)公正、公开原则

行政处罚必须遵循公正的原则。公正被认为是执法者所应具有的品质,意味着平等地对待当事人各方,不偏袒任何人,平等和公正地适用法律。其基本特征一是防止偏听偏信,二是举行公平的听证。这项原则是对逼、供、信的专横统治的根本否定。公认的公正原则应当包括:(1)被控的人必须获悉对他的控告的性质;(2)他必须有陈述案情的机会;(3)裁判机关必须公正。公正的标准是什么,至今还没有统一的认识,但是有两条即使不是公理,也是为人所公认的,第一,凡是与本人有关的案件,不能由本人自断,这是公正的第一标准;第二,必须听取双方当事人的意见,这是法律的正当程序,世界各国的法学家、法律工作者都认为这是防止逼、供、信,避免错案、假案、冤案的司法条件,是司法工作的准则。公正是所有当事人的共同要求,是一刻也不能违背的,否则公正的形象树立不起来,行政机关的威信也是树立不起来的。

行政处罚遵循公开原则是体现社会主义民主的原则。公开是指作出行政处罚的规定,要让全体人民周知,就是说法律、行政法规、地方性法规以及依法制定的规章,凡是要公民遵守的,就要事先公布,让人民了解。《行政处罚法》在第 4 条中增加规定了一款:"对违法行为给予行政处罚的规定必须公布;未经公布的,不得作为行政处罚的依据。"行政处罚法还规定,行政机关依法进行管理,对当事人给予什么行政处罚,行政处罚的事实、理由及依据是什么要公开,重大的行政处罚要行政机关负责人集体作出决定;依法举行的听证会,除法律有特别规定的以外,都应当公开举行,要对社会公开,允许群众旁听,允许记者采访报道,这样便于人民群众进行监督,也有利于对公民进行教育。

(三)保障相对人权利原则

所谓保障相对人权利原则,是指设定与实施行政处罚应当保障被处罚相对人的合法权益,不得剥夺限制或侵犯相对人的合法权利,行政处罚应当在充分保障相对人行使这些权利的前提下作出和实施。所以,《行政处罚法》规定"公民、法人或者其他组织对行政机关所给予的行政处罚,享有陈述、申辩权;对行政处罚不服的,有权依法申请行政复议或者提起行政诉讼。""行政机关在作出行政处罚决定之前,应当告知当事人作出行政处罚决定的事实、理由及依据,并告知当事人享有的权利。""当事人有权进行陈述和申辩。""行政机关不得因当事人申辩而加重处罚",等等。从以上法律规定可以看出,所谓保障相对人权利,主要是保障相对人的一些程序性权利,如知情权、陈述权、申辩权、听证权、复议权、诉讼权及行政赔偿权等。只有通过保障相对人这些程序性权利才能保障其实体权利的实现和不受侵害,才可能防止行政权力过于专横。

(四)过罚相当原则

过罚相当原则是指设定与适用行政处罚必须使处罚后果与违法行为相适应,不能重过轻罚或轻过重罚,就立法来讲,在设定行政处罚时,应当根据所要处罚的违法行为的危害程度与违法行为人的过错程度,设定与之相适应的处罚种类、幅度;就执法来讲,在适用行政处罚于特定违法行为人时,也应当根据违法行为人的违法行为的危害程度与违法行为人的过错程度,决定适用相应的行政处罚。这与刑法上的罪刑相适应原则的基本精神相似。这一原则由《行政处罚法》第4条第2款明确规定:"设定和实施行政处罚必须以事实为根据,与违法行为的事实、性质以及社会危害程度相当。"《行政处罚法》规定这一原则是有其事实与理论基础的。行政处罚既是对违法行为人的惩罚,也是因违法行为而应当承担的一种不利法律后果。任何违法行为都有它一定的社会危害性,也就因此有了惩罚行为人的根据与必要。但是,一定的违法行为只能有它一定的危害性,始终不可能超越其行为的性质、情节及后果。这就决定了作为惩罚措施的行政处罚必须与违法行为的危害程度这一客观事实保持相应的均衡。

(五)处罚与教育相结合的原则。

处罚与教育相结合的原则,是指设定与适用行政处罚既要体现对违法的行政相对人的惩罚或制裁,又要贯彻教育违法行为人自觉遵守法律的精神,实现制裁与教育的双重功能。行政处罚是对违法行为人的惩罚或制裁,但是,惩罚并不是行政处罚的唯一内容,也不是最终目的。《治安管理处罚条例》第4条、《行政监察法》第5条和《行政处罚法》第5条分别规定了教育和惩处相结合的原则,这也是我国政府长期以来坚持的原则。教育相对人自觉守法,自觉履行法定义务,为行政目的的实现提供便利。当然,教育不能是单纯的教育,依法应当处罚的应当严格执法,给予相应的处罚,这也就是说,教育本身并不能代替处罚,只通过处罚才能实现教育的目的,所以,这一原则从本质上来说,就是要求教育与处罚相结合,寓教于罚。

(六)一事不再罚原则

该项原则的法律依据是《行政处罚法》第24条规定的"对违法当事人的同一违法行为,不得给予两次以上行政罚款的行政处罚"。在行政处罚法中,一事不再罚原则的含义是:

1. 对同一违法行为,一个机关已经给予罚款处罚的,其他机关不得再次给予罚款处罚。

2. 如果一个机关已经给予罚款以外的其他种类处罚,如暂扣许可证或者暂扣执照等,其他机关是否可以再次给予相同的处罚,行政处罚法没有明确规定。但根据过罚相当原则,对同一违法行为,一个机关已经给予处罚的,其他机关不应再次给予相同的处罚,否则,就违背了过罚相当原则。

3. 至于是否可以给予其他种类的行政处罚,需要根据实际情况区别对待。一般来说,一个机关给予的处罚已经足以纠正违法行为的,其他机关不应再给予其他处罚。如果一个机关给予的处罚还不足以纠正违法行为,则其他机关可以再给予其他处罚。因此,其他机关决定给予的处罚应当是前一个机关无权给予的处罚,如果前一个机关有权给予的处罚而没有给予,说明该违法行为不必给予该种处罚,则其他机关不应给予此种处罚。

以上这些行政处罚的基本原则应该贯穿于所有行政处罚行为,即对所有的行政处罚行为有约束力。就本案而言,行政机关的处罚行为并没有明显违反行政处罚法定原则、过罚相当原则、一事不再罚原则,但却明显违反了行政处罚公正、公开原则,保障相对人权益原则。具体表现为在作出行政处罚前,没有依法告知行政相对人处罚决定的事实、理由及依据。这与《行政处罚法》第31条规定的"行政机关在作出行政处罚决定之前,应当告知当事人作出行政处罚决定的事实、理由及依据,并告知当事人依法享有的权利"直接相违背。依据《行政处罚法》第31条的规定,行政机关在作出行政处罚前应当告知的内容包括行政处罚的事实根据、法律依据及处罚理由。所谓事实根据,是指行政机关已经认定的被处罚人的违法事实,而且是作为行政处罚根据的那些认定事实。所谓法律事实,是指据以作出处罚的法律、法规、规章及其他规范性文件的条文,这些已经作为处罚法律依据的条文不仅要在处罚决定书上载明,而且要在处罚前告知被处罚人。而行政处罚的理由则是指对违法事实认定以后根据法律规定而得出认定的结论。告知处罚的事实根据、法律根据及理由是行政机关在作出行政处罚前的法定义务。行政机关必须履行这项义务,因为只有这样,被处罚人才能了解行政处罚的内容和被认定违法、处罚的根据与理由,才能行使有效的申辩权和陈述权。如果行政机关不是事前告知而是事后或事中告知,就失去了告知的意义,行政处罚决定已经作出才告知,违背了法律要求处罚应在当事人被告知并申辩的基础上作出的基本要求,因而是违法的。所以本案被告某市建设委员会作为福安市人民政府主管城市规划行政主管部门在作出行政处罚决定之前,没有依照《行政处罚法》第31条的规定,告知当事人作出行政处罚决定的事实、理由和证据,违反了法定程序。法院依照《行政诉讼法》第54条和《行政处罚法》第31条的规定判决撤销被告作出的行政处罚是正确的。

(福安市人民法院　郑成锦
厦门大学法学院　石世峰)

㉓ 被诉具体行政行为的合法性 *
——宁德市富源海水养殖场不服宁德市水电局港道堵堰工程处理决定案

一、　案　情

原告:宁德市富源海水养殖场。

----

* 本案例已选入《人民法院案例选》一书。

被告：宁德市水利电力局。

1989年，原告宁德市富源海水养殖场与宁德市三都镇渔潭、秋竹两村村民委员会签订一份围堵渔潭港道协议书。1996年初，原告分别向宁德市计委和环保局提出申请，宁德市计委于1996年6月21日作出宁计(1996)063号《关于同意宁德市富源海水养殖场建设大黄鱼养殖基地项目要求补办立项手续的批复》，宁德市环保局于1996年8月29日在"建设项目环境影响报告表"中审批同意。1996年6月23日，原告未经滩涂围垦主管等部门审查批准，在宁德市三都湾单屿内侧的渔潭港道进行抛石、灌水泥等围垦行为，这一行为影响了相邻的宁德地区水产养殖技术推广试验场的养殖，引起纠纷。1996年7月5日，被告宁德市水利电力局发出通知，责令原告停止施工行为。但原告还继续进行抛石、抛沙、灌水泥等行为，于7月11日才立保证书，表示未经批准前，不进行抛石、抛沙等围垦工作，并于7月8日、7月10日两次出具报告给被告要求批准围垦工程。1996年8月10日，由福建省水产厅主持，邀请省、地的渔业环境、水产养殖、渔监、水利等部门10名专家就原告在渔潭港道堵堰对环境的影响进行了专题评估，评估结论是该堵堰工程是不可行的。8月14日，原告与渔潭村委会订立协议书，由原告在三都湾单屿内侧流域处围垦筑造高度2米的半堤式挡流堤。被告认为原告行为违反了《福建省沿海滩涂围垦办法》(1996年1月28日福建省人大常委会通过并实施，以下简称《围垦办法》)的有关规定，于12月23日作出决定：责令原告在1997年1月15日前，将抛入在渔潭港道的填石围堤清除完毕，恢复港道原状。原告不服，向人民法院提起诉讼。

原告诉称：1996年初，其向宁德市计委、环保局申请办理立项等手续。宁德市计委作了《关于同意宁德市富源海水养殖基地项目要求补办立项手续的批复》，宁德市环保局在"建设项目环境影响报告"中审批同意。1996年7月10日，原告向被告递交申请，要求批准兴建三都渔潭围堤工程，由于宁德地区水产局的交涉，造成被告没有审批。原告的围堤为半堤式，并非围垦，不适用《围垦办法》之规定。被告作出的责令原告将填石围堤清除完毕，恢复港道原状，对原告来说就等于责令停产停业。根据《行政处罚法》第42条规定，被告没有举行听证，处罚程序违法。而且《围垦办法》第28条规定是责令其立即改正，与被告决定的内容不相一致。请求法院依法撤销被告错误的决定。

被告辩称：原告在三都渔潭港道堵堰抛石、抛沙、灌水泥，其行为性质属于围垦，而且在收到责令停止施工通知后，还继续施工，其行为已违反了《围垦办法》的有关规定，宁德市水电局作为宁德市的滩涂围垦主管机关，根据《围垦办法》第28条规定,作出限期清除填石围堤,恢复港道原状的决定是有法律法规依据的。原告报请审批之前已实施了违法行为,且提供的报批资料也不完整,被告作出的处理决定是合法的。要求判决维持被告的行政处理决定。

二、 裁 判

本案经宁德市人民法院审理认为,原告在三都渔潭港道进行抛石、抛沙及砌基、灌水泥等筑造半堤式挡流堤的行为,属于围垦行为,应适用《围垦办法》的有关规定。原告尽管有经过宁德市计委的支持和环保部门审批,但未经宁德市政府批准,其行为违反了《围垦办法》第9条之规定。被告根据《围垦办法》第28条的规定作出处理决定,有事实和法律依据,而且程序合法,予以支持。原告认为自己的行为不属于围垦,要求撤销被告处理决定的理由不能成立。

宁德市人民法院依据《行政诉讼法》第54条第1项规定,于1997年4月3日作出判决:维持宁德市水利电力局于1996年12月23日作出的(1996)宁水电118号关于对三都渔潭港道堵堰工程的处理决定。一审宣判后,原告没有提出上诉,判决发生效力。

三、 评 析

本案的主要争议点在于被告作出行政处罚的具体行政行为是否合法。这就涉及行政行为合法性要件问题,即合法行政行为所必须具备的法定要件问题。一般认为,合法行政行为应当具备如下五个要件。第一,行政行为主体合法,即作出行政行为的主体必须是合法的。行政行为的成立,首先是具有主体资格的行政机关才能进行该项行政行为,不具有主体资格的组织所进行的行为不是行政行为,更谈不上具有行政行为的效力。行政行为主体合法的基本要求有两个:一是行为主体应具备行政主体资格,即行政机关的产生和存在有合法的根据,主要包括:构成行政主体的人员产生于合法的选举或任命,行政主体的组织、职权、活动方式均有法律的明确规定,必要情况下的行政授权和行政委托,也需依法而定;二是具体实施行政行为的公职人员应具有合法的身份,这就要求代表行政主体实施行政行为的公职人员必须是合法取得行政公职人员身份的人员或合法得到授权的人员。第二,行为权限合法。行为主体除了本身应具备行政主体资格外,在具体实施某一行政行为时,还要求其具有实施该行政行为的法定权限。法律在设立行政机关的同时,必然会同时规定其行政职责权限,而行政机关仅得于法律授权事项范围内行使职权。"越权无效"是一项重要的原则,因而不具有法定职权的行政主体或者行政主体不在法定职权范围内作出的行为是一种越权行为,因而不是合法有效的行为。具体说来,有两个要求:一是行政行为必须是在行政主体法定权限内所作的行为,即行政主体不得超越其法定的或委托授予的事务管辖权、地域管辖权和级别管辖权的范围。二是行政主体没有滥用其行政职权。这就是说即便行政主体具有某项职权,但是它不得不合理的行使,否则,构成滥用职权。第三,行政的行为内容合法。这就是说行政行为内容必须符合法律的基本精神和根本目的,即内容必须合法、合理、真实、明确。所谓合法是指行政行为的作出必须具有法定的依据,并符合法律法规的规定。所谓合理是指行政行为的作出必须公正、合理,不能畸轻畸重,尤其是行使行政自由裁量权时,不能显失公正。所谓真实是指行政行为必须基于行政主体的真实意思表示,而不是受欺诈、贿赂或由于重大误解而采取的行为。所谓明确是指行政行为所表达的内容要清楚具体,不会使相对人无所适从,无法执行。第四,行政行为程序合法。行政行为程序必须合法,违反法定程序的行政行为同样是无效行政行为。正当程序原则是行政法的最基本原则之一,行政行为受行政法调整,因而也必须符合这一原则。第五,行政行为形式合法。行政行为的作出必须符合法定形式。法律、法规规定了必要形式的行政行为,其实施必须遵守法定形式。如果法律、法规没有规定必要形式,其实施也应根据法律原则,采用适当的形式,否则无法保证行政行为的合法、有效。总之,只有同时具备上述要件的行政行为才是合法行政行为。当然除了这五个要件外,每个具体行政行为还应该具备相应的特殊要件方能成立。本案是在滩涂围垦管理过程中引起的新类型案件,法院主要围绕以下几个方面对行政机关作出的行政行为进行合法性审查:

1. 本案原告进行抛石抛沙、砌基等筑造半堤式挡流堤行为,是否属于围垦行为。

根据《围垦办法》的有关规定。围垦行为是指在沿江、滨湖低地或海滩地(海涂)上,圈围筑堤进行垦殖的工作。在围垦过程中,圈围筑堤是围垦的前提和必要条件,也是围垦的重要手段。而圈围筑堤的根本目的是为了开发堤后的垦区,这个垦区可以是种植区,也可以是养殖区。本案中原告认为进行抛沙、抛石、砌基等筑造半堤式挡流堤,不属于围垦行为。但是,首先原告进行抛石、抛沙、砌基等行为是圈围筑堤的表现形式,筑造半堤式挡流堤是属于筑堤范围。其次,原告筑造半堤式挡流堤的目的是为了开发堤后的垦区,用于养殖黄鱼苗。必须指出的是,围垦种植是围垦行为,围垦养殖也是围垦行为,不能认为为了养殖的目的而筑堤就不是围垦行为。再次,原告本身已承认了自己的围垦行为,才出具报告要求被告审批。

2. 本案被告对原告作出限期清除抛入港道的填石围堤,恢复港道原状之决定,是否合法。

本案原告筑堤围垦过程中,虽然有在计委部门办理立项手续和经环保部门的审批同意,但没有按照《围垦办法》规定的程序报请滩涂围垦主管部门、土地部门审查和宁德市政府批准,是擅自进行滩涂围垦的违法行为。被告在查处过程中,原告才出具报告要求审批,但又没有提供完整的文件和资料,特别是福建省水产厅主持召集 10 名专家对原告围垦工程作出评估意见,认为对周围环境造成不良影响,是不可行的。所以原告的筑堤围垦行为不但违法,而且没有社会效益。根据《围垦办法》第 28 条规定:未经县级以上人民政府批准,擅自进行滩涂围垦的,由县级以上水行政主管部门责令其立即改正,造成生态环境损害的或他人损失的,应当赔偿损失。被告作为宁德市水行政主管部门有权责令原告改正。其决定限期清除抛入港道的填石围堤,恢复港道原状是责令改正的具体表现,是正确合法的。

3. 本案被告作出处理决定,没有告知原告有要求举行听证的权利,其程序是否违法。

《行政处罚法》第 42 条规定,行政机关作出责令停产停业等行政处罚决定之前,应当告知当事人有要求举行听证的权利。本案被告对原告作出责令清除填石围堤、恢复港道原状的决定是否属于责令停产停业,是否适用听证程序,直接涉及被告作出决定的程序是否违法的问题。原告认为,被告作出责令原告清除填石围堤,恢复港道原状,等于是责令停产停业。根据《行政处罚法》的规定,被告没有举行听证,行政处罚程序违法。法院经审理认为,首先,法律没有规定责令清除违章建筑应当举行听证。此类行政处罚均不属需要举行听证的范畴。其次,被告作出的处理决定与责令停产停业有本质区别。虽然它们都有责令的内容,但前者是指对原告违法行为责令改正,消除违法行为造成的后果;后者是停止生产经营行为的一种较为严重的惩罚性质,也正因为如此,行政处罚法才特别规定需要举行听证程序。因此被告作出的处理决定不具有停产停业性质,不需要举行听证,不存在程序违法问题。人民法院经过实体和程序审查后作出维持被告的处理决定的判决是正确的。

(宁德市蕉城区人民法院　陈亮峰　许可宁
厦门大学法学院　石世峰)

㉔ 行政行为具有单方性和强制性

——李某不服被告某县兽医卫生监督检验所行政处罚案

原告:李某。

被告:某县兽医卫生监督检验所。

被告某县兽医卫生监督检验所认定原告李某于 2002 年 3 月 21 日上午 8 时 44 分在鹤塘镇农贸市场经营未经检疫的猪肉,被其执法人员当场查获。某县兽医卫生监督检验所以原告的行为违反了《动物防疫法》第 38 条和《福建省动物防疫和动物产品安全管理办法》第 23 条规定为由,于 2002 年 4 月 8 日依据《福建省动物防疫和动物产品安全管理办法》第 41 条规定,对原告作出古动卫监罚(2002)字 01 号行政处罚决定书。对原告作出如下三项处罚:(1)责令停止经营未经检疫的猪肉;(2)没收违法所得人民币 288 元;(3)处以罚款人民币 4000 元。

原告及其委托代理人认为,原告一直在鹤塘镇农贸市场从事经营猪肉生意。2002 年 3 月 20 日前,原告经营的猪肉均由鹤塘镇动物检疫部门的工作人员每天早上 4 时至 6 时分别在鹤塘镇食品站屠宰场和农贸市场例行对肉类进行卫生检疫,加盖检疫章,检疫人员并于当日上午 8 时至 9 时再到农贸市场统一补收"动物及其产品检疫费"(每头猪收 9 元)。而原告每天仅售半头猪肉,故检疫员总是按每两天一次向原告收取 9 元检疫费。2002 年 3 月 21 日,每两天一次向原告收取 9 元检疫费。2002 年 3 月 21 日,时间已过早上 7 点,仍不见检疫员来市场检疫,原告对此未予特别注意,像往常一样经营。到 8 时多,被告单位来到原告摊前,进行现场拍摄后,告知原告待猪肉销售完后去鹤塘镇兽医站一趟。原告到兽医站后,被要求作了笔录,此时,被告仍没有告知原告是关于经营未经检疫猪肉应依法处理之事。2002 年 4 月 17 日,被告向原告发出古动卫监罚(2002)字 01 号"行政处罚决定书"。对此,原告认为被告的行为属行政机关滥用职权,于 2002 年 4 月 22 日向某县农业局提出复议申请,但复议机关在法定期限内不作复议决定,原告遂向法院起诉。请求依法确认被告所作古动卫监罚(2002)字 01 号行政处罚决定书违法并判决撤销,判令被告返还原告没收款和罚款计人民币 4288 元。

被告及其委托代理人认为,动物检疫是对动物及其产品进行检疫检查,目的是防止动物疫病的传播,以保护畜牧业生产,防止人体健康受侵害的必要手段。被告在鹤塘镇兽医站设立报检点,并派驻检疫员,依法履行职责,依照法定的检疫规程实施检疫,按正常时间(凌晨 4－6 时)检疫员到定点屠宰场实行检疫,并盖动物防疫监督机构统一使用的验讫印章。原告无视法律、法规的规定,经常在外私宰滥屠,不执行国家对生猪等实行定点屠宰、集中检疫、统一纳税、分散经营的制度。2002 年 3 月 21 日上午,被告发现原告在其摊位经营未经检疫的猪肉,查获原告无检疫证明和无检疫验讫的猪肉 60 余斤,经立案调查,于 2002 年 3 月 25 日向原告送达古动卫监 2002 字第 01 号"违法行为处理通知书",告知原告有陈述、申辩和要求组织听证的权利,原告在规定的期限内没有提出陈述、申辩和要求听证。被告于 2002 年 4 月 8 日依法对原告作出古动卫监罚(2002)字 01 号"行政处罚决定书",并送达原告,原告不服,于 2002 年 4 月 22 日申请复议,但原告又于 2002 年 5 月 10 日主动自愿撤回复议申请。因此,原告于 2002 年 6 月 24 日提起诉讼,已超过诉讼期限,请求人民法院驳回原告起诉;被告作出行政处罚决定事实清楚,证据确凿,适用法律依据正确,程序合法,请求人民法院予以维持。

二、　裁　判

一审法院开庭审理后,认为行政机关依职权作出具体行政行为,应当予以维持。被告某县兽医卫生监督检验所依照《动物防疫法》的规定,对动物及其产品进行疫病检验,防止动物疫病的传播,保护畜牧业生产,以防止人体健康受侵害。原告应当合法经营猪肉,遵守国家对生猪实行定点屠宰、集中检疫以及动物、动物产品检疫实行报检制度的规定。原告在乡下屠宰生猪,进入市场出售,依法必须向所在地动物防疫监督机构申报检疫。原告认为其经营猪肉未经检疫,是因被告的工作人员没有按照"惯例"自动到市场检疫,责任在于被告,被告作出处罚决定是出于其内部某些工作人员的不良目的和意图,其行为严重背离动物防疫法立法目的、精神,属滥用职权行为。经审查,2002 年 3 月 21 日,原告经营的猪肉均未经过检疫,原告所举证据只是证明鹤塘市场有补检,但不能证明原告经营的猪肉已经检疫或申报而被告工作人员不予补检,因此,原告的主张既没有事实根据,又没有法律依据,本院不予采信。被告认为原告在申请复议期间已撤回复议,其起诉已过法定期限。经审查,被告所举原告保证书和某县农业局对某县法律援助中心的复函这两份证据,缺乏合法性和真实性,被告没有在法定期限内作出复议决定,原告复议期满后提起诉讼,法院应予受理。被告对原告李某经营未检疫猪肉,依职权作出古动卫监罚(2002)字01号"行政处罚决定书",认定事实清楚,证据充分,适用法律正确,程序合法,应予维持。原告诉求被告返还没收款、罚款4288元,没有事实根据,本院不予支持。根据最高人民法院《关于执行〈中华人民共和国行政诉讼法〉若干问题的解释》第56条第4项的规定,判决如下:(1)维持被告某县兽医卫生监督检验所古动卫监罚(2002)字01号"行政处罚决定书";(2)驳回原告李某要求被告返还没收款、罚款的诉讼请求。

原告不服一审判决,提起上诉。二审法院审理后,认为行政机关作出具体行政行为应当认定事实清楚,程序合法,还必须正确适用法律、法规及规范性文件。本案上诉人经营未经检疫的猪肉,事实清楚,证据充分,违反了《动物防疫法》第39条的规定,依法当受到行政处罚。被上诉人作出行政处罚决定责令停止经营未经检疫猪肉,没收违法所得人民币288元符合《动物防疫法》第49条的规定,应予维持,但其处罚决定对上诉人处罚款4000元没有法律依据,应予撤销。原审认定事实清楚,但对被上诉人作出罚款处罚是否有法律依据未予审查不当,应予纠正。上诉人主张被上诉人滥用职权依据不足,但其主张被上诉人作出罚款处罚缺乏法律依据的理由成立,应予采纳。最高人民法院《关于执行〈中华人民共和国诉讼法〉若干问题的解释》第67条规定,第二审民法院审理上诉案件,应当对原审人民法院的裁判和被诉具体行政行为是否合法进行全面审查。据此,依照《行政诉讼法》第61条第2项,第54条第1项、第2项第3目之规定,判决:撤销某县人民法院(2002)古行初字第35号行政判决;维持被上诉人某县兽医卫监督检验所作出的古动卫监罚(2002)字01号《行政处罚决定书》第1项、第2项决定;撤销被上诉人某县兽医卫生监督检验所作出古卫监罚(2002)字第01号"行政处罚决定书"第3项决定;被上诉人应在判决生效后15日内返还上诉人缴纳的罚款4000元。驳回上诉人要求返还没收款288元的诉讼请求。

三、 评 析

本案是关于行政机关对行政相对人作出行政处罚是否合法的问题。法院主要是围绕作出行政处罚的行政主体是否具备法定职权、处罚是否有事实和法律依据、处罚的程序是否合法等问题进行审查。这些问题在本书的其他案例已有讨论。这里，我们主要对本案被告作出行政处罚具体行政行为时所体现出来的行政行为的单方性和强制性法律特征进行评析。

行政行为具有单方性和强制性的法律特征，在国外以及国内学者给行政行为所下的定义中都有体现。被誉为德国行政法学鼻祖的奥托·梅叶尔（Otto Meyer）教授给行政行为所下的定义是：行政行为是指行政机关运用公权力，对具体行政事务适用法律、作出决定的单方行为。[①] 我国有学者认为，行政行为是行政主体基于行政职权单方面所作的行为。"从方式上，行政行为是一种单方行为，而不是双方行为。单方行为意味着，行政行为的成立只取决行政主体的单方意志，不以相对人的意志为转移。"[②]这两个对比较有代表性的关于行政行为的定义都隐含着这么一个观念，即行政行为是具有国家的强制性，其一经作出即具有确定力、约束力、执行力，相对人必须服从不得拒绝，行政主体有权以强制手段保障行政行为内容的落实。若对行政行为这一描述作一概括的话，就是行政行为具有单方性和强制性。这是行政行为区别于民事法律行为的重要方面。所谓行政行为的单方性，就是指"行政相对人是否应当承担某种公共负担，能否利用某种自然资源和公共设施，其行为是否侵犯了公共利益及是否应受到制裁，均取决于行政主体的意志而不取决于行政相对人的意志"。而民事法律行为通常是由各方主体的一致意思表示。所谓行政行为的强制性，"就行政主体而言，这种强制性表现为行政主体作出意思表示的法定性，而不以意思自治为原则。就行政相对人而言，这种强制性表现为对行政行为必须服从和配合。如果行政相对人不予服从和配合，就会导致强制执行"。[③] 行政行为的强制性意味着行政主体可以不顾及行政相对人是否情愿，强迫对方服从自己意志。这也就是说，行政行为的强制性使得行政相对人

---

① 翁岳生：《行政法与现代法治国家》，台湾祥新印刷公司 1979 年版，第 3 页。

② 胡建淼：《比较行政法》，法律出版社 1996 年版，第 15 页。

③ 姜明安主编：《行政法与行政诉讼法》，北京大学出版社、高等教育出版社 1999 年版，第 143 页。

丧失选择行为的自由性,而只能放弃自己的偏好或其他行为方式,按照行政主体意志的指向进行活动,从而表现出行政行为的唯一性与必然性。实际上,行政行为的强制性和单方性是紧密相关的两个法律特征,即所谓"行政行为的单方意志性是行政行为强制性的前提,行政行为的强制性是行政行为单方意志性的结果"。① 行政行为为什么具有这种不同于民事法律行为的法律特征呢?它的理论基础在于"行政主体与行政相对人(公共利益与个人利益)之间的利益是相互冲突的,观念上是互不信任的,行为上是对立或对抗的,因此,行政行为就是行政主体的命令和行政相对人的被动服从"。② 在本案中,被告某县兽医卫生监督检验所依照《动物防疫法》的规定,负有对动物及其产品进行疫病检验,防止动物疫病的传播,保护畜牧业生产,以防止人体健康受侵害的职责。原告有义务应当合法经营猪肉,遵守国家对生猪实行定点屠宰、集中检疫以及动物、动物产品检疫实行报检制度的规定。当行为人违反以上义务时,行政主管机关可以基于其单方意志,即不需要以取得行政相对人的同意为前提,单方面作出行政处罚具体行政行为,并且,对于该行政处罚,行政相对人必须首先服从和配合。这里,行政行为的单方性和强制性表现得非常明显。

当然,有必要指出的是,虽然我们认同行政行为的单方性和强制性在实现行政管理方面的合理性和必要性,但是,这种将行政相对人完全置于被动地位的做法在行政管理中遇到了许多麻烦,正如本案行政相对人所表现的那样,对行政机关的处理决定不服,有极大的抵触情绪。这是因为行政行为的单方性和强制性使得行政相对人处于完全被动、无权的地位。这样容易产生对抗情绪,不会积极地配合,使行政行为难以进行。随着民主法治的发展,大部分民主法治国家对传统的行政理念进行了反思,开始越来越重视行政相对人在行政管理活动中的作用。我国在实行改革开放以后,随着市场经济的发展和民主法治的日渐完善,人们要求行政机关转变政府行为理念,由管理行政转向服务行政的呼声越来越高。为了顺应这一潮流,我国以罗豪才教授为代表的一批学者认为应当对我国的传统的行政理念更新,提出以"平衡论"作为我国行政法的基础理论。他们认为:平衡应是现代行政法的基本精神与价值取向,行政法在调整特定社会关系时,应追求行政权与相对人权利、公共利益与个人利益、行政效率与社会公正、行政权的保障与法律控制等关系之间的平衡,而不

---

① 张正钊主编:《行政法与行政诉讼法》,中国人民大学出版社 1999 年版,第 97 页。
② 叶必丰著:《现代行政行为的理念》,载《法律科学》1999 年第 6 期。

是走向其中任何一个极端。^① 有学者一改过去行政法学主要以行政机关及行政行为为研究对象的做法,转而以行政相对人作为研究中心,专门阐述了行政相对人在行政法中的积极作用(即他们参与行政的过程,既对违法行政形成制约,又对合法行政予以合作与帮助)。^② 有学者撰文急呼应当进行行政法学范式的转变,认为"法是一定时代精神的反映。20世纪以来,为了解决各种社会问题,弥补市场机制的缺陷,强调国家干预,形成并强化了国家行政的观念;这种强化,符合行政国家时期,社会事务增多对国家职能扩张的需要,因此,以国家行政观念为指导的行政法学范式,具有时代的合理性。但是,我们不应该将一定时期的实然现象,当成所有时期的应然现象,不能够用观念剪裁现实,而应随时代发展革新我们的观念,以推动理论研究的发展"。^③ 因此,学者们对传统行政行为定义进行修正,认为行政行为是行政主体在公民的参与、合作下所作的一种公共服务行为。^④ 行政相对人的主动性大大提高,"公众可以参与行政事务的管理,不但对行政系统的具体行政行为有参与的机会,而且对抽象行政行为也有参与的机会"。^⑤当然,行政行为毕竟是一种国家管理行为,行政相对人的参与并不能完全改变行政行为的单方性,"尽管随着行政民主化的发展,现代社会的行政相对人已能广泛地参与行政程序或行政行为的实施,即参与意思表示,但这种意思表示仍然取决于行政主体的接受和采纳。并且,行政相对人的意志一旦为行政主体所接受或采纳,所形成的最终意志仍然被视为行政主体的意志"。^⑥ 但其强调行政相对人的参与,使相对人的意见在行政行为中得以表达,仍然是一种巨大的进步,有着重要的意义。在本案中,行政机关在作出行政处罚前,应当向行政相对人说明处罚的事实理由、法律依据及相对人所享有的权利,并听取相对人的申辩意见,在作出行政处罚后,应当告知

---

① 罗豪才:《现代行政法的平衡理论》,北京大学出版社1997年版,第3页。

② 如方世荣教授著的《论行政相对人》一书,该书由中国政法大学出版社2000年出版。

③ 石佑启:《公共行政改革与行政法学范式的转变》,载《行政法论丛》第4卷,法律出版社2001年版。

④ 叶必丰著:《现代行政行为的理念》,载《法律科学》1999年 第6期。

⑤ 杨海坤、关保英著:《行政法服务论的逻辑结构》,中国政法大学出版社2002年版,第258页。

⑥ 姜明安主编:《行政法与行政诉讼法》,北京大学出版社、高等教育出版社1999年版,第143页。

相对人若对行政处罚不服可能选择的救济途径。这些,都可以看成是对传统行政行为单方性和强制性的一种修正或完善。

（古田县人民法院　吴雅珍

宁德市中级人民法院　王嫔

厦门大学法学院　石世峰）

第三章

行政诉讼

Administrative Law

Administrative Law

Administrative Law

㉕ 行政诉讼的管辖*

—— 陈宝强等不服柘荣县公安局非法限制人身
自由及罚款决定案

一、 案 情

原告:陈宝强,男,1961 年 1 月 26 日出生,汉族,福鼎市人,住福鼎市桐山镇海口路。

原告:王海滨,女,1962 年 3 月 15 日出生,汉族,福鼎市人,住福鼎市制药厂宿舍。

原告:张城弟,女,1958 年 7 月 19 日出生,汉族,福鼎市人,住福鼎市桐山镇路边亭 365 号。

原告:陈晓玲,女,1969 年 5 月 16 日出生,汉族,福鼎市人,住福鼎市桐山镇新街 37 号。

原告:李萍,女,1964 年 3 月 28 日出生,汉族,福鼎市人,住福鼎市桐山镇上龙山 5 号楼。

被告:福建省柘荣县公安局。

1994 年 6 月 18 日,陈宝强等人雇车运载着自福安市赛岐镇购得的美国产健牌香烟 38 箱途经柘荣县乍洋乡,被柘荣县公安局扣押。同日下午 5 时许,陈宝强及司机张清弟被带至柘荣县公安局至下午 8 时许才被释放,计被羁押约 3 个小时。6 月 25 日,柘荣县公安局以陈宝强等五人无任何手续贩运走私香烟为由,根据海关法对原告五人罚款 73000 元,扣押的香烟放行,但未作出处罚决定书。

原告陈宝强等五人不服柘荣县公安局的行政行为向福鼎市人民法院提起诉讼,认为被告对原告贩运香烟适用海关法进行处理,并施以罚款处罚,显然

---

* 本案曾登载于《人民法院案例选(行政卷)》,此处进行了若干修改与补充。

超越职权,请求法院判决撤销被告的罚款决定。同时,原告陈宝强认为被告无任何手续将其从柘荣县乍洋乡带到柘荣县公安局,限制其人身自由,是不合法的,请求法院判决撤销被告的具体行政行为并赔偿损失。

被告柘荣县公安局没有提交答辩状。审理中,被告柘荣县公安局以(1995年)柘公10号文《关于撤销对陈宝强等五人罚款的决定》,决定撤销原已对陈宝强等五人作出的罚款决定,决定对陈宝强等五人的行为进行刑事侦查,另案处理。并在庭审中辩称被诉具体行政行为不复存在,请求法院裁定驳回原告的起诉。

二、　　裁　判

福鼎市人民法院经审理认为,被告对原告陈宝强进行传唤是合法的,因此不予采纳原告陈宝强要求撤销被告对其传唤限制人身自由的具体行为和请求赔偿损失的诉讼请求。被告对原告进行罚款时没有制作、送达行政处罚决定书,违反法定程序,且被告在适用法律上没有引用具体条款,适用法律错误,依法应予撤销。因此,法院依照《行政诉讼法》第54条第2项第2目、第3目的规定,于1995年5月31日作出如下判决:

(1)维持被告柘荣县公安局1994年6月18日传唤原告陈宝强的具体行政行为;

(2)撤销被告柘荣县公安局1994年6月25日对原告作出的罚款决定;

(3)被告在本判决生效后2个月内,将罚款73000元予以返还。

柘荣县公安局不服,向宁德地区中级人民法院提起上诉。其上诉的主要理由有:(1)一审法院判决该案程序错误。主要表现在一审法院对本案无管辖权,因为柘荣县公安局未对陈宝强实施限制人身自由措施,因此,本案应由柘荣县法院受理,退一步说,即使限制人身自由的行政行为存在,对于限制人身自由与罚款之诉,也不能合并审理,否则与最高人民法院(93)行地16号批复的内容不一致。(2)一审法院认定原告主体资格有误。在公安局出具的罚款收据上,虽只写"陈宝强等五人",但该局未对王海滨等四人进行行政处罚,因此,他们四人不具有原告主体资格。(3)一审判决返还罚款没有法律依据,因为《行政诉讼法》并没有返还判决的规定。

陈宝强等五人依法进行了答辩,其答辩的主要理由是:(1)一审法院对本案依法拥有管辖权,因为《行政诉讼法》第26条及最高人民法院(93)行地16号批复已经作了规定。(2)一审法院判决撤销罚款行为是正确、公正的,判决公安机关限期返还罚款是合情合理的。

二审法院经审理认为,柘荣县公安局根据海关法对原告陈宝强等五人作出罚款 73000 元的具体行政行为属于超越职权;且未制作、送达处罚决定书,其处罚程序不当;一审法院判决予以撤销并判令限期返还是正确的。柘荣县公安局没有办理法定手续非法限制被上诉人陈宝强的人身自由,一审法院认定是传唤行为,并判决予以维持不当,应予改判。柘荣县公安局提出的一审法院对本案无管辖权等上诉理由不能成立,不予支持。据此,依照《行政诉讼法》第 61 条第 3 项、第 54 条第 2 项第 2 目、第 3 目、第 4 目之规定,该院于 1995 年 12 月 13 日作出如下判决:

(1)撤销福鼎市人民法院(1995)鼎行初字第 5 号行政判决第(一)项;

(2)撤销柘荣县公安局 1994 年 6 月 18 日非法限制陈宝强人身自由的具体行政行为;

(3)维持福鼎市人民法院(1995)鼎行初字第 5 号行政判决第(二)、(三)项。

三、 评 析

本案主要涉及的是行政诉讼管辖上的争议问题,即一审法院对原告陈宝强等针对柘荣县公安局的具体行政行为提起的行政诉讼是否拥有管辖权。

人民法院对案件享有管辖权是其审理案件实体问题的前提与基础,行政诉讼的管辖是指上下级人民法院之间以及同级人民法院之间受理第一审行政案件的分工和权限。行政诉讼的管辖又可以分为级别管辖与地域管辖,前者指的是上下级人民法院之间审理第一审行政案件的分工和权限,后者指的是同一级人民法院在审理第一审行政案件上的具体分工。本案涉及的是有关地域管辖的争议问题。

(一)关于一审法院对本案是否拥有管辖权的问题

根据我国《行政诉讼法》第 18 条的规定:"对限制人身自由的行政强制措施不服提起的诉讼,由被告所在地或者原告所在地人民法院管辖。"该法第 20 条规定:"两个以上人民法院都有管辖权的案件,原告可以选择其中一个人民法院提起诉讼。原告向两个以上有管辖权的人民法院提起诉讼的,由最先收到起诉状的人民法院管辖。"根据《行政诉讼法》所规定的条件,只要是对限制人身自由的行政强制措施提起的行政诉讼(涉及不动产的行政案件除外),原告就可以选择由被告所在地或者原告所在地的人民法院管辖,因此这里的关键问题是,在实际中如何判断何种方式的行政权力运作构成限制人身自由的行政强制措施。

　　行政强制措施,作为一个行政法上的概念,是指国家行政机关为了维护和实施行政管理秩序,预防与制止社会危害事件与违法行为的发生与存在,依照法律、法规的规定,针对特定公民、法人或者其他组织的人身、行为及财产进行临时约束或处置的限权性强制行为。一般而言,限制人身自由的行政强制措施包括:强制传唤、行政拘留、限期出境、驱逐出境、强制隔离、强制治疗、强制约束、强制戒毒,等等。就性质而言,强制传唤显然属于行政强制措施的一种。

　　《治安管理处罚条例》第34条规定:"公安机关对违反管理的人,需要传唤的,使用传唤证。对于当场发现的违反治安管理的人,可以口头传唤。对无正当理由不接受传唤或者逃避传唤的,公安机关可以强制传唤。"根据该条的规定,传唤可以采用书面传唤、口头传唤和强制传唤三种形式。其中,强制传唤具有不同于书面传唤和口头传唤的特点。在三种类型的传唤中,只有强制传唤才有可能存在限制人身自由的情况。因此,从传唤的主体、本意及类型上看,传唤并不笼统地等同于限制人身自由。传唤与限制人身自由这两个概念在外延上是交叉的关系,其概念的交集是"强制传唤"。

　　无论是书面传唤、口头传唤,或是强制传唤,都必须遵守特定的程序与形式。书面传唤应当使用传唤证,同样地,口头传唤与强制传唤也应当遵从其特定的程序与形式,否则将因违法而被法院依法撤销。口头传唤与强制传唤也必须遵守特定的程序与形式的理由是,在行政法治国家中,任何国家行政权力的运作都必须遵守法律预先设定的程序,采用法律规定的形式。

　　具体到本案中,一审法院作为原告所在地法院受理本案就不可避免地涉及对原告陈宝强是否曾被公安机关限制人身自由的审查认定问题。一审法院认定被告柘荣县公安局对原告陈宝强所采取的行政行为在性质上属于传唤,并且被告的传唤行为合法,因此对其予以维持。这一认定被二审法院所推翻,因为在二审法院看来,柘荣县公安局确实对陈宝强采取了限制人身自由的行为,并且有足够的证据表明这一行政行为没有遵从法定的程序。

　　在本案中,公安机关在对陈宝强的人身自由进行约束时,并未出示有关传唤手续,也未说明其对陈宝强实施过传唤行为,这种行政程序上的瑕疵使二审法院很难将柘荣县公安局对陈宝强采取的行政行为认定为传唤,退一步讲,即使将其认定为强制传唤,由于行政行为合法要件的欠缺,也不应当对其予以维持。有足够证据证明,陈宝强在香烟被扣之日被公安机关无任何手续限制人身自由达3个小时,尽管时间不长,但不影响限制人身自由行为的成立。因为立法上并没有规定行政相对人的人身自由须被限制多长时间才构成行政诉讼法所规定的"限制人身自由的行政强制措施",更何况,本案已体现了陈宝强的人身自由确实受到约束,而且是强制约束。

尽管一审法院将被告的行政行为认定为传唤,但并没有否认其对本案享有管辖权,可见,一审法院实际上默示地认为被告作出的行政行为在性质上属于强制传唤,构成了对原告人身自由的限制。因此,在判断管辖的问题上,一审法院并没有发生错误,其错误在于维持了一审被告针对陈宝强采取的违法限制人身自由的行为。二审法院则作出了一个更为聪明也更为正确的判决。二审法院直接在判决中认定,柘荣县公安局没有办理法定手续"非法限制被上诉人陈宝强人身自由",因此,一审法院认定是传唤行为,并判决予以维持不当。这样的判决直接认定了被告的行政行为已经符合了《行政诉讼法》第18条所规定的"限制人身自由的行政强制措施",从而适用该法第18条规定,得出一审法院有权对其进行管辖的结论。因此,二审法院直接认定了柘荣县公安局的行政行为在性质上属于限制人身自由的强制措施,从而巧妙地回避了该行为到底是不是传唤这一似乎是难以定性的问题。另外,柘荣县公安局限制公民陈宝强人身自由的行政行为显然违反了法定的程序,更为正确的做法当然是撤销这一行政行为,而不是对其予以维护。

(二)关于本案原告不同的诉讼请求能否合并审理的问题

《行政诉讼法》第17条规定:"行政案件由最初作出具体行政行为的行政机关所在地人民法院管辖。"该法第18条规定:"对限制人身自由的强制措施不服提起的诉讼,由被告所在地或者原告所在地人民法院管辖。"《行政诉讼法》的上述规定存在法律上的遗漏。在本案中,对于陈宝强不服公安机关罚款之诉能否与限制人身自由之诉合并审理,也是本案在审理阶段原、被告双方争执的焦点之一,但行政诉讼法对此并未作明确规定。这就涉及对最高人民法院于1993年7月9日作出的(93)行地16号《关于江西省高级人民法院赣高法函[1993]4号请示的答复》的理解与适用。该批复规定:"行政机关基于同一事实,对同一当事人作出限制人身自由和扣押财产两种具体行政行为,如果当事人对这两种具体行政行为均不服,向原告所在地人民法院提起诉讼,原告所在地人民法院可以将当事人的两个诉讼请求合并审理。"具体到本案中,上诉人的上诉理由与被上诉人的答辩对最高人民法院的这一批复作出了相反的理解。二审法院最终在本案中变通地扩大适用了这一批复。笔者认为尽管该批复所规定的合并审理条件与本案有所不同,但从以下三个方面来考虑,本案可以合并审理,且与最高人民法院(93)行地16号批复精神相吻合,理由是:(1)本案的合并审理体现了行政诉讼的"两便原则",即便于原告起诉,便于人民法院审理案件,这与(93)行地16号批复中所隐含的"两便原则"是相一致的。(2)(93)行地16号批复所规定的合并审理的前提条件是基于同一事实同一当事人,而本案陈宝强两项诉讼请求符合该前提条件。(3)尽管扣押财产与罚款行为属于不同性质的具体行政行为,但这两个行为所共同涉及的客体均为公民的财产权。由此,笔者认为,二审法院不拘泥于最高人民法院批复的形式,根据批复的精神变通适用该批复是正确的。

本案的审理是在 1995 年发生的,二审法院的观点及其依据的理由被最高人民法院于 2000 年 3 月 8 日发布的《关于执行〈中华人民共和国行政诉讼法〉若干问题的解释》所印证。甚至可以说,最高人民法院可能是注意到了本案以及相关案件所引发出来的管辖上的问题,才在 2000 年的《解释》中对其进行了更为明确的解释。

该《解释》第 9 条规定:"行政机关基于同一事实既对人身又对财产实施行政处罚或者采取行政强制措施的,被限制人身自由的公民、被扣押或者没收财产的公民、法人或者其他组织对上述行为均不服的,既可以向被告所在地人民法院提起诉讼,也可以向原告所在地人民法院提起诉讼,受诉人民法院可一并管辖。"这样的规定是为了解决审判实践中存在的、同时涉及人身权和财产权的行政诉讼案件如何确定案件管辖的问题。

如上文所述,根据《行政诉讼法》第 17 条和第 18 条的规定,对限制人身自由的强制措施不服而提起的行政诉讼,与对其他具体行政行为不服而提起的行政诉讼,享有管辖权的人民法院是不同的。在第一种情况下,原告对管辖的法院依法享有选择权,既可以向被告所在地人民法院起诉,也可以向原告所在地人民法院起诉,这在行政诉讼法上被称为"选择管辖"。在第二种情况下,如果采取严格的法律解释,《行政诉讼法》就没有赋予原告以选择权,因而原告只能向被告所在地人民法院起诉。这样的规定忽略了一个潜在的问题,而且造成行政审判实践中对这一情况无所适从:行政机关基于同一事实和理由,既对人身自由采取强制措施,又对有关财产实施处罚或采取强制措施。在这种情况下,行政相对人作为"被限制人身自由的公民"可以选择向其所在地人民法院起诉,而对扣押或没收财产的行政行为不服却只能向被告所在地人民法院起诉。在原告所在地与被告所在地不是同一地的情况下,如果原告选择向其所在地的人民法院起诉限制人身自由的行政强制措施,即意味着,基于同一事实而引发的两个诉,须由不同的法院审理。这不仅给当事人带来不便,也不利于人民法院对案件的审理,而且容易导致不同法院对案件事实的认定、法律适用和处理结果的不一致,影响司法的公正性、统一性和严肃性。因此,有必要对这种特定情形下的案件管辖问题作出相应的规定。根据《解释》第 9 条第 2 款的规定,公民对限制人身自由的强制措施不服而提起诉讼,同时,公民或组织对基于同一事实没收或扣押财产的行政行为不服提起诉讼,受诉人民法院可以对两个诉一并管辖,不受"由最初作出具体行政行为的行政机关所在地人民法院管辖"规定的限制。2000 年《解释》的这一规定,一方面成功地解决了行政审判实践中出现的管辖上的不便,另一方面也在实际上扩大了行政诉讼原告对于管辖的选择权。

关于合并管辖,本案涉及的第一个问题正如上文已经论及的,是陈宝强不服公安机关罚款之诉能否与限制陈宝强人身自由之诉合并审理,这是诉的客体的合并。本案中所涉及的关于管辖的问题的另一方面是:对于王海滨等四人不服公安机关罚款之诉能否与陈宝强不服罚款之诉合并审理,即,诉的主体的合并。

诉的主体的合并与诉的客体的合并不同,诉的主体的合并不是同一原告的几个诉讼请求合并为一个案件来管辖和审理,而是当事人一方或双方为两人或两人以上,例如两个及两个以上的原告就同一具体行政行为或同样的具体行政行为提起诉讼。《行政诉讼法》第 26 条规定:"当事人一方或双方为二人以上,因同一具体行政行为发生的行政案件,或者因同样的具体行政行为发生的行政案件、人民法院认为可以合并审理的,为共同诉讼。"因此,根据《行政诉讼法》的这一规定,共同行政诉讼又可以分为必要的共同行政诉讼和普通的共同行政诉讼。前者针对的是同一具体行政行为,后者针对的是同样具体行政行为。

笔者认为,王海滨等四人不服公安机关罚款之诉与陈宝强不服罚款之诉是必要的共同行政诉讼,因此也是可以合并审理的。必要共同行政诉讼要求诉的对象是同一具体行政行为,即,被诉的具体行政行为表现为"一个"处理决定,对外发生"同一"法律效力,尽管它可能对两个或两个以上行政相对人的权利义务发生实际影响。一般而论,同一具体行政行为所引起的行政诉讼,共同原告或共同被告之间往往存在不可分割的权利义务关系。因此,人民法院为了判决的公正性与合理性必须合并管辖与审理。本案恰好符合上述情形:柘荣县公安局对原告陈宝强等五人作出罚款 73000 元的处罚决定是一并作出的,开具的是同一张罚款收据,从该收据上,无法看出公安机关对原告五人分别施以多少罚款,因此,王海滨等四人不服罚款之诉与陈宝强不服罚款之诉,是针对同一具体行政行为,属于不可分之诉,应予以合并审理。

综上所述,一审及二审法院对本案原告几个不同的诉讼请求以及几个不同原告的诉讼请求合并审理,是正确的。

(宁德市中级人民法院　董宇
厦门大学法学院　王建学)

26 公安机关以刑事侦查名义干预经济纠纷属于行政诉讼的受案范围

——周某某不服某市公安局城区分局收容审查决定案

一、 案情

原告:周某某。

被告:某市公安局城区分局。

原告周某某基于 A 市甲贸易有限公司、A 市乙贸易公司、A 市丙土特产经营公司与香港某贸易公司于 1990 年 12 月签订的协议,代表 A 市三公司与香港某贸易公司经营香菇生意。其间,原告运载共计 27 货车、总重量 74153.3 公斤、价值 460 多万元的香菇到深圳。香港某贸易公司派雇员验收,有收货单据为凭。货款除已逐批收回的 2758815 元外,还剩下 190 万元未付清。1991 年 2 月 16 日,A 市三公司收到港方通过某市海外经济贸易公司开出的三张汇票,2 月 19 日,分别到 A 地区农业银行洋中营业所办妥汇入户手续。2 月 20 日,某市公安局城区分局以涉及"诈骗案的有关问题"为由通知 A 市有关银行冻结 A 市上述三公司所有的 190 万元货款。1991 年 4 月 1 日,周某某到广东深圳联系香菇业务时,被某市公安局城区分局以"诈骗嫌疑"为由收容审查,但未发收容通知书。周某某的近亲属于 4 月 21 日以周某某的名义向 A 市中级人民法院起诉,称:1991 年 4 月,周某某到广东联系香菇生意,被某市公安局城区分局以"诈骗嫌疑"为由收容审查,使周某某的人身和名誉遭受到严重损害,请求依法撤销某市城区公安分局的收容审查决定,恢复周某某的人身自由,并赔偿经济损失。A 市中级人民法院认为,根据《行政诉讼法》第 24 条第 2 款的规定,"有权提起诉讼的公民死亡,其近亲属可以提起诉讼。"在有权提起诉讼的公民未死亡的情况下,其近亲属就不能以原告人的身份或在原告没有表示起诉意愿的情况下代原告起诉。本案中,周某某只是被限制了人身自由,因此,A 市中级人民法院以亲属不具备原告资格为由,裁定不予受理。为此,其亲属给周某某去信,征求起诉意见。周某某于 5 月 18 日征得拘留所同意在行政起诉状上签名,并回信同意向 A 市中级人民法院起诉,同时委托了代理人代为诉讼。其代理人及近亲属于 6 月 10 日代周某某向 A 市中级人民法院起诉,法院经审查认为符合立案条件,于 6 月 20 日立案。被告某市公安局城区分局未提出答辩。

二、 裁 判

A 市中级人民法院受理本案后,通知某市城区公安分局在法定期限内应诉,提供有关证据材料,但某市城区公安分局不移送案卷,也不进行答辩,又不出庭应诉。A 市中级人民法院依照《行政诉讼法》第 48 条的规定,经过两次合法传唤,在某市城区公安分局无正当理由拒不出庭应诉的情况下,于 1991 年 8 月 31 日公开开庭审理了本案。A 市中院经审理认为周某某系 A 市甲贸易有限公司经理,与香港某贸易公司协议经营香菇生意,其合法的经营利益受法律保护。在原告没有隐瞒真实姓名、亦无流窜作案嫌疑的情况下,某市城区公安分局对其收容审查违反了公安部 1985 年 7 月 31 日《关于严格控制使用收容审查手段的通知》的规定,某市城区公安分局对周某某进行收容审查的条件、目的、期限和程序均属违法,某市城区公安分局滥用职权的具体行政行为,侵犯了公民的合法权益。根据《行政诉讼法》第 54 条第 2 项和 68 条之规定,该院于 1991 年 8 月 31 日作出如下判决:

(1)撤销某市城区公安分局 1991 年 4 月 3 日对周某某的收容审查决定;

(2)某市城区公安分局应赔偿周某某的误工补贴 2026 元。

A 市中级人民法院一审判决后,原、被告均未上诉。被告某市城区公安分局于 9 月 5 日收到法院判决后,于次日释放了原告周某某。

三、 评 析

本案反映了行政诉讼法适用上的多个问题,例如,行政相对人的近亲属在何种情形下可以以原告身份或者代表行政相对人提起行政诉讼,行政诉讼缺席判决的正确适用,等等。下文主要论述本案中所反映出的公安机关以刑事侦查名义干预经济纠纷是否属于行政诉讼受案范围的问题。

(一)公安机关的法律性质

《中华人民共和国宪法》在第三章规定了我国国家机构的设置。根据现行宪法第三章的规定,我国的国家机构根据其行使的国家权力的性质的不同而分为:作为国家权力机关的全国人民代表大会,作为国家元首的国家主席,作为行政机关的国务院及其各部委,作为军事机关的中央军事委员会,以及作为司法机关的人民法院和人民检察院。显然公安部是隶属于作为最高国家行政机关的国务院的一个部,因此是行政机关。但是,宪法第135条规定:"人民法院、人民检察院和公安机关办理刑事案件,应当分工负责,互相配合,互相制约,以保证准确有效地执行法律。"因此,公安机关又承担了国家司法职能的一部分。公安机关在性质上具有双重性,即:它既是行政机关,又是司法机关。作为行政机关,公安机关可以作出行政行为;同时,作为司法机关,公安机关又可以进行刑事案件的侦查等司法活动。这种性质上的双重性具有宪法上的依据。

从实际的需要考察,公安机关,顾名思义,是负责国家公共安全事务的管理机关,是具有武装性质的行政力量,因此它必须具有区别于其他普通行政机关的特殊职能。从这一实际需要出发,宪法、组织法和其他法律赋予了公安机关以行政和司法的双重职能。公安机关作出行政行为的法律依据主要有《治安管理处罚条例》、《道路交通管理条例》和《公民出入境管理法》,等等;公安机关作出刑事侦查行为的法律依据主要是《刑法》、《刑事诉讼法》以及有关刑事及刑事程序的法律与司法解释。公安机关作为治安行政管理的行政机关,有对一般违法人员的行政处罚、行政强制等行政权,有权作出具体行政行为,当然也就可能成为行政诉讼的被告;同时,公安机关又是负责刑事案件侦查、拘留、预审的刑事侦查机关,有对刑事犯罪分子的刑事侦查权。公安机关的刑事侦查行为,包括讯问犯罪嫌疑人、询问证人、勘验勘查、检查、鉴定、搜查、扣押物品、通缉等,还包括了强制措施中的拘传、取保候审、监视居住、刑事拘留、逮捕等。公安机关作出的与刑事侦查行为相似的具体行政行为有传唤、行政确认、行政拘留和各种对人身自由予以限制和对财产予以扣押、查封、冻结等行政强制措施。公安机关既作为刑事侦查主体又作为行政主体的双重身份,必然带来从行为主体上识别其行为性质的困难,本案中的情形即是如此。

(二)公安机关以刑事侦查名义干预经济纠纷的产生

我国《行政诉讼法》第2条规定:"公民、法人或者其他组织认为行政机关和行政机关工作人员的具体行政行为侵犯其合法权益,有权依照本法向人民法院提起诉讼。"因此,行政诉讼只为公民、法人和其他组织因对行政主体的"具体行政行为"不服而提供司法上的救济,并且这种救济只适用于行政行为,而不适用于刑事司法行为。根据我国行政诉讼的基本原理,只有当公安机关作出行政行为时,它才能成为行政诉讼的被告,公安机关的刑事司法行为是不接受人民法院的司法审查的。正是基于这样的认识,最高人民法院《关于执行〈中华人民共和国行政诉讼法〉若干问题的解释》第 1 条第 2 款规定:公民、法人或者其他组织对"公安、国家安全等机关依照刑事诉讼法的明确授权实施的行为"不服提起诉讼的,不属于人民法院行政诉讼的受案范围。

但是这样的法律规定似乎忽略了法律在社会中适用时所产生的可能结果,即:如果公安机关作出的某个行为在性质上是行政行为,但却是以刑事侦查的名义作出的,那么这一行为是否应接受人民法院的司法审查。公安机关实施了违法的行政行为之后,常常凭借这样的法律规定,假借刑事侦查的名义规避行政诉讼,从而避免在行政诉讼中当被告。

20 世纪 80 代末和 90 年代初,我国经济生活中出现了大量的经济纠纷,这些经济纠纷通过以民事、经济案由向人民法院起诉往往无法及时有效地得到解决,再加上当时我国社会主义法制极不健全,民事债务关系的债权人往往采取一种更为有效的方法来追回欠款,即通过合法或非法的方式要求公安机关对债务人采取某种强制措施,尤其是限制人身自由的强制措施,并以恢复其人身自由为要挟来达到及时追回欠款的目的。当公安机关以这种方式来介入经济纠纷时,常常以刑事侦查为名义来规避人民法院的司法审查。[①]这种方式通常能达到及时追回欠款的目的,但是却采用非法方式来严重限制和剥夺公民的人身自由,在极大程度上破坏了公安机关在人民群众心目中的良好形象,构成了对社会主义法制的破坏。

面对实践中大量出现的公安机关以刑事侦查名义干预经济纠纷的实例,公安部多次发文要求公安机关进行自我约束,如,1989 年 3 月 15 日公安部《关于公安机关不得非法越权干预经济纠纷案件处理的通知》、1990 年 11 月 6 日公安部《关于切实纠正公安机关办理诈骗案件中的不正之风的通知》、1992 年 1 月 25 日公安部《关于严禁公安机关插手经济纠纷违法抓人的通知》,等等。

1989 年公安部《关于公安机关不得非法越权干预经济纠纷案件处理的通知》中明确要求公安机关"工作中,要划清经济犯罪和经济纠纷的界限,决不能把经济纠纷当作诈骗等经济犯罪来处理"。"对经济纠纷问题,应由有关企业

---

① 例如,影响较大的几个相关案件是:殷美起诉宁海县公安局以刑事侦查为名限制人身自由请求行政赔偿案;郑梅玉诉启东市公安局收容审查、侵犯财产权,莆田市公安局侵犯财产权案;张晓华不服磐安县公安局限制人身自由、扣押财产行政案。

单位及其行政主管部门、仲裁机关和人民法院依法处理,公安机关不要去干预,更不允许以查处经济犯罪为名,以收审扣押人质等非法手段插手经济纠纷问题。"1990年公安部《关于切实纠正公安机关办理诈骗案件中的不正之风的通知》第2条再次要求公安机关"对确属一般经济纠纷的,不要作为案件受理,不得进行侦查活动,更不准以任何形式为经济纠纷当事人追款讨债"。1992年公安部《关于严禁公安机关插手经济纠纷违法抓人的通知》中再次重申:"一、各地公安机关承办经济犯罪案件,必须严格执行最高人民法院、最高人民检察院、公安部关于案件管辖的规定。要正确区分诈骗、投机倒把、走私等经济犯罪与经济合同纠纷的界限,准确定性。凡属债务、合同等经济纠纷,公安机关绝对不得介入。二、严禁滥用收容审查手段。在办理经济犯罪案件中,对于不符合国务院和公安部规定的收审条件的人,不得使用收审手段。对来华的外国人中犯诈骗罪或有重大经济犯罪嫌疑者,应依法采取刑事强制措施,不得采用收容审查手段。三、坚决杜绝强行抓捕收审经济纠纷当事人作'人质',逼债索要款物,彻底纠正'以收代侦'、'退款放人'的非法做法。"

从公安部的上述规范性文件来看,有两点是可以明确的:第一,公安机关并不享有处理经济纠纷案件的行政职权。这在1992年公安部《通知》中有明确的规定:"凡属债务、合同等经济纠纷,公安机关绝对不得介入。"处理经济纠纷案件的职权属于有关企事业行政主管部门、仲裁机关和人民法院,公安机关绝无此项行政职权。第二,公安机关享有对经济犯罪的刑事侦查权,如:合同诈骗、非法集资、贷款诈骗。但此时公安机关进行的是刑事侦查活动,其行为并非行政行为。

(三)收容审查制度的法律漏洞

收容审查是公安机关在违法干预经济纠纷时广泛采用的一种措施。实践中涌现出大量的案例,其中公安机关为了帮助经济纠纷的一方当事人追讨欠款而对债务人采取收容审查的强制措施。在本案中,被告某市公安局城区分局对原告所采取的强制措施即为收容审查。因此,在确定收容审查是否属于行政诉讼的受案范围之前,必须首先明确收容审查是刑事强制措施还是行政强制措施。这就涉及对收容审查的法律性质的理解。

1978年11月,公安部发布了《关于整顿和加强对流窜犯罪分子收容审查工作的通知》,对收容审查的适用对象、程序以及收容的场所等作出了较为明确的规定。1980年2月29日国务院作出了《将强制劳动和收容审查两项措施统一于劳动教养的通知》,即,国务院(80)56号通知。该通知在第2条规定:"对于有轻微违法犯罪行为又不讲真实姓名、住址、来历不明的人,或者有轻微违法犯罪行为又有流窜作案、多次作案、结伙作案嫌疑需收容查清罪行的人,送劳动教养场所专门编队进行审查。凡是放在社会上危害不大的,可按照《刑事诉讼法》规定采取监视居住、取保候审等方式进行审查。"国务院的这一通知是关于收容审查制度的较为正式的规定,但它对于收容审查的法律性质、实施收容审查的主体、程序等均未作出明确规定,甚至对于收容审查是否已经被废止也含糊其辞。

从国务院《通知》的名称来看,强制劳动与收容审查将基于该通知被统一于劳动教养,因此,强制劳动与收容审查两项制度均已经被废止,取而代之的是劳动教养制度。而且,该通知的正文部分也规定,强制劳动与收容审查"这两项措施,对于维护社会治安,强制教育改造违法犯罪分子,发挥了积极作用"。"但从目前执行情况来看,强制劳动的对象和收容审查的对象同劳动教养的对象基本相同,没有实质性的区别。"因此,决定"将强制劳动和收容审查两项措施统一于劳动教养"。因此,这些规定的暗含之义是收容审查已经被国务院废止。但直到今天,全国各地的公安机关仍然将收容审查作为自身的一项重要权力来加以行使。如果说国务院的《通知》含糊其辞,那么,全国人民代表大会于其后的 2000 年 3 月 15 日通过《中华人民共和国立法法》对此可谓清晰明了。根据《立法法》的第 8 条第 5 项的规定,"对公民政治权利的剥夺、限制人身自由的强制措施和处罚"的事项,只能由全国人大或其常委会制定法律。因此,收容审查作为对公民人身自由进行限制的强制措施,目前只有国务院及公安部的规范性文件作为存在依据,显然是侵犯了全国人大及其常委会的专属立法权,不仅对公民的人身自由构成了严重威胁,而且也是行政越权,应属无效。

退一步讲,即使公安部 1978 年《通知》和国务院 1980 年《通知》可以被作为收容审查合法存在的依据,那么收容审查适用的对象也应该"限于有现行流窜犯和重大流窜犯罪嫌疑的分子,以及逃避监督改造到处流窜的四类分子"(公安部《通知》),以及"有轻微违法犯罪行为又不讲真实姓名、住址、来历不明的人,或者有轻微违法犯罪行为又有流窜作案、多次作案、结伙作案嫌疑需收容查清罪行的人"(国务院《通知》)。因此,收容审查从性质上应该是刑事强制措施,而非行政强制措施。收容审查的目的是为了打击流窜犯罪、查清犯罪事实、侦破重大疑案。这一目的恰好符合刑事强制措施设立的目的。因为刑事强制措施的适用,其目的在于防止犯罪嫌疑人可能实施的逃跑、藏匿或伪造、毁灭证据及串供等妨碍刑事诉讼顺利进行的行为。刑事强制措施"是指公安机关、人民检察院和人民法院为保证刑事诉讼的顺利进行,依法对犯罪嫌人、被告人所采取的在一定期限内暂时或剥夺其人身自由的法定的强制方法"。①所以将收容审查包含在刑事强制措施，而不是行政强制措施之内是更为恰当的。并且，国务院《通知》是将收容审查与监视居住、取保候审两项《刑事诉讼法》已明确规定的刑事强制措施并列在一起作出规定的。国务院作出规定的暗含意图显然是将收容审查作为刑事强制措施。

（四）对收容审查决定的司法审查

按照国务院及公安部的《通知》，收容审查在性质上是刑事强制措施，因此并不在人民法院行政诉讼的受案范围之内。但关于收容审查的法律性质，最高人民法院却作出了与国务院及公安部的看法截然相反的司法解释。对于收容审查是否被纳入到行政诉讼的受案范围之内，《行政诉讼法》并没有作出明确的规定。最高人民法院在1991年作出的《关于贯彻执行〈中华人民共和国行政诉讼法〉若干问题的意见（试行）》在受案范围部分规定："公民对公安机关作出的强制收容审查的决定不服的，可以向人民法院提起行政诉讼。"

2000年开始施行的最高人民法院《关于执行〈中华人民共和国行政诉讼法〉若干问题的解释》（法释〔2000〕8号）对此未作出明确规定。根据该《解释》第1条第2款第2项的规定，"公安、国家安全等机关依照刑事诉讼法的明确授权实施的行为"不在行政诉讼的受案范围之内。关于何种行为是《刑事诉讼法》明确授权实施的行为，《刑事诉讼法》第50条第1款规定："人民法院、人民检察院和公安机关根据案件情况，对犯罪嫌疑人、被告人可以拘传、取保候审或者监视居住。"因此，收容审查并不是《刑事诉讼法》所明确规定的刑事强制措施。既然不是《刑事诉讼法》明确授权的行为，那么，根据最高人民法院2000年《解释》，收容审查仍然在人民法院受理行政案件的范围之内。

因此，尽管收容审查在性质上被作为刑事强制措施更为恰当，但在最高人民法院看来，不管收容审查是否被公安机关用来干预经济纠纷，人民法院都可以对其行使行政诉讼的管辖权。

关注一项法律制度，我们还必须关注这一法律制度能够在实际中有效运作的程度。由于收容审查制度本身存在的法律缺陷，以及人民法院与国务院对收容审查的法律性质认识不一，人民法院在对公安机关收容审查决定行使司法审查的过程中经常受到各方面的阻碍。主要表现在以下几个方面：第一，由于人身自由及通信自由受到公安机关限制，被收容审查人无法有效实现行

---

① 陈光中、徐静村：《刑事诉讼法学》，中国政法大学出版社2000年修订版，第213页。

政诉权。依据《行政诉讼法》第 24 条第 2 款的规定,对收容审查提起行政诉讼必须经收审人表示起诉意愿,但被收审人因其人身自由及通信自由被公安机关所限制,无法向人民法院表明其提起诉讼的意愿。在本案中,周某某的近亲属是经过被告某市公安局城区分局的同意才取得周某某愿意起诉的意思表示的。然而在实践中出现的大量收容审查案中,公安机关的阻挠使得被收审人无法实现诉权。第二,公安机关利用刑事侦查职权,改变刑事强制措施,从而拖延、中止诉讼活动的进行。当被收审人突破重重限制极为困难地向人民法院提起行政诉讼之后,公安机关却轻而易举地变收容审查为《刑事诉讼法》上明确授权公安机关采取的刑事强制措施,从而规避法律,达到拖延、中止诉讼的目的。这种情形在实践中大量出现,例如在"郑梅玉诉启东市公安局收容审查、侵犯财产权,莆田市公安局侵犯财产权案"中,启东市公安局通过将收容审查转换为刑事拘留、逮捕的刑事强制措施,迫使福建省高级人民法院中止对该案件的审理。第三,公安机关消极抵制人民法院行使行政审判权。这主要表现在公安机关在收到人民法院应诉通知之后,拒不提供有关证据材料,拒不移送案卷,也不进行答辩和出庭应诉,甚至阻碍被收审人出庭,本案的情形即是如此。如果公安机关拒不出庭应诉,人民法院尚可作出缺席判决,然而,更有甚者,公安机关拒不执行人民法院的行政判决。所有这些都严重影响了人民法院对收容审查决定的司法审查,对保护公民的人身自由极为不利。

（五）本案中人民法院对收容审查的审查

在本案中,某市公安局城区分局对周某某实施收容审查,显然是为了干预原告与某市海外经济贸易公司的经济纠纷。即使抛开收容审查制度本身的法律瑕疵不说,被告的干预经济纠纷的行为也显然不是在履行其合法职责。某市公安局城区分局作出的对周某某收容审查决定在以下几个方面违反了国务院有关收容审查法规的规定。

首先,收容审查的对象不合法。收审的对象是有轻微违法犯罪行为又不讲真实姓名、住址或有轻微违法犯罪行为又有流窜作案、多次作案、结伙作案嫌疑的需要收容查清罪行的人。本案中,原告周某某在深圳经营香菇生意已有六年多,而且被告在作出收容审查决定之前,其公务人员曾到过 A 市,明知周某某的真实姓名且是做香菇生意的 A 市甲贸易有限公司经理。1991 年 4 月 1 日周某某一如既往到达深圳以真名实姓向广深宾馆登记,住在 2217 号房间,身上带有居民身份证、单位介绍信,来历已经清楚,而城区公安局却将其收容审查,违反了法律、法规及政策之规定,实属违法行政。

其次,收容审查的期限不合法。根据公安部有关规定,收审的期限是一个月,遇到案情复杂或跨省、区作案,在一个月内不能审查清楚的,经过上一级公安机关批准,可以延长审查期限,必要时可以报请省、自治区、直辖市公安厅、局批准延长,但审查期限累计不能超过三个月。但被告对周某某的收容审查未经市公安局批准,也未经省公安厅批准,收审期限达152天,由此被告对原告周某某的收审期限也是不合法的。

再次,收容审查的目的不合法,收容审查的目的是为查清有犯罪嫌疑的人的违法犯罪事实,以便正确处理,如果违背了这个目的也会造成收审决定违法。被告在对原告周某某收容审查中多次要求把190万元款汇到某市,这分明是地方保护主义插手经济合同,把不符合法定收审对象和条件的经济合同纠纷一方法定代表人强制施行收审,作为"人质",实属滥用职权,侵犯了公民的合法权益,违反了收审的目的。

最后,收容审查的程序不合法。收容审查,对被收审人员,必须在收审后24小时内进行询问,应当把收审的原因和处所在24小时内通知被收审人的家属或他的所在单位。被告在24小时内既没有进行询问,也没有通知被收审人家属,其不作为违反了法定的程序。

我国是社会主义法治国家,实行依法治国,一切行政机关的一切活动都必须在法律规定的范围内进行,必须有法律授予的职权,遵从法律所设定的程序。当法律授予了行政职权的情况下,行政机关不得滥用这些法律授予的职权。如果没有行政组织法的根据,又没有特别法的授权,或者虽有法律的根据,但超越了法律的授权范围,其行为都属于越权行为。不管是滥用职权的行为,还是越权的行为,都将被人民法院依法撤销,以保护公民的合法权利,保证国家法治的实现。本案中,就像在其他任何类似情况下一样,公安机关实施收容审查的行为是没有法律依据的。公安机关同样没有干预经济纠纷的权力,如果公安机关以刑事侦查的名义干预经济纠纷,人民法院必须对其行为进行实质性审查,以确定该行为在实质上是否以干预经济纠纷为目的。公安机关的行为,虽然形式上是刑事侦查的司法行为,但如果在实质上是干预经济纠纷的违法行政行为,也必须接受人民法院的司法审查。因此,公安机关的行为的性质并不由其自身的主张来决定,而是由人民法院经过司法审查来决定。易言之,公安机关的行为在性质上是属于刑事侦查行为还是行政行为,并不是由公安机关本身说了算,而是由人民法院说了算。

（宁德市中级人民法院 庄碧珍 董宇
厦门大学法学院 王建学）

㉗ 交通事故责任认定属于行为诉讼的受案范围
—— 翁某某诉某县公安局交通警察大队道路交通事故责任认定案

一、 案 情

原告:翁某某。

被告:某县公安局交通警察大队。

第三人:袁某某。

1999年8月17日下午17时许,原告翁某某乘坐他人的两轮摩托车,在104国道线2068KM+800M处机动车道内下车(该处未划有人行横道斑马线),快步横穿机动车道后,在铁栏杆缺口处继续快步横穿非机动车道,并在非机动车道内与顺向骑自行车的第三人袁某某发生碰撞,致使袁某某倒地受伤并昏迷。原告翁某某在事故发生后,及时将第三人送往医院救治,又通过其单位的同事打电话向被告某县公安局交通警察大队报案。被告接到报案后,赶往现场并根据随后调查收集的证据,认定原告翁某某在没有划人行横道斑马线的机动车道内下车,往非机动车道横穿时,未让已在非机动车道内顺向骑行自行车的第三人优先通行,而是在自行车临近时突然横穿,造成了本起事故。根据《道路交通事故处理办法》第19条、《道路交通管理条例》第7条第1款等规定,被告作出道路交通事故责任认定书:由原告翁某某负本起交通事故的全部责任,第三人袁某某不负事故责任。原告不服,提起诉讼。

二、 裁 判

一审法院受理了本案后,认为被告作出的交通事故责任认定,事实清楚,适用法律法规准确,符合相关的程序性要求,因此,作出了维持被告之责任认定的判决。原告翁某某对一审判决不服,提起上诉。二审法院根据相同的事实和法律依据维持了一审判决。

三、　评析

本案涉及的主要问题是行政机关对道路交通事故责任的认定是否属于我国行政诉讼的受案范围,具体到本案即某市公安局交通警察大队对原告翁某某的交通事故责任认定的可诉性问题。

(一)交通事故责任认定的性质

交通事故责任认定的性质是决定其是否具有可诉性的关键。目前,行政诉讼法学界对交通事故责任认定的性质还存在争议,但是,随着道路交通事故处理的日益增多,其中当事人要求重新认定的占相当的比例,并且,在行政、刑事和民事诉讼中发生争议的也不乏其例。因此,将其纳入行政诉讼的受案范围具有一定的法律实践意义。

交通事故责任认定是指公安机关通过对相关资料、因素的分析,对事故成因或当事人在事故形成过程中所起作用的大小所作出的判断与确定。对于交通事故责任认定,根据现有的法律规定,共有证据说、确认说和行为说三种观点。本案的分析采用的是行为说。所谓的交通事故责任行为说认为,道路交通事故责任认定是公安机关处理交通事故过程中的一系列具体行政行为的一部分,因此应当认定其为具体行政行为。具体而言,将交通事故责任认定定性为行政确认比较妥切。这主要是出于以下几个方面的原因:

第一,依照行政法原理,行政确认是指行政主体依法对行政相对人的法律地位、法律关系或有关法律事实进行甄别,给予确定、认定、证明或否定并予以宣告的具体行政行为。行政确认本身并不直接确定相对人的权利义务,但却是决定相对人权利义务的先决条件,也就是说行政确认间接地确定了行政相对人的权利义务。一般而言,首先有行政确认行为,然后才能据以作出有关处理决定。交通事故责任认定不但是对交通事故本身的证明,更是在查明违章行为和交通事故之间因果关系的基础上,对双方当事人之间的权利义务做出的一种确定。根据《道路交通事故处理办法》的规定,对交通事故责任认定是公安机关主管权限范围内的重要职责之一,公安机关对交通事故责任的认定过程是作为主管职权主体来行使认定权的。这种认定是一种具有行政职权内容的有权认定。

第二,公安机关作出的责任认定具有法律上的拘束力。《道路交通事故处理办法》第22条规定:"当事人对交通事故责任认定不服的,可以在接到交通事故责任认定书后 15 日内,向上一级公安机关申请重新认定,上一级公安机关在接到重新认定申请书后 30 日内,应当做出维持、变更或者撤销的决定。"从这条规定可以得出两个结论:一是公安机关对交通事故责任重新认定的行为,其实质就是行政复议;二是交通事故责任认定非被撤销或变更,对双方当事人始终有效,双方当事人不得任意改变。

第三,公安机关作出的责任认定是对道路交通事故责任的一种客观认定,责任认定书中反映的内容并不是公安交通机关主观附加或创设的,而是事实本身的客观反映,而反映客观事实是行政确认行为的基本功能。并且,行政确认行为是对被认定事实进行判断和作出结论的过程,它集合对事实的客观反映与对事实的主观判断和结论阶段于一体,在一个认定行为中完成这两个阶段的任务。

(二)交通事故责任认定的法律后果

公安机关在对交通事故责任作出认定后,要根据当事人在交通事故中承担的责任大小,对当事人依法进行不同的处理。即可能据此追究当事人的刑事责任、行政责任,也要据此对当事人之间的损害赔偿进行行政调解。因此,交通事故责任认定行为对事故当事人产生的法律效果,具体体现在以下两个方面:

第一,交通事故责任认定行为对于事故当事人具有拘束力。拘束力就是生效行政行为对于行政相对人、相关人产生的遵守与服从或不得违反的效力。交通事故责任认定一经作出,对事故当事人即具有拘束力,当事人在行为上就要遵守与服从其认定行为的内容,虽然认定有时是直接针对事故事实而进行的认定,而不是直接针对事故当事人情况的认定,但是这些事实总是因事故当事人产生或是事故当事人的行为产生的事实。因此,交通事故责任认定行为的效果是及于事故当事人的,也只有及于事故当事人的认定行为才是行政行为的本质。

第二,交通事故责任认定行为对事故当事人具有法律上的确定力。所谓确定力,是指已生效行政行为为对行政主体和行政相对人所具有的不可任意改变的法律效力。道路交通事故责任认定行为直接关系到发生道路事故后,当事人是否构成犯罪以及应否被追究刑事责任、是否违法以及应否被行政处罚、是否承担民事赔偿责任或者能否得到民事赔偿的问题。而对于这些事实以及责任一旦作出,便对相对人当事人具有了不可争力,只有经行政相对人在法定期限内,依照法定程序向法定国家机关请求改变才可以对这种确定力提出质疑和变更。具体到行政诉讼中,法院可以通过司法最终审查权或者直接推翻该认定,或者径行根据自己的认定来判决,从而在事实上推翻该认定行为。

(三)交通事故责任认定的可诉性

通过对交通事故责任认定的法律性质和法律后果的分析,交通事故责任认定应当属于行政诉讼的受案范围。对此,《行政诉讼法》及其相关的司法解释为交通事故责任认定行为的可诉性提供了法律依据。

首先,根据《行政诉讼法》第2条之规定,只要公民、法人或者其他组织认为具体行政行为侵犯其合法权益,就有权依照该法提起行政诉讼。可见,虽然《行政诉讼法》未对交通事故责任认定行为的可诉性进行具体列举,但是也并未作出明确排除。另外,最高人民法院《若干解释》第11条第8项概括式规定"认为行政机关侵犯其他人身权、财产权的",公民、法人或者其他组织可以向人民法院提起行政诉讼。加之,交通事故责任认定尽管从表面上看只是公安机关对事故的形式处理,其实质却直接涉及当事人因此而应承担的赔偿责任,即财产权利。因此,根据该条款的规定,交通事故责任认定行为显然应包含在这一类行政行为中。也就是说,交通事故责任认定具有可诉性。而最高人民法院与公安部于1992年发布的《关于处理道路交通事故案件有关问题的通知》第4条规定:"当事人仅就公安机关作出的道路交通事故责任认定和伤残评定不服,向人民法院提起行政诉讼或民事诉讼的,人民法院不予受理。"这一规定与行政诉讼法的有关规定和立法精神是相悖的。根据我国《立法法》的相关规定,下位阶法规范不得规定与上位阶法规范冲突或不一致的内容,也不得与上位阶法规范的立法精神相违背。因此,若下位阶法规范与上位阶法规范相抵触或者不一致,应当优先适用上位阶法规范。故,该通知第4条的规定与《行政诉讼法》关于受案范围的规定及立法精神是相抵触的,从而既不具有法律约束力,也不具有法律适用性。

其次,从实践层面来看,如果否定交通事故责任认定行为的可诉性,会不利于对公安机关的执法行为进行监督,从而影响行政诉讼制度的发展,甚至在一定程度上会使得对处罚等行政行为的诉讼变得越来越没有实际意义。按照行政诉讼法的规定,行政审判的主要职能是对具体行政行为的合法性进行审查,而民事审判无法达到这样的司法审查的效果。这是因为在民事诉讼中,如果否定公安机关的交通事故责任认定,就会削弱其行政处理的权威性,使交通事故责任认定这个行政环节成为虚置;如果法院对之不加审查便予以采信,则会使公安机关对交通事故责任认定失去司法监督,达不到诉讼的目的。因此,交通事故责任认定具有可诉性,是符合司法实践的需要的,也是合乎行政诉讼制度的发展和完善要求的。

再次,交通事故责任认定具有可诉性,有利于对当事人权益的平等保护。

在交通事故案件中,对于遭受重大损失且被认定为次要责任的一方当事人,如果在公安机关行政调解不成或者在另一方当事人拒不履行行政调解协议时,当事人可以通过向人民法院提起民事诉讼,要求判令对方当事人承担民事赔偿责任,从而使自己的合法权益得以实现。但是,对于损失较小且被认定为负主要责任的一方当事人来说,如果对行政机关责任认定不服,却无法通过民事诉讼来保护自己的合法权益,如果在此否定交通事故责任认定的可诉性,则会使得这样的当事人的合法权益的保护处于法律空白状态。这样就在客观上造成了双方当事人权益保护的不平等。

综上所述,交通事故责任认定具有可诉性,是一种可诉的具体行政行为。交通事故责任认定不是最高权力机关制定的法律中由公安机关最终裁决的行政行为,不属于行政诉讼法规定的不可诉行政行为,除了行政诉讼法的司法解释中明文规定的不可诉行政行为外,其他的任何侵害到公民、法人或者其他组织的人身权或财产权的行政行为都属于人民法院行政诉讼的受案范围。当事人对道路交通事故责任认定不服的,可以向人民法院提起诉讼,人民法院也应当予以受理。这样才有利于进一步加强对公安机关交通事故责任认定的司法监督,保证其严格依法行政,有利于公平地维护各方当事人的合法权益。

(四)本案的分析

《道路交通事故处理办法》第2条对什么是道路交通事故作出了规定:道路交通事故是指车辆驾驶人员、行人、乘车人以及其他在道路上进行与交通有关活动的人员,因违反《中华人民共和国道路交通管理条例》或其他道路交通管理法规、规章的行为,过失造成人身伤亡或者财产损失的事故。本案虽然是由行人与非机动车的碰撞造成,有别于通常情况下机动车辆发生的交通事故,但是按照上述规定,显然亦属于交通事故的范围,交警部门有职权依法作出责任认定。

在发生道路交通事故之后,交警部门作出道路交通事故责任认定,就是要确认各方当事人在发生的交通事故中所负的责任的大小,并以此来确定当事人在事故中应负的法律责任(包括刑事责任或民事责任)。《交通事故处理办法》第19条第1款、第2款分别规定:"一方当事人的违章行为造成交通事故的,有违章行为一方应当负全部责任,其他方不负交通事故责任。""两方当事人的违章行为共同造成交通事故的,违章行为在交通事故中作用大的一方负主要责任,另一方负次要责任;违章行为在交通事故中作用基本相当的,两方负同等责任。"因此,在发生交通事故后,交警部门就要根据当事人有关违章行为及其违章行为对事故作用的大小,来确定当事人在事故中所负的责任。具体而言,交通事故责任分为全部责任、主要责任、次要责任和同等责任。

在本案中,交警部门作出责任认定,由原告翁某某承担交通事故的全部责任,其依据就在于原告有违章行为并直接导致交通事故的发生,而第三人袁某某顺向骑行自行车,并无违章行为。按《道路交通管理条例》第 7 条第 1 款的规定:"车辆、行人必须各行其道。借道通行的车辆或行人,应当让在其本道内行驶的车辆或行人优先通行。"公安部对该条"借道通行"的含义解释为:行人在没有划、设人行横道的地方横过车行道和车辆因转弯、会车、超车、停车等有必要占用他人的通道时,为借道通行。凡属于借道通行的车辆、行人,都必须让"本道"的车辆、行人优先通行并有保障其他人安全的义务。而且,按《条例》第 63 条规定,对于行人而言,在横过车行道时,须走人行横道。在没有人行横道的情况下,须直行通过,不能在车辆临近时突然横穿。原告在没有划人行横道的机动车道内下车后横穿车道,属于借道通行,就必须保障在"本道"内的车辆、行人的安全。但原告却没有尽到保障他人安全的义务,而是在自行车临近时突然横穿,直接造成了本起事故。与原告相比,第三人顺向骑自行车,没有违章行为。被告某县交通警察大队根据当事人的违章情况,作出由原告负道路交通事故全部责任的认定,符合相关的法律规定,是正确的。

（柘荣县人民法院　吴盛桥
厦门大学法学院　李　玲）

28 二审改判案件
——某市马头造船有限责任公司诉某市劳动和社会保障局工伤认定案

一、 案 情

原告:某市马头造船有限责任公司。
被告:某市劳动和社会保障局。

第三人：阮某某、林某某。

2000年8月，原告某市马头造船责任有限公司承接"泛亚"号轮船维修业务后，与阮某某订立了"泛亚"轮外协修理合同，将该轮第二舱交由第三人阮某某的"工程队"维修。并约定了工程范围、工期、验收、费用结算、付款方式及安全和意外事故责任等。林某某由阮某某雇佣，其报酬由阮某某支付。2002年8月22日下午，林某某在第二舱作业时，因护手扁铁焊缝腐蚀脱落，从高处摔下致脾破裂。林某某因此于2002年8月26日向某市劳动和社会保障局申请工伤认定。2002年9月27日，被告某市劳动和社会保障局依林某某的申请作出(2002)安劳监042号工伤认定书，该工伤认定书认定：林某某为该"工程队"维修小工，与原告某市马头造船有限责任公司存在事实劳动关系，林某某所受之伤为工伤。某市马头造船有限公司不服该认定，向某市人民政府申请行政复议，某市人民政府于2003年1月23日作出维持原工伤认定的复议决定。某市马头造船有限公司不服，遂以某市劳动和社会保障局为被告向某市人民法院提起行政诉讼。

二、 裁 判

某市人民法院经审理认定，原告持有企业法人营业执照，依法承担民事责任，第三人阮某某与原告虽订有"泛亚轮外协修理合同"，但合同所称"工程队"没有资质证明，亦未经登记，没有法人资格，不能对外独立承担民事责任。因此，阮某某聘用林某某视同原告用工，林某某与原告存在事实劳动关系，发生事故应认定原告为事故单位。被告某市劳动和社会保障局认定第三人林某某受伤为工伤符合法定的条件，是合法的行政行为。据此，某市人民法院判决维持被告某市劳动和社会保障局作出的工伤认定。

原告某市马头造船有限责任公司不服一审判决，以原审认定事实和适用法律错误为由，向某市中级人民法院提起上诉。

被上诉人某市劳动和社会保障局辩称，上诉人与林某某之间存在事实劳动关系，是本起劳动工伤事故的事故单位。阮某某名义上是工程队的带队负责人，但实际上同时也是上诉人的工人，并没有持有法人执照或是个体工商户，上诉人通过阮某某付给林某某工资，林某某接受上诉人监管。因此，林某某与上诉人实际上形成了事实劳动合同关系。依照《企业职工工伤保险试行办法》第8条第4项的规定，认定林某某为工伤是正确的。

第三人阮某某辩称，原审判决事实清楚，适用法律准确，上诉人的上诉请求和理由没有事实和法律依据，恳求上级人民法院依法驳回上诉，维持原判。

第三人林某某未作书面答辩。

某市中级人民法院经审理认为,根据《中华人民共和国劳动法》及《企业职工工伤保险试行办法》的规定,工伤认定的前提是劳动者与用人单位之间存在劳动关系。本案上诉人某市马头造船有限责任公司承接"泛亚"号轮船维修业务后,与并非上诉人职工的第三人阮某某订立了"泛亚"轮外协修理合同,将该轮第二舱交由第三人阮某某工程队维修,上诉人与第三人阮某某之间已形成承揽关系。林某某系第三人阮某某所临时雇佣的工人,与上诉人之间没有订立劳动合同,被上诉人认定林某某与上诉人之间形成事实劳动关系,应当提供证据或依据予以证实。庭审中,被上诉人提供了若干用以证明林某某与上诉人之间形成事实劳动关系的证据,但这些证据只能证明林某某受雇于第三人阮某某的事实,而不能证明林某某受雇于上诉人的事实。被上诉人主张根据劳动部劳办发(1997)62 号《关于对于企业在租赁过程中发生事故如何划分事故单位的复函》的规定,阮某某用工视同上诉人用工。经审查,劳动部劳办发(1997)62 号《关于对于企业在租赁过程中发生事故如何划分事故单位的复函》的规定针对的是企业在租赁、承包过程中发生伤亡事故如何划分事故单位的答复,其适用的前提条件必须是企业在租赁、承包过程中发生的伤亡事故,针对的对象是如何划分事故单位的问题。本案上诉人与第三人阮某某之间是一种承揽关系,不能适用该复函,且事故单位的划分能否作为事实劳动关系的认定依据,被上诉人均没有举证证明。行政机关作出的具体行政行为应当事实清楚,证据充分,适用法律、法规正确,程序合法。因此,上诉人据此认定第三人林某某与上诉人之间存在事实劳动关系依据不足,据此作出工伤认定系属事实不清,应予撤销。一审法院认为第三人阮某某工程队没有资质证明亦未经登记,没有法人资格,不能对外独立承担民事责任,因此,阮某某雇用林某某应视同上诉人用工,林某某与上诉人之间存在事实劳动关系,判决维持被上诉人工伤决定不当,应予撤销。上诉人上诉理由成立,应予支持。被上诉人及第三人答辩理由依据不足,不予采纳。据此,依照《行政诉讼法》第 61 条第 3 项、第 54 条第 2 项第 1 目之规定,某市中级人民法院作出如下判决:

(1)撤销某市人民法院(2003)安行初字第 007 号行政判决;

(2)撤销某市劳动和社会保障局(2002)安劳监 042 号"工伤认定书"。

三、 评析

本案主要涉及人民法院审理行政上诉案件的若干问题。

行政诉讼法上的上诉审程序,又称为第二审程序,是指在一审人民法院作出裁判后的法定期限内,由于诉讼当事人不服其裁判而基于其上诉权启动第二审程序,一审人民法院的上一级人民法院因此重新对案件进行审理并作出裁判的程序。

(一)二审程序的启动

行政诉讼案件的二审程序之启动,主要是基于这一前提:行政诉讼的当事人享有上诉的权利。如果当事人在法律上不享有上诉权或者没有主张其上诉权,二审程序就无法启动。此外,二审程序还体现了上级人民法院对下级人民法院享有的监督权力,这种监督能够在更大的程度上保证人民法院裁判的正确性。

上诉必须符合法定的条件才能被受理:第一,当事人行使上诉权必须遵守法定的上诉期限。《行政诉讼法》第 58 条规定:"当事人不服人民法院第一审判决的,有权在判决书送达之日起十五日内向上一级人民法院提起上诉。当事人不服人民法院第一审裁定的,有权在裁定书送达之日起十日内向上一级人民法院提起上诉。"因此,当事人行使上诉权必须在上述法定期限内为之。第二,必须有法定的上诉对象。当事人提起上诉的对象仅限于人民法院(最高人民法院除外)作出的不予受理的裁定、驳回起诉的裁定、管辖异议的裁定和第一审行政判决。

此外,当事人行使上诉权必须向人民法院提交上诉状,应当按照其他当事人或者诉讼代表人的人数提交上诉状副本,必须预交诉讼费用。这些是当事人行使行政诉权的附带义务。

(二)二审的审理

《行政诉讼法》第 59 条规定:"人民法院对上诉案件,认为事实清楚的,可以实行书面审理。"根据该条规定,人民法院审理二审行政案件可以以两种方式进行,一种是书面审理,另一种是开庭审理。对于一审裁判认定事实清楚、当事人对事实认定没有争议的上诉案件人民法院可以实行书面审理,但在当事人对一审法院认定的事实有争议,或者二审法院认为一审法院认定的事实不清、证据不足的情形下,二审法院应当而且也只能适用开庭审理。

就二审的审理范围而言,根据最高人民法院《关于执行〈中华人民共和国行政诉讼法〉若干问题的解释》第 67 条的规定,"第二审人民法院审理上诉案件,应当对原审人民法院的裁判和被诉具体行政行为是否合法进行全面审查",因此,二审人民法院的审理不受当事人上诉范围的限制。这与民事上诉案件的审理范围有所不同。根据《民事诉讼法》第 151 条的规定,"第二审人民法院应当对上诉请求的有关事实和适用法律进行审查",二审民事审判的原则是"上诉什么审什么",一般很少有例外；但是二审行政审判则强调全面审查，不受上诉范围的限制。这是由行政诉讼必须贯彻人民法院审查具体行政行为合法性的基本原则决定的，行政审判必须体现人民法院运用司法权监督行政行为的职能，这与民事案件不可相提并论。对上诉争议涉及或上诉争议虽未涉及，但合议庭认为需要对被诉具体行为合法性的有关问题进行审查的，法庭应不受上诉范围的限制，而应对被诉的具体行政行为的合法性进行全面认真的审查。

（三）二审的裁判

经过对案件中所涉及的实体问题的审理，依据《行政诉讼法》第 61 条的规定，人民法院可以根据不同的情形作出如下三种裁决：

1."驳回上诉，维持原判"的裁判。原判决认定事实清楚，适用法律、法规正确的，判决驳回上诉，维持原判；原审判决遗漏行政赔偿请求，第二审人民法院经审查认为依法不应当予以赔偿的，应当判决驳回行政赔偿请求。

2."依法改判"的裁判。原判决认定事实清楚，但是适用法律、法规错误的，依法改判，并应当同时对被诉具体行政行为作出判决。另外，原判决认定事实不清，证据不足，或者由于违反法定程序可能影响案件正确判决的，二审法院"可以"查清事实后改判。

3."发回重审"的裁判。原判决认定事实不清，证据不足，或者由于违反法定程序可能影响案件正确判决的，裁定撤销原判，发回原审人民法院重审。

原审人民法院不予受理或者驳回起诉的裁定确有错误，且起诉符合法定条件的，应当裁定撤销原审人民法院的裁定，指令原审人民法院依法立案受理或者继续审理。

原审判决遗漏了必须参加诉讼的当事人或者诉讼请求的，二审法院应当裁定撤销原审判决，发回重审。原审判决遗漏行政赔偿请求，二审法院经审理认为依法应当予以赔偿的，在确认被诉具体行政行为违法的同时，可以就行政赔偿问题进行调解；调解不成的，应当就行政赔偿部分发回重审。

（四）本案中涉及的关于二审改判的问题

本案中，上诉人某市马头造船有限责任公司在上诉理由中提出一审法院认定事实错误，因此可以看作是当事人对一审认定的事实存在争议，根据《行政诉讼法》第 59 条及最高人民法院《关于执行〈中华人民共和国行政诉讼法〉若干问题的解释》67 条第 2 款的规定，二审法院应当开庭审理。

但是一审法院对事实的认定并不是本案的主要争议问题。本案的主要争议问题是上诉人与第三人林某某之间的关系在法律上的定性，即这一关系是否属于劳动关系,以及由这一关系所决定的林某某所受之伤是否为工伤。这就涉及二审法院对被上诉人作出具体行政行为的事实与法律依据,以及一审法院维持一审被告具体行政行为的法律依据的审查。

二审法院在审理本案的过程中,对一审法院判决的正确性,以及被上诉人某市劳动和社会保障局作出的具体行政行为的合法性进行了全面审查。二审法院基于如下三个理由认为上诉人与第三人林某某之间并非劳动关系,进而认定某市劳动和社会保障局作出的工伤认定缺乏事实基础和法律依据:

首先,从某市马头造船有限责任公司与阮某某订立的合同条款来看,该合同约定了工程范围、工期、验收、费用结算、付款方式及安全和意外事故责任等。阮某某与上诉人之间是一种承揽关系。林某某系阮某某所临时雇佣的工人,其报酬由阮某某支付。林某某与上诉人之间未订立劳动合同关系,未接受上诉人的管理和保护,亦未领取上诉人支付的劳动报酬。认定林某某与上诉人之间乃事实劳动关系不符合《福建省高级人民法院关于审理劳动争议案件若干问题的意见》第6条规定的情形。因此,被上诉人依据事故调查报告,作出(2001)安劳监字第042号工伤认定书,认定林某某与上诉人之间存在事实劳动关系,并依据《企业职工工伤保险试行办法》第8条第4项规定,作出林某某为工伤的认定,属认定事实不清,证据不足,适用法律、法规不当,应予撤销。

其次,不能因为林某某持有上诉人发给的胸卡和安全教育卡而认定林某某与上诉人之间存在事实上的劳动关系。阮某某承揽的修理工程,由于工程的特殊性,其作业地点在上诉人的厂区内,出于安全管理的需要,上诉人发给林某某胸卡和安全教育卡作为通行凭证以及对厂区内作业人员起一种安全警示作用,这并不能证明其与上诉人之间存在事实劳动关系。

最后,阮某某不具备独立的法人资格,不能对外独立承担民事责任,亦不能成为林某某与上诉人存在劳动关系的理由。劳动部办公厅《关于私人包工负责任人工伤待遇支付问题的复函》规定:"如果私人包工负责人与发包单位没有劳动关系而只订立了经济承包合同,若经济承包合同中对其工伤问题有明确约定,则按合同执行;若经济承包合同中对工伤问题没有规定的,则由其本人负责。"参照该规定,阮某某与上诉人之间是承揽关系,因此,阮某某用工不能视同上诉人用工。且上诉人作出工伤认定所依据的劳办发(1997)62号劳动部办公厅《关于对企业在租赁过程中发生伤亡事故如何划分事故单位的复函》,主要是针对企业职工伤亡事故报告、统计问题的处理规定,而本案未涉及租赁关系,该"复函"并不适用于本案。据此,某市劳动和社会保障局作出工伤认定、原审法院作出一审判决,参照认定上诉人为事故单位,属于适用规章错误,应予撤销。

综上所述,就被上诉人作出的具体行政行为而言,显然存在认定事实不清,证据不足,适用法律、法规不当的问题;就一审法院维持某市劳动和社会保障局之工伤认定的理由而论,也存在认定事实不清,适用法律法规错误的问题。就法律适用问题而言,本案参照有关的规范性法律文件有:《福建省高级人民法院关于审理劳动争议案件若干问题的意见》第 6 条、《企业职工工伤保险试行办法》第 8 条第 4 项、劳办发(1997)62 号劳动部办公厅《关于对企业在租赁过程中发生伤亡事故如何划分事故单位的复函》。尽管这些依据并不属于司法解释或部门规章,但在法律法规没有明确规定且这些规范性法律文件没有违背法律法规规定的情况下,人民法院可以参照适用这些规范性文件。

可见,二审法院在审理的过程中,对一审法院的判决及被诉具体行政行为都进行了审查。《行政诉讼法》第 61 条第 3 项规定:"原判决认定事实不清,证据不足,或者由于违反法定程序可能影响案件正确判决的,裁定撤销原判,发回原审人民法院重审,也可以查清事实后改判。"本案中,二审法院选择了在查清事实后改判的裁判方式。在撤销一审判决的同时,二审法院还撤销了违法的被诉具体行政行为,从而符合了最高人民法院《关于执行〈中华人民共和国行政诉讼法〉若干问题的解释》第 70 条的如下规定:"第二审人民法院审理上诉案件,需要改变原审判决的,应当同时对被诉具体行政行为作出判决。"

(宁德市中级人民法院　何如芬
厦门大学法学院　王建学)

㉙ 行政诉讼的起诉期限
——某建设发展公司诉某市房地产管理局案

一、　案情

原告:某建设发展公司。

被告：某市房地产管理局。

第三人：屠某

1997 年，原告经批准，开发位于某市八一五东路的"福海花园"项目。该项目现业已竣工验收。1999 年 1 月 20 日，原告与第三人屠某签订了"商品房购销合同"，双方约定：第三人屠某向原告购买"福海花园"的店面一间（编号为A12），总价款为人民币 201600 元。同年 11 月 18 日，第三人屠某向被告某市房地产管理局提交了私有房屋所有权证登记申请书，次日，原告与第三人签订了"房地产买卖契约"，填写了房地产变更（移户）申报表，并将其他有关房屋产权变更的材料提交给被告。2000 年 6 月 15 日，被告向第三人颁发了房屋所有权证（房权 N 字 9901977 号）。对于该市房地产管理局的这项行政行为，原告表示不服，遂于 2003 年 5 月 17 日向该市某区人民法院提起行政诉讼。

原告诉称，第三人屠某尚未付清购房款，而自己也未与第三人共同向被告提出房屋权属变更登记的申请，被告擅自将"福海花园"的另一间店面（编号为 A7）的房屋所有权证颁发给原告的做法违反了有关行政法律法规，侵犯了原告的合法权益。被告辩称，原告提起行政诉讼超过了起诉期限，其颁发房屋所有权证的行政行为合法。第三人亦主张原告提起的行政诉讼超过了起诉期限，请求法院驳回起诉。

二、 裁 判

一审法院经审理认为，原告所开发的"福海花园"项目已经过预先登记，可以用于预售和销售。原告与第三人签订的"商品房购销合同"，是双方真实的意思表示，应当认定为合法有效的合同。并且，在第三人屠某向该市房地产管理局申请私有房屋所有权证登记的过程中，原告向被告提交了申请房屋权属变更登记所必需的私有房屋所有权证书，并提供了双方同意产权变更的其他相关材料，如某市房地产变更（移户）申报表、房地产买卖契约等。被告对原告和第三人提交的相关证明材料进行了审核，认为申请变更的产权清楚，符合登记条件，予以登记并向第三人颁发了房屋所有权证。可见，原告与第三人申请产权变更亦属真实意思表示，可以视为双方共同提出房屋权属变更登记的申请。由此，被告颁发房屋所有权证这一具体行政行为事实清楚，证据充分，适用法律法规正确，应予支持。被告认为原告提起诉讼超过起诉期限，虽有提供证据，但不能证明原告知道被告作出具体行政行为的时间。因此，被告认为原告起诉超过期限的观点，不予采纳。另外，购房款是否交清并不是颁证过程的必备条件，没有付清购房款不足以推翻原告与第三人之间在被告处办理房屋权属变更登记均属双方的真实意思表示。因此，原告仅以第三人未付清购房款为由而认为被告的行政行为违法的请求不能成立，法院不予支持。据此，依照《行政诉讼法》第54条第1项之规定，法院维持了某市房地产管理局的具体行政行为。

三、 评 析

本案中，双方争议的一个焦点问题即原告提起行政诉讼是否超过起诉期限。

（一）行政诉讼起诉期限的一般原理

行政诉讼的起点就是起诉，因为法院的司法活动是以"不告不理"为原则的，所以没有收到起诉，法院不能主动审理案件。但是，由于起诉是原告的单方面的行为，要进入法院司法审查的程序，引起法院对案件的审理，还必须符合一定的条件，其中，起诉期限就是对起诉的时间要求。

行政诉讼的起诉期限，是法律规定的行政相对人请求法院通过行政诉讼程序给予法律救济的最长时间限制，在法律性质上属于一种诉讼时效。诉讼时效是诉权行使的有效期间，起诉必须在法律规定的期限内提出，超过法定期限，当事人将因起诉时效期间届满而丧失胜诉权，人民法院对超过起诉期限的诉讼请求可以拒绝受理。由于实践中行政行为的复杂性，行政诉讼中的起诉时间条件也较为复杂，针对不同的行政行为起诉，法律对起诉的时间要求也会有所不同。

1. 行政诉讼中的两种期限

一般而言，行政诉讼上的起诉期限，可以分为两类：一般期限和特殊期限。一般期限是指《行政诉讼法》规定的，适用于一般案件的起诉期限。特殊期限是指为单行法律、法规所规定，适用于特定案件的起诉期限。两者之间的关系是：单行法律法规有规定的，从单行法律法规的规定；单行法律法规没有规定的，从行政诉讼法的规定。即适用"特别法优于一般法"的法律原则。

在我国的行政诉讼法体系中，一般期限和特殊期限又可以分为两种情形：经复议的行政案件的起诉期限与直接提起诉讼的起诉期限。一种情形是指关于复议前置行政行为的一般期限，《行政诉讼法》第38条第2款规定："申请人不服复议决定的，可以在收到复议决定书之日起15日内向人民法院提起诉讼，复议机关逾期不作决定的，申请人可以在复议期满之日起15日内向人民法院起诉。法律另有规定的除外。"该条适用于须经复议的行政案件，即具有复议前置程序的行政案件，只要法律未作特殊规定，对行政复议决定不服的申请人都必须在收到复议决定书之日起 15 日内起诉,否则即丧失胜诉权。另外一种情形是指可议可审的行政行为的一般期限,《行政诉讼法》第 39 条规定:"公民、法人或者其他组织直接向人民法院提起诉讼的,应当在知道作出具体行政行为之日起 3 个月内提出。法律另有规定的除外。"只要法律未作特别限制,当事人直接向人民法院起诉,都应遵守这一期限。

所谓的特殊期限主要存在于单行的部门行政法规中,在我国的行政诉讼中,这样的特殊期限例如,起诉期限为 5 日,如《治安管理处罚条例》第 39 条规定;起诉期限为 15 日,如《邮政法》、《海关法》的规定;起诉期限为 30 日,如《森林法》、《渔业法》、《土地管理法》的规定;起诉期限为 3 个月,如《专利法》的规定。

2. 特殊情况下起诉期限的计算

起诉期限所涉及的关键问题即期限的起算点。如何确定这个起算点决定了起诉期限的价值取向,一般来说,起诉期限是国家司法权给当事人是否寻求司法保护的选择权和行使这种选择权的思考行动时间。所以,在司法是当事人可以寻求的权利最终保护手段的情况下,当事人手里可能曾经拥有的法律上的权利以及这种权利所代表的法的正义也便取决于起诉期限的起算点。在这个意义上,起算点是决定当事人权利、决定法的公正内涵的重要制度。

由于行政活动以及行政诉讼的复杂性,一般期限和特殊期限在实践中如果生硬地适用,在一些特殊情况下,按照上述诉讼时效计算可能对当事人极不公平。因此,最高人民法院结合司法实践中出现的特殊情况,对诉讼时效作出了必要的补充规定。这些补充规定主要是对行政诉讼起诉期限的起算点作出了比较明确的规范,主要体现在最高人民法院《关于执行〈中华人民共和国行政诉讼法〉若干问题的解释》的第 41 条到第 43 条的条款中。现将此等条款涉及的起诉期限的计算具体分析如下:

(1)行政机关未告知当事人的诉权或起诉期限时起诉期限的起算。

《解释》的第 41 条规定:行政机关作出具体行政行为时,未告知公民、法人或者其他组织诉权或者起诉期限的,起诉期限从公民、法人或者其他组织知道或者应当知道诉权或者起诉期限之日起计算,但从知道或者应当知道具体行政行为内容之日起最长不得超过 2 年。复议决定未告知公民、法人或者其他组织诉权或者法定起诉期限的,适用前款规定。

告知当事人诉权和起诉期限,是行政处理的一项重要的程序性要求,是行政机关的一项法定义务,行政机关未告知当事人的诉权或起诉期限,是行政机关违反了行政法律关系的权利义务要求,其不利后果应由行政机关承担,应对导致当事人延误期限负有直接责任。因此,行政机关作出具体行政行为时,未告知行政相对人诉权或者起诉期限的,起诉期限从相对人知道或者应当知道诉权或者起诉期限之日起计算;但是,对此又设置了当事人行使诉权的最长期限,即二年,即如果行政机关事后履行告知义务,当事人行使诉权的期限从告知之日起计算,如果行政机关一直未履行告知义务,则当事人行使诉权的期限以从当事人知道或应当知道具体行政行为的内容之日起2年为期。在2年之内的任何时候均可起诉,逾期则丧失胜诉权。这也主要是出于敦促行政相对人行使诉权,维护行政行为的确定力和既存的社会关系。

（2）当事人不知道具体行政行为内容时起诉期限的起算。

《解释》的第42条规定:公民、法人或者其他组织不知道行政机关作出的具体行政行为内容的,其起诉期限从知道或者应当知道该具体行政行为内容之日起计算。对涉及不动产的具体行政行为从作出之日起超过20年、其他具体行政行为从作出之日起超过5年提起诉讼的,人民法院不予受理。

在行政审判实践中,经常遇到行政机关不仅未履行告知当事人诉权或起诉期限的义务,甚至未告知当事人具体行政行为内容的情形。另外,由于行政行为具有复效性,行政行为不仅影响到行政相对人的利益,而且还可能影响到与该行政行为确定的法律关系有关的其他人的利益。然而在实践中,行政机关一般只将行政决定书送达给直接的相对人,行政机关也不可能将行政资源浪费在查清该行政行为所影响到的除相对人之外的其他利害关系人上面。由此导致其他利害关系人可能由于不知道具体行政行为的内容而延误起诉期限。对此,最高人民法院的司法解释作出了如上的规定,而这里的"二十年"、"五年"都是当事人在行政机关作出具体行政行为时不知道该具体行政行为内容时行使诉权的最长保护期限,在法律性质上应当界定为一种除斥期间,逾期则当事人的实体权利消灭,即当事人丧失诉权。最长保护期限的规定一方面有利于敦促当事人及时地行使诉讼权利,另一方面也是为了让社会秩序在既存事实的基础上进行新的发展,避免长年纠纷。

（3）行政机关不履行法定职责时起诉期限的起算。

行政诉讼法规定的起诉期限从当事人知道或应当知道行政机关作出具体行政行为之日起算,但若是行政机关对当事人的申请拒不答复等不作为的情形,对当事人的诉权又该如何进行保护呢? 对此,最高人民法院的司法解释第39条作出了相关的规定,对于行政机关不作为的行政案件的起诉期限应根据不同情况进行不同的处理:如果法律、法规、规章和其他规范性文件对行政机关履行法定职责的期限已经作出了规定的,行政机关超过期限仍不作为的,从该期限届满之日起计算起诉期限;在没有相关的法律规范规定行政机关履行法定职责的期限情况下,公民、法人或者其他组织申请行政机关履行法定职责,行政机关在接到申请之日起 60 日内不履行的,公民、法人或者其他组织向人民法院提起诉讼,人民法院应当受理;公民、法人或者其他组织在紧急情况下请求行政机关履行保护其人身权、财产权的法定职责,行政机关不履行的,起诉期限不受上述限制,也就是说,当事人可以立即提起行政诉讼。这一规定,充分考虑到了行政效率与行政有效性的密切关系,体现了行政诉讼法的人文关怀。

3. 不计入起诉期限的特定期间

最高人民法院的司法解释第 43 条规定:由于不属于起诉人自身的原因超过起诉期限的,被耽误的时间不计算在起诉期间内。因人身自由受到限制而不能提起诉讼的,被限制人身自由的时间不计算在起诉期间内。之所以作出如此的规定,主要是因为在行政诉讼中导致当事人延误起诉期间有多种因素,有的不能归咎于当事人自身,例如不可抗力等特殊法定免责事由;另外,基于行政机关采取的限制相对人人身自由的一些行政行为,也会导致当事人无法起诉,因而亦应排除而不计入起诉期限。当然,如果相对人被限制人身自由,但是仍有条件委托代理人提起诉讼,并且可以出庭参加诉讼的话,则不属于此条款规定的情形。

(二)本案中的起诉期限的分析

在本案中,某市房地产管理局于 2000 年 6 月 15 日给本案第三人屠某颁发了房屋所有权证,但是其并未告知原告该颁证的行为,即原告并不知道颁证的这一具体行政行为的内容。《行政诉讼法》第 39 条规定:"公民、法人或者其他组织直接向人民法院提起诉讼的,应当在知道具体行政行为之日起 3 个月内提出。法律另有规定的除外。"而最高人民法院的司法解释第 41 条规定:"行政机关作出具体行政行为时,未告知公民、法人或者其他组织诉权或者起诉期限的,起诉期限从公民、法人或者其他组织知道或者应当知道诉权或者起诉期限之日起计算,但从知道或者应当知道具体行政行为内容之日起最长不得超过二年"。因此,原告的起诉期限不适用《行政诉讼法》第 39 条规定的三个月的期限,而应适用最高人民法院的司法解释第 41 条第 1 款规定的两年的起诉期限。也就是说,本案原告的起诉期限为知道被告作出颁证行为之日起的两年内,在此期间原告向人民法院提起行政诉讼,法院应当受理。又因房产属于不动产,故依照最高人民法院的司法解释第 42 条的规定,原告对该颁证行为不服,提起诉讼的最长保护期限为该行政行为作出之日起 20 年,且起算点为原告知道或者应当知道颁证行为之日,所以原告的诉权保护至迟到 2020 年 6 月 14 日。

对于本案中关于主张原告的诉讼请求超过起诉期限,根据最高人民法院《关于执行〈中华人民共和国行政诉讼法〉若干问题的解释》第 27 条第 1 项的规定,被告对此负举证责任。因此,本案被告应向法庭提供证据证明原告实际知道具体行政行为的内容的具体时间。本案原告提起诉讼的时间是 2003 年 5 月 17 日,被告认为原告超过起诉期限应当提供证据证明原告在 2001 年 5 月 18 日之前已经知道该颁证行为的内容,但庭审中被告无法证明这一点,且原告主张其于 2003 年 1 月 20 日才知道被告颁证的事实,因此,本案被告主张原告提起诉讼超过起诉期限的理由不能成立。原告虽然在被告颁证行为作出之后两年多才向法院提起行政诉讼,但并未超过起诉期限,其诉权应当受到法律保护。

(宁德市中级人民法院　王嫔
厦门大学法学院　李玲)

㉚ 行政附带民事诉讼
——苏某某不服某县某乡人民政府土地使用权
纠纷行政处理决定案

一、 案 情

原告:苏某某。
被告:某县某乡人民政府。
第三人:阙某某。
第三人:陈某某。
原告苏某某于 1987 年 7 月 20 日向李某购买宅基地一块,位于七步村面前洋,与第三人阙某某宅基地毗邻,四至明确,面积 0.076 亩。后某县人民政府同意原告与李某买卖宅基地使用权的行为,为原告办理了过户手续,重新核发了土地使用证。同年,原告开始建造房屋,在建房时东面留排水沟,位宽40厘米,长12米。房屋建成后,原告即搬进居住至今。第三人阙某某于1985年经人民政府审批,征有位于七步村面前洋的宅基地一块,四至载明:东至品弟坪,西至李陈增坪,南至公路旁水沟3米,北至田,长12米,宽3.7米,面积0.07亩。1989年,第三人阙某某又经政府审批,征有位于狮城镇南坂村的宅基地一块,并在此地上建造房屋一座。1992年10月23日,第三人阙某某将坐落于七步村面前洋的上述宅基地,以5000元的价格卖给第三人陈某某。同年11月1日,第三人陈某某向某乡土地管理所申办移户手续,并交转户价差款50元,转户费300元。当时,土地部门口头答复同意转户。嗣后,第三人陈某某在未取得合法手续的情况下,即按原面积,在该地上动工建房。由于滴水位的权属问题与原告发生争执,原告将第三人陈某某的建房模板、钢筋毁坏,最后双方发展到互相斗殴。乡政府多次派员制止并召集双方调解,但没有达成协议。1992年12月2日,乡政府作出(1992)周政七字第067号《关于苏某某与阙某某宅基地纠纷的处理决定》,该决定载明:(1)纠纷宅基地属阙某某使用,任何人不得干涉;(2)当事人应本着协商、团结、互让的原则出发,不得滋生事端;(3)本处理决定当事人双方必须执行,如有异议,应在收到本处理决定次日起30天内向法院起诉。原告对乡政府的处理决定不服,再次将第三人陈某某的模板、钢筋毁坏,不让第三人建房,进而双方又发生争吵斗殴。嗣后,原告向法院提起诉讼。

原告苏某某诉称:其建房比第三人阙某某早,滴水位系其建房时留出,建房面积在政府审批的范围以内,并经县公证处公证。被告对非法转让土地使用权的行为不但不处理,反面将其滴水位批给第三人阙某某使用,是错误的,请求法院依法判决撤销被告的处理决定,并责令第三人陈某某停止侵占。

被告某县某乡人民政府辩称:双方当事人土地面积与实际使用面积存在误差,且原告房屋已建,本着公平合理的原则,根据《土地管理法》第13条①规定,被告所作出的处理决定是合理合法的。请求法院维持其行政处理决定。

第三人阙某某述称:原告的宅基地使用权是以欺诈手段取得的,根据周政(1985)综字291号批文,不存在排水沟位,乡政府的处理决定是正确、公正的,恳求法院判决维持,并责令原告赔偿被毁坏的模板、钢筋等损失1544元。

---

① 《土地管理法》第13条规定:"依法登记的土地的所有权和使用权受法律保护,任何单位和个人不得侵犯。"

二、 裁 判

　　某县人民法院经审理认为：原告苏某某与第三人阙某某争执的滴水位土地，双方均有土地使用权证，属县政府重复审批。第三人陈某某没有依法取得转让的土地使用权证书，擅自动工建房是违法的，建议由县土地部门对其作出处理。根据《土地管理法》的有关规定，土地使用权的转让，须向县级以上人民政府办理变更登记，换发土地证。土地使用权的变更，自变更登记之日起生效。下级政府不得越权作处理决定。被告系乡级政府，其所作的处理决定是越权行为。本案经开庭审理后，被告意识到自己的行为属"超越职权"，自行撤销原处理决定，并请求法院召集原告与第三人进行调解。在法院的主持下，原告与第三人达成调解协议。原告鉴于被告已撤销原处理决定，又与第三人达成调解协议，因此，向法院提出申请撤诉，法院依法于1993年4月12日作出了准许原告撤诉的裁定。

三、 评 析

　　本案极为明显地反映了行政诉讼过程中行政附带民事诉讼的问题，是关于行政附带民事诉讼的一个非常典型的案例。

　　（一）行政附带民事诉讼的概念

　　行政附带民事诉讼是指，人民法院在解决行政相对人与行政机关之间的行政争议的过程中，根据当事人或利害关系人的请求，附带解决与行政争议有内在关联性的民事争议，从而一并审理行政争议及与该行政争议有关的民事争议的诉讼活动。

　　将与行政争议有关联的民事争议附带在行政案件中加以解决，符合我国行政诉讼法的基本原则，具有下列三项积极意义：

　　首先，从人民法院的角度而言，将与行政争议相关的民事争议附带在行政案件中加以解决有利于纠纷的正确解决，从而保证司法的公正性与权威性。基于行政附带民事诉讼中行政争议与民事争议的相互关联性，将与行政争议相关的民事争议附带在行政案件中加以解决，将避免由于分别审理而可能出现的裁判结果上的不一致，保证案件得到一致和更为正确的解决。

　　其次，从当事人的角度而言，将与行政争议相关的民事争议附带在行政案件中加以解决有利于维护公民的合法权益。在通常情况下，行政诉讼原告之合法利益的实现，不仅在于纠正违法的行政行为，更在于使与行政争议相关的民事争议得到及时的最终解决。因此将二者合并审理将有助于维护公民的合法权益。

最后,从社会整体利益的角度而言,将与行政争议相关的民事争议附带在行政案件中加以解决有利于节约诉讼成本,有效利用司法资源提高审判效率。在同一诉讼过程中将有联系的两个诉讼一并进行审理,可以节省审理过程中付出的时间、人力和物力,因而可以节省诉讼成本、提高诉讼的效率,避免国家司法资源的浪费。

《行政诉讼法》没有对行政附带民事诉讼作出规定,1991年最高人民法院《关于贯彻执行〈中华人民共和国行政诉讼法〉若干问题的意见(试行)》也没有涉及行政附带民事诉讼的问题。2000年最高人民法院新作出的《关于执行〈中华人民共和国行政诉讼法〉若干问题的解释》第61条规定:"被告对平等主体之间民事争议所作的裁决违法,民事争议当事人要求人民法院一并解决相关民事争议的,人民法院可以一并审理。"这里的行政争议与民事争议"一并审理"即是行政附带民事诉讼。这是我国对行政附带民事诉讼最早的成文规定,是对人民法院行政庭既存的行政附带民事诉讼审判实践的确认。

就我国的诉讼制度而言,与行政附带民事诉讼制度相对的一个概念是刑事附带民事诉讼制度。刑事附带民事诉讼是指"公安司法机关在刑事诉讼过程中,在解决被告人刑事责任的同时,附带解决由遭受物质损失的被害人或人民检察院提起的,由于被告人的犯罪行为所引起的物质损失的赔偿而进行的诉讼活动"。[1]但是,我国的刑事附带民事诉讼制度显然要比行政附带民事诉讼制度完备得多。《刑事诉讼法》在第七章专门规定了刑事附带民事诉讼制度,而行政附带民事诉讼的存在只有最高人民法院的一条司法解释作为依据。最高人民法院2000年《解释》的规定,由于条文数量的限制,对于行政附带民事诉讼的范围、提起条件、审理及执行程序都没有作出明确的规定。因此,本文接下来对行政附带民事诉讼的分析,更多的是基于学理上公认的观点以及人民法院在审理行政附带民事诉讼案件中所形成的惯常做法。

(二)行政附带民事诉讼的条件与范围

并不是所有的民事案件都能附带在行政诉讼中进行审理,只有符合了法定的条件,行政附带民事诉讼才能被人民法院受理,这些条件是:

其一,行政争议与附带的民事诉讼须具有内在关联性。这种关联性基于

---

[1] 陈光中、徐静村:《刑事诉讼法学》,中国政法大学出版社2000年修订版,第243页。

行政争议及其附带的民事纠纷是因行政机关的同一行政行为而引起的。最高人民法院2000年《解释》第61条所规定的情形即属此类。这种内在关联性可以具体体现在以下几个方面：行政诉讼的原告是民事纠纷一方当事人，行政行为对民事当事人的权益或其相互之间的权利义务关系具有法律上的影响，等等。

其二，行政诉讼的成立是行政附带民事诉讼能够成立的前提条件。因为在行政附带民事诉讼中，行政诉讼为主诉，而附带的民事诉讼则为从诉，后者依附于前者而存在，如果行政诉讼不能成立，则附带的民事诉讼也无法成立。此外，民事争议的解决也有待于行政争议的解决。也就是说，民事纠纷的解决要以行政争议的解决为前提，如果行政争议不能首先得到解决，民事纠纷也无法得到解决。因此，在审理过程中，人民法院应先审理行政争议，在解决行政相对人与行政主体之间的行政争议的基础上，再解决作为平等主体的民事当事人之间的纠纷。

其三，附带的民事诉讼请求必须在行政诉讼过程中提出。附带民事诉讼的诉讼请求应当在行政诉讼的过程中提出，也就是从行政诉讼的原告提起诉讼时起，至人民法院对行政争议作出判决时止。在行政诉讼原告提起行政诉讼前，行政诉讼活动还没有开始，附带的民事诉讼无从谈起；而在人民法院对行政争议作出判决之后行政诉讼活动已经结束，失去了附带民事诉讼的意义。

对于得提起行政附带民事诉讼的范围，根据最高人民法院《关于执行〈中华人民共和国行政诉讼法〉若干问题的解释》第61条的规定，得提起附带民事诉讼的行政行为只包括行政主体"对平等主体之间民事争议所作的裁决"。

因为行政主体裁决民事争议的行为通常分为对权属纠纷的裁决和对损害赔偿的裁决，所以行政附带民事诉讼主要包括两大种类：其一为行政主体对于民事主体之间因权属纠纷作出处理而发生的行政附带民事诉讼，其二为行政主体对民事主体之间有关损害赔偿作出裁决而发生的行政附带民事诉讼。

就行政裁决的法律性质而言，行政机关以中立第三者的身份对平等的民事主体间的民事法律关系所作出的具有法律效力的裁决干预或影响了相对方的民事权利或义务，相对方不服向法院起诉，要求撤销行政机关的裁决并要求人民法院重新确认民事法律关系，这种诉讼既有行政争议，又有民事争议，并且两者相互关联，完全符合行政附带民事诉讼的条件，应为行政附带民事诉讼。但必须指出的是，如果当事人对行政机关的行政裁决不服提起行政诉讼仅要求人民法院撤销行政裁决而未同时要求人民法院重新确认民事法律关系，应为单纯的行政诉讼。只有当事人既要求撤销行政裁决，又要求确认民事法律关系,才为行政附带民事诉讼。

(三)本案中人民法院对行政附带民事诉讼的审理

本案作为一个十分典型的行政附带民事诉讼案件,在多个方面说明了行政附带民事诉讼中的法律问题。

第一,应当分析原告所提出的诉讼请求。本案原告在向法院起诉时提出了如下诉讼请求:"请求法院依法判决撤销被告的处理决定,并责令第三人陈某某停止侵占。"原告的诉讼请求实际上包含了以下两个相互区别的部分:第一部分是"撤销被告的处理决定",因为被告是作为行政主体作出行政处理决定的,所以这一诉讼请求是行政诉讼的诉讼请求;第二部分是"责令第三人陈某某停止侵占",原告苏某某声称的第三人陈某某侵占其依法享有使用权的土地的行为,是民事侵权行为,因此,原告诉讼请求的后一部分是民事诉讼的诉讼请求。

第二,既然原告既对某县某乡人民政府提出了行政诉讼的诉讼请求,又对第三人陈某某提出了民事诉讼的诉讼请求,那么,人民法院能否对这两个不同的诉讼一并审理呢?原告苏某某与第三人陈某某在滴水位的权属问题上发生争执,后因这一纠纷没有得到解决,原告将第三人所有的建房模板、钢筋毁坏,最后甚至发展到互相斗殴。某县某乡人民政府,为了解决原告苏某某与第三人阙某某的土地使用权纠纷,作出了(1992)周政七字第067号《关于苏某某与阙某某宅基地纠纷的处理决定》。该《处理决定》中载明:"本处理决定当事人双方必须执行,如有异议,应在收到本处理决定次日起30天内向法院起诉。"由此可以断定该行政处理决定在性质上是行政裁决,而不是行政调解,更不是行政仲裁。因此行政诉讼首先能够成立。其次,该《处理决定》还载明:"纠纷宅基地属阙某某使用,任何人不得干涉。"因此,这一决定在性质上当属行政机关对民事争议作出的裁决。但是,某县某乡人民政府对原告与第三人民事争议的行政裁决,在法律后果上没有解决民事争议,又引起了新的行政争议,这两个争议在性质上具有内在关联性,因此人民法院能够将之作为行政附带民事诉讼一并受理。

第三,在审理行政附带民事诉讼案件的过程中,应当注意到行政诉讼和民事诉讼规则的不同,在各自部分适用各自的规则,不可混淆。在本案的审理及裁判上,法院也注意到了行政附带民事诉讼的审理方式的特殊性,这主要体现在三个方面:

首先,行政诉讼中,作为行政诉讼被告的行政机关在行政诉讼的过程中,不能提起反诉,但民事诉讼的被告则不受这一限制,行政诉讼所附带的民事诉讼的被告也同样不受这一限制,可以提出反诉。因此,第三人陈某某请求法院"责令原告赔偿被毁坏的模板、钢筋等损失 1544 元"。第三人陈某某的这一诉讼请求,实质上就是作为附带民事诉讼的被告提出来的,既然实质上是民事诉讼的反诉,就不违反人民法院的诉讼规则。

其次,在行政附带民事诉讼中,行政诉讼部分不能适用调解,但附带民事诉讼部分却可以适用调解。本案中,对于原告针对某县某乡人民政府作出的行政行为提起的诉讼,人民法院不能适用调解,这是由《行政诉讼法》第 50 条关于调解的禁止性规定所决定的。但是,对于附带的民事诉讼,即原告认为第三人应当停止侵占和第三人认为原告应当赔偿损失的请求,人民法院却可以主持民事争议的当事人进行调解。

然后,在行政附带民事诉讼中,还需要区分不同举证责任的适用。对行政裁决合法性的举证责任乃由行政机关承担,但民事诉讼方面的举证责任,则由主张权利的一方当事人来承担,适用"谁主张,谁举证"。因此,某县某乡人民政府负有证明其行政裁决合法的举证责任,但对于本案中的民事争议,则由提出诉讼主张的民事争议的当事人举证,例如,原告要证明其合法使用的土地被第三人非法侵占的事实,第三人也要证明其因原告毁坏模板、钢筋的行为受到损失的事实。

再次,某县人民法院在审理本案的过程适用了不同的审查原则。对于某县某乡人民政府作出的行政裁决,人民法院适用的是合法性审查原则,也就是人民法院只审查行政行为的合法性。根据《土地管理法》的规定,土地使用权的转让,须向县级以上人民政府办理变更登记,下级政府不得越权作处理决定。因此,被告的行政行为超越了法定的职权,属于行政越权,是违法的行政行为。但对于附带的民事争议,人民法院则可对当事人行为的各个方面进行审查。

最后,还应当注意的是,某县人民法院在本案中实际上作出了两个裁判。其一,对于行政争议,因为行政诉讼的被告已经认识到自身行政行为的违法性,而主动撤销了其作出的行政裁决,基于被告主动撤销其行政行为,原告申请撤诉,法院依法作出裁定同意其撤诉。其二,对于民事争议,人民法院主持原告与第三人进行了调解,并且最终成为了调解协议,基于其民事争议已经解决,本案中的民事争议以调解方式结案。因此,本案以裁定准予撤诉和民事调解协议结案。

综上所述,在本案中,人民法院正确地运用了行政附带民事诉讼的规则,作出了正确的裁判。案件审结后,诉讼各方当事人以及有关部门反映良好,取得了很好的社会效果:一是方便当事人诉讼,节省诉讼成本;二是提高行政审判效率,避免行政审判结果与民事审判结果之间的矛盾;三是彻底解决纠纷,维护法律关系与社会秩序的稳定性。

·(周宁县人民法院　周伦希
厦门大学法学院　王建学)

㉛ 行政机关拒绝颁发执照属于行政诉讼的受案范围
——王某某、陈某某诉某县交通警察大队拒绝颁发执照案

一、　案　情

原告:王某某、陈某某。

被告:某县交通警察大队。

原告王某某、陈某某均系从事驾驶大型客车和大型货车的驾驶员,均经原交通监理部门的培训,考试合格,取得驾驶证书、执照,从事驾驶工作。1991年1月接受被告管理机关审查检验,均合格通过,并被准予佩照驾驶。然而,在当年1月全国统一换发新驾驶执照的过程中,由于被告的工作疏忽,致使原告二人的有关档案混入他县市驾驶员的档案之中,一时难以查找,并由此认定难以证实原告二人是否有客车驾驶经历和是否曾有客车执照,因此拒绝为原告二人颁发新的驾驶执照。由于被告拒绝颁发驾驶执照,致使原告二人不能正常从事驾驶工作。为此,原告二人于1991年7月18日,向某县人民法院提起行政诉讼。

原告诉称,驾驶执照是其从事汽车驾驶工作和实施汽车驾驶行为的法律凭证,是通过被告审查批准后赋予具备相应资质的公民的权利,其要求换证、发证符合法定条件,被告应按时予以发放,但被告却推迟了半年有余,虽经原告多次请求未果。因此,请求人民法院依法判令被告立即向原告颁发驾驶执

照,并赔偿原告因此而遭受的直接损失。

二、 裁 判

　　一审法院经审理认为,本案原告经原交通部门培训,并且考试合格,曾经获取驾驶执照,从事汽车驾驶工作。在交通管理部要求全国统一换证的情况下,对原告的资质进行审核并决定是否发放新的驾驶执照是被告必须履行的法定义务。但是,由于被告在履行法定职责过程中的过失,将原告的有关驾驶档案混装,以致无法查实原告资质的有关事实,从而拒绝为原告颁发新的驾驶执照,致使原告的领证时间推迟半年多,从事驾驶工作的权利和资格则受到了限制。因此,被告应承担因其未履行法定职责而造成的拒绝对相对人行政许可的法律责任,根据《行政诉讼法》第54条的规定,人民法院可以撤销被告的拒绝颁发驾驶执照的具体行政行为,并且责令其重新作出具体行政行为。

　　本案在审理的过程中,被告从邻县驾驶员的档案中查到了原告的有关档案,从新发放给原告二人汽车驾驶执照。原告认为已达诉讼目的,申请撤回起诉。根据《行政诉讼法》第51条的规定,人民法院对行政案件宣告判决或者裁定前,原告申请撤诉的,或者被告改变其所作的具体行政行为,原告同意并申请撤诉的,是否准许,由人民法院裁定。据此,法院裁定准予原告撤回起诉。

三、 评 析

　　本案主要涉及行政许可是否属于我国行政诉讼的受案范围的问题,具体到本案就是原告二人是否符合行政许可的法定条件以及交通警察大队拒绝颁发驾驶执照的行政行为的可诉性问题。

　　(一)行政许可

　　1. 行政许可的概念

　　行政许可,是指在法律一般禁止的情况下,行政主体根据行政相对人的申请,通过颁发许可证或执照等形式,依法赋予特定的行政相对人从事某种活动或实施某种行为的权利或资格的行政行为。行政许可包括两层法律含义:一是行政主体对相对人予以一般禁止的解除,二是行政相对人因此获得了从事某种活动或实施某种行为的资格或权利。

　　可见,行政许可存在的前提是法律在社会生活的领域中划出了"一般禁止"的区域,并且对其实行一定的管制和管理。而所谓的"一般禁止",是相对于"绝对禁止"而言的,通常指的是不经过个别批准、认可或资质确认便不能从事的活动。一般而言,行政许可领域的"一般禁止",大多是基于行政管理的需要、公共利益和社会秩序的维护或财政上的理由而暂且设定的禁止。也就是说,国家对于某种活动领域的准入设置了一般性的禁止,但是,为了适应社会生活和生产的需要,行政许可将从事该活动的权利或资格赋予给符合特定的行政相对人,例如,"禁止携带枪支"是一项一般禁止,但是为了维护社会治安,便于警察履行其法定职责,法律会对一些特定的警察开禁,允许其佩带枪支。又比如,本案中涉及的驾驶机动车,本来是人人都可以从事的活动,但是,为了该领域的管理和安全等,国家设定了一整套驾驶执照管理制度,只有依法取得驾驶执照并履行了相应手续的人,才有资格驾驶机动车。因此,正是由于有了前面的禁止,才会产生随后的许可。行政许可是行政主体管理国家事务和社会事务的重要手段。

2. 行政许可的法律特征

第一,行政许可是一种依申请的行政行为。行政相对人提出申请,是行政许可的前提条件,因为行政许可是赋予相对人某种权利或资格的行为,对于具备法律规定的条件而是否要求取得这种权利或资格,是相对人自主决定的事情,因而只有相对人向行政机关作出明确的意思表示,即提出行政许可申请,行政机关才能对其申请进行审查,进而决定是否予以许可。

第二,行政许可是要式行政行为。行政许可应遵循一定的法定程序,并应以正规的文书、格式、日期、印章等形式予以批准、认可和证明,必要时还应附加相应的辅助性文件。这些许可证书起到证明文书的作用,是行政许可行为的凭证,其本身就具有特定的法律效力。一般采用书面证书的形式有许可证、执照、注册登记、准许证、通行证、特许证、护照、批准书、审批书等。这种明示的书面许可是行政许可在形式上的特点。

第三,行政许可是进行实质审查的行政行为。行政许可的实质在于审查申请人是否具备从事某项活动的法定条件。而由于国家在社会生活的若干领域设置了一般禁止,因此,行政许可的内容便是国家一般禁止的活动,许可行为是对符合条件的特定对象解除禁止,允许其从事某项特定活动,享有特定的权利和资格的行为。在现代文明社会,由于考虑到公共利益,国家对涉及此等利益的领域或行业便有了管制的需要,即使公民享有权利,但在权利的行使上,国家往往还附加或要求公民具备一些条件,由此,公民在这些领域的权利从享有到行使须具备一定条件,在申请人符合法定条件时,行政主体则准许申请人行使该项权利。

(二)行政许可属于行政诉讼的受案范围

根据行政诉讼受案范围的两项确定标准,行政许可被纳入人民法院司法审查的范围,主要是基于该行政行为是一典型的具体行政行为,并且对公民、法人或者其他组织的财产权造成了实际的影响。

第一,行政许可是具体行政行为。

具体行政行为是与抽象行政行为相对应的,是指行政机关及其工作人员针对特定的公民、法人或者其他组织作出的,能够对其权利和义务直接产生法律效力的行政行为,该类行为的适用具有一次性的特征。而行政许可即是行政机关对符合特定条件的相对人实施的针对性许可,不管是否准予许可,由于相对人皆处于已经发生的法律事实中,因而是特定的行政相对人。并且,行政许可只能适用一次,只对本次事项的处理有效。

第二,行政许可对公民、法人或者其他组织的财产权具有实际的影响。

具体行政行为根据行为中的内容,对于特定相对人的权利义务直接作出决定,从而对相对人的权利义务产生直接影响,具体到行政许可,一般而言,行政许可的内容是赋予相对人从事某项活动的权利或资格,而这项权利和资格都会包含着财产利益在内。所以,行政机关对相对人是否给予行政许可会对相对人能否获得这项财产利益产生直接的影响。因此,行政许可会对公民、法人或者其他组织的财产权产生实际的影响。

(三)本案的分析

1. 驾驶执照的颁发属于一般许可

根据行政许可的范围,行政许可可以分为一般许可和特别许可。一般许可又称为“警察许可”,是指为了警察上的目的,基于行政相对人的申请,在特定情况下解除法令(或行政行为)所设定的一般性禁止,使其能够合法地从事特定行为或活动的行政行为。本案中涉及的驾驶执照即是一般许可,也就是说,只要符合法定的条件,就可向主管行政机关提出申请,并且只要申请人符合了有关要件,而警察上又没有不予许可的特别理由,则行政机关必须予以许可,从而对申请人并无特殊限制。另外,一般说来,一般许可都是非排他性许可,非排他性许可又称为共存许可,即可以为所有具备法定条件者申请、获得的许可,某个人或组织在获得了该项许可之后,不排除其他任何人或组织再行申请获得该项许可。

由此可见,一般许可是羁束裁量,即行政许可既是法定行政许可机关的职权,同时又是法定行政许可机关的职责。行政许可机关只能根据法律、法规作出准许或不准许的决定。对于符合法定条件的申请,行政许可机关只能作出一种决定——准许;而对不符合法定条件的申请,行政许可机关也只能作出一种决定——不予许可。在这里,不存在行政机关选择的余地,行政相对人权利的获取也不需要是多人竞逐有限公共资源的结果。从以上的标准我们可以看出,一般行政许可既有职权性,又有职责性,表现为它不仅是行政机关的一种调节、控制权力,还是行政机关对依法应得到被许可的利益相对人所具有的一种职责和义务。对已符合法定条件的申请,行政许可机关根据情况裁量不予许可,或者对不符合法定条件的申请,行政许可机关裁量许可,都只能是违法或无效的许可。

在本案中,颁发驾驶执照是一种一般许可,而原告经查实是具有相应资质的公民,因此,对于此项符合法定条件的申请,行政许可机关即被告负有作出准许决定的法定职责。

2. 行政机关的行政许可责任

从较宽泛的意义上来说,行政许可责任是指行政许可机关及其工作人员因违法或不当实施行政许可而承担的一种强制性法律后果,是有权机关依照行政法律法规对其行为及行为的实施者所作的否定性评价和谴责。本案中,因被告在实施行政许可行为的程序中,将原告的有关驾驶档案混装,而使得行政许可所依据的事实错误,未履行法定的许可职责,违反行政许可的基本原则,因此,被告应当承担其行政行为被撤销的否定性法律后果。

《行政诉讼法》第11条规定,人民法院受理公民、法人或者其他组织对行政机关拒绝颁发许可证或者不予答复的行为不服提起的诉讼。由于拒绝许可或不予答复的不作为行为是以明示、默示的方式否定申请人的申请,因此,必须以法律明确规定作为义务为前提。而在本案中,驾驶执照的颁发在性质上属于一种一般许可,只要行政相对人具备了驾驶机动车的相应资质,并且向行政机关提出了申请,行政机关就应当对其授予驾驶执照,准许其具备从事相应的工作和活动的权利。

3. 行政许可诉讼

对行政机关拒绝许可或不予答复的行为进行司法审查,是法院行政诉讼活动的组成部分,它要求法院对行政机关拒绝行为和不予答复的合法性进行判定并作出裁决。从本案的分析中,我们可以得出因行政许可而引发的诉讼的基本法律样态。这类行政诉讼案件的原告往往是许可证的申请人,即希望从事某种活动,享有某种资格的请求被否定或不予肯定的申请人;起诉的理由则是申请人认为符合某种法定条件,而许可机关对申请人的申请予以拒绝或不予答复;结果则可能是法院认定行政机关拒绝颁发许可证或不予答复的行为违法并且要求行政机关履行颁发许可证的职责或给相对人以答复。

(霞浦县人民法院　薛立雄

厦门大学法学院　李玲)

㉜ 行政机关没有依法发给抚恤金 属于行政讼诉的受案范围

——金某某等不服某市教育局未依法发给抚恤 金案

一、 案 情

原告:金某某。

原告:池某,系金某某之女。

被告:某市教育局。

原告金某某的丈夫、原告池某的父亲池某某,原系某市坂中学区公办教师。2000年11月4日坂中学区组织教师到某市坂中乡铜岩村参加教研活动,途中发生车祸,致使池某某死亡。事后,原告认为被告拖延向原告支付抚恤金3万元,遂向某市人民法院提起行政诉讼,请求法院判令被告依法向原告发放抚恤金3万元。

二、 裁 判

某市人民法院于2003年3月9日开庭审理了本案。双方确认池某某生前工作单位坂中学区已按规定发给原告抚恤金29760元及丧葬费、一次性困难生活补助费等。同时原告因接受工作调动条件而放弃政府发给遇难家属的补助费3万元。原告认为3万元仍属抚恤金性质,其应享受,因而引发诉争。本案经当庭疏导,原告明确国家规定应发放的抚恤金其已领取,3万元并非抚恤金。被告作为死者生前工作单位的主管单位应尽可能给予死者家属其他方式的抚慰。原告、被告双方谅解后,原告2003年4月28日主动撤诉。某市人民法院于2003年4月29日以(2003)安行初字第024号行政裁定书准许原告撤诉。

三、 评析

本案涉及人民法院行政诉讼受案范围的一个方面的问题,即:如果公民认为行政机关没有依法发给抚恤金而提起诉讼,属于人民法院行政诉讼的受案范围。这就必须涉及抚恤金的法律性质,以及基于其法律性质,为什么将行政机关未依法发给抚恤金的行政不作为纳入行政诉讼的受案范围。笔者将从问题的最根本之处——公民的财产权说起。

(一)宪法上财产权的范围

在广义上,宪法学上通常将作为公民财产权对象的"财产"区分为"旧财产"与"新财产"。所谓"旧财产",即消极财产权,通常是指18世纪与19世纪资产阶级革命取得胜利后在宪法上予以确认的公民自主地占有和使用自己的财产并免于政府干涉的一种豁免权,它是一切人类与生俱来的自然权利,它构成公民人格的要素。所谓"新财产",即积极的财产,是指公民基于政府的积极行为而获得的财产方面的利益,例如失业救济金、伤残救济金等等,这种财产权通常在现代宪法上才得到确认,也被称为经济社会权利。

世界各国宪法所承认的公民的财产权,在范围上都经历了从消极财产权到积极财产权的扩展过程。

美国宪法第5条和第14条修正案规定"非经正当法律程序不得剥夺任何人的生命、自由与财产"。这是美国宪法对公民财产权的确认,然而这里所指的"财产"在最初意义上指的仅是公民的消极财产权,也就是普通法上的财产权(traditional common-law concepts of property)。政府通过积极行为而授予公民的财产利益最初并不被认为是宪法所保护的财产,而是来自政府的一种恩惠。在著名的戈德堡诉凯利一案中,美国联邦最高法院通过扩大解释宪法中所包含的"财产"一词的含义,将积极财产权纳入到受宪法保护的财产权的范围之内。最高法院指出:"在今天更为现实的做法是把福利权(welfare entitlements)作为一项'财产',而不是作为'赏金'。"[①]在大学董事会诉罗斯一案中,联邦最高法院明确指出,宪法上虽然承认了财产权,但具体的财产利益不是由宪法所授权的。"相反,它们是由既存法律规则和看法来创立和被赋予法律上的范围的,这些规则和看法来源于独立的渊源(例如州法),保证了这些

---

① Goldberg v. Kelly, 397 U. S. 254 (1970).

特定的利益,并支持公民对这些特定利益的合法要求。"①因此,政府通过立法授予公民的伤残保障金、社会救济金、各种执照,都被认为是宪法所保护的"新财产"(New Property)。

宪法财产权在范围上被扩大的趋势,体现在世界各国的宪法中。《德意志联邦共和国基本法》第 14 条规定:"财产权和财产继承权受到法律保护,其内容及范围由法律规定之。"《日本国宪法》第 25 条和第 29 条分别规定:"任何人都有权保持最低标准的健康与文明的生活。""持有财产的权利是不可侵犯的,财产权应当符合公共利益并由法律来界定。"这样的扩展甚至达成了国际上的共识,体现在 1966 年《经济、社会与文化权利国际公约》中。我国政府也签署并批准了该《公约》。

我国现行宪法也对公民的财产权进行了全面的确认。《宪法》第 13 条确认:"公民的合法的私有财产不受侵犯。国家依照法律规定保护公民的私有财产权和继承权。"第 14 条第 4 款规定:"国家建立健全同经济发展水平相适应的社会保障制度。"第 45 条规定:"中华人民共和国公民在年老、疾病或者丧失劳动能力的情况下,有从国家和社会获得物质帮助的权利。国家发展为公民享受这些权利所需要的社会保险、社会救济和医疗卫生事业。国家和社会保障残废军人的生活,抚恤烈士家属,优待军人家属。国家和社会帮助安排盲、聋、哑和其他有残疾的公民的劳动、生活和教育。"可见,我国宪法对公民的财产权进行了充分的确认,不仅包括了公民的消极财产权,也包括了公民的积极财产权。

消极财产权与积极财产权都得到了宪法的承认,两者作为法律上的权利,都具有法律上的强制力,公民对这些权利具有合法的请求权。尽管如此,两者仍然具有较大的区别,这主要体现在两者的实现方式上。消极财产权在性质上是一种豁免,其实质在于免于政府的干涉,因此它具有自我实现性。但积极财产权则需要借助于政府的积极行为,通常是立法机关制定的授权法以及行政机关在行政过程中的给付行为。缺少了这两种政府行为中的任何一种,公民的积极财产权便无法实现。如果立法机关没有通过立法创立某项积极的财产利益,公民就不能对这一特定的财产利益拥有合法的要求;或者虽然立法机关创立了某项积极的财产利益,公民实现这一利益还必须借助于行政机关的给付行为,而不能直接向立法机关请求给付。

(二)抚恤金在本质上是公民的积极财产权

---

① Board of Regents v. Roth,408 U.S. 564 (1972).

从国家机关的角度来看,抚恤金是在特定公民因公或因病致残、致死时,由特定的机关依法发给本人或其家属的费用;从公民的角度来看,抚恤金则是公民对立法机关通过法律法规创立的抚恤利益所拥有的合法要求,所有符合法律法规所规定的条件的公民,都有权要求得到抚恤金。当这一合法要求由于行政机关的消极不作为而无法实现时,公民有权向法院起诉。另外,除了主要具有财产权的性质以外,当抚恤金带有荣誉的性质时,同时也是公民的一项人身权利。

抚恤金是公民的一项法律上的权利,而不是政府给予的一种恩惠。两者在法律性质上具有重大区别,后者不具有法律上的强制力,政府是否给予恩赐完全由政府的单方意思决定,如果政府拒绝给予恩惠,公民并不享有要求政府给予的权利,就像乞丐并不享有向别人要求施舍的权利一样;前者则不同,既然抚恤金是一项法律上的权利,当然具有法律上的强制执行力,符合法律法规法定的条件的公民得要求政府给予抚恤金,并且得就政府拒绝给付的行为向法院提起行政诉讼。

抚恤金在性质上是公民积极财产权的一种。因此,基于积极财产权的性质,如果某一公民向政府主张其对抚恤金的合法要求,必须具有以下两个条件:

第一,抚恤金的创立与存在须有法律法规的规定。也就是说,抚恤金的创立必须由国家制定和通过创立某项抚恤金的法律法规,这是公民要求得到抚恤金的前提条件。如果没有法律法规创立某项抚恤金,公民就不能对其抚恤利益主张权利。这是由积极财产权的性质决定的,虽然宪法上承认了积极财产权的存在,但作为一项具体的权利而存在的积极财产权,其创立必须借助于国家制定的法律法规。在我国,创设抚恤金的法律法规主要有国务院颁发的《革命烈士褒扬条例》、《军人抚恤优待条例》等等,除此以外,还有相关的地方性法规、部门规章和地方政府规章。

第二,抚恤金的取得须借助行政机关的行政给付行为。法律法规在创设某项抚恤金的同时,一般还同时规定了公民获得抚恤金的条件,由行政机关根据法律法规预设的条件依公民的申请发放抚恤金。因此,如果法律法规创立了某项抚恤金,符合法定条件的公民最终能否获得抚恤金,还需要公民向专门发放抚恤金的行政机关提起申请,行政机关将对公民是否符合法律法规所规定的条件进行审查,以确定其是否符合法律法规所规定的资格。符合法定条件的,行政机关将作出行政给付行为,发放抚恤金;不符合法定条件的,行政机关将作出不予发放抚恤金的行政决定。

（三）行政机关未依法发给抚恤金属于行政诉讼的受案范围

抚恤金在法律性质上是一种由宪法确认,并须经由法律法规创立公民才能拥有合法请求的财产权。因此,如果法律法规没有创立抚恤金,公民并不享有关于抚恤金的权利,因为对于法律法规是否创立抚恤金,公民并不具有法律上的合法请求;但如果法律法规创立了某项抚恤金,依公民的申请向符合法定条件的公民发放抚恤金则成为行政机关的法定义务。如果行政机关拒绝向符合法定条件的公民发放抚恤金,则构成了对公民财产权利的侵害,属于行政机关不作为侵害公民的财产权,人民法院将根据行政相对人的申请向其提供司法保护。

将行政机关未依法发给抚恤金纳入行政诉讼的受案范围,主要基于如下三种考虑:

第一,将行政机关未依法发给抚恤金的行政行为纳入行政诉讼的受案范围,符合我国《行政诉讼法》规定的受案范围标准。目前,我国《行政诉讼法》在规定行政诉讼的受案范围时所采用的标准是人身权和财产权标准。"行政诉讼法的立法原意是控制行政诉讼的范围,将其限于保障公民、法人和其他组织的人身权和财产权范围。"[①]也就是说,只有具体行政行为侵害了公民的人身权或财产权,行政相对人才能提起行政诉讼。既然抚恤金在性质上属于公民的财产权,将其纳入行政诉讼的受案范围,符合我国《行政诉讼法》目前在规定行政诉讼受案范围时所采用的标准。

第二,将行政机关未依法发给抚恤金的行政行为纳入行政诉讼的受案范围,有利于保护公民的合法权利。既然符合法定条件的公民都对抚恤金拥有合法的权利要求,当行政机关拒绝向符合法定条件的申请人发放抚恤金时,即是以行政不作为侵害了公民的合法权利,将其纳入行政诉讼的受案范围,无疑为公民拥有抚恤金的合法权利提供了司法上的保护。而缺少这一保护,公民的这一积极财产权就失去了法律上的屏障。

第三,将行政机关未依法发给抚恤金的行政行为纳入行政诉讼的受案范围,有利于人民法院监督行政机关依法行政。我国是社会主义法治国家,社会主义法治的一个重要内容就是行政法治。依法行政的基本要求在行政机关发放抚恤金这一点上也不例外。行政机关发放抚恤金必须按照法律预先设定的对象、标准、程序进行,否则即构成行政违法。从行政机关的行政权与人民法院的司法审查权之关系的角度观察,将行政机关未依法发放抚恤金的行为纳

---

① 马怀德主编:《行政诉讼原理》,法律出版社 2003 年版,第 178 页。

入行政诉讼的受案范围,有利于人民法院监督行政机关依法行政。

公民就行政机关未依法发放抚恤金提起行政诉讼,如果想使法院支持其诉讼请求,必须符合以下两个条件:

第一,法律、法规或规章创立了抚恤金。

上文已经提及,公民对抚恤金的权利,虽然在性质上是宪法上确认的积极财产权,但其创立却必须借助于法律、法规或者规章作为依据。只有在法律、法规或规章创立了抚恤金以后,公民才能依据这些法律、法规或规章对抚恤金拥有法律上所承认的权利要求。一般而言,一项法律如果创立了抚恤金,那么这项法律一方面授予公民对抚恤金的权利,另一方面授予行政机关发放抚恤金的权力。也就是说,它必须同时规定如下两项内容:首先,公民获得抚恤金的资格,即符合何种条件的公民才能够成为抚恤金权利的适格主体。我国法律目前所创立的抚恤金包括伤残抚恤金、死亡抚恤金和其他抚恤金三种,这些抚恤金权利的权利主体通常为伤残军人、因公牺牲军人家属、病故军人家属、因公牺牲或死亡者家属。这些公民都可能成为此类案件的原告。其次,何种机关拥有发放抚恤金的行政权力。通常发放抚恤金的行政机关有民政部门、劳动管理部门,以及法律、法规或规章授权的其他行政机关。值得注意的是,部分企事业单位也对其职工发放抚恤金,但因为企事业单位不是国家行政机关,不享有行政权力,因此,对企事业单位发放抚恤金的行为不能提起行政诉讼,而只能提起民事诉讼。

第二,行政机关没有依法发给抚恤金。

当法律、法规或规章创立了抚恤金,授权行政机关依行政相对人的申请向符合既定条件的公民发放抚恤金时,如果行政机关没有依法发给抚恤金,则可能成为行政诉讼的被告。《行政诉讼法》第11条第1款第6项所指的"没有依法发给"是指行政机关依法应发给却没有发给抚恤金,或者虽然发给了抚恤金但却违背了法定的对象、条件、标准、数额、时限与程序。具体而言,实践中出现的争议主要包括以下几种情况:(1)行政相对人已经符合法定条件,行政机关拒绝发给抚恤金;(2)行政机关没有按照法定的数额发给行政相对人抚恤金;(3)行政机关未按法定的期限和程序发给行政相对人抚恤金;等等。但应当注意的是,人民法院无权审查行政机关发给抚恤金不合理的行为,也就是说,法院只审查行政机关发给或不发给抚恤金过程中的违法行为,对于行政机关在法定范围内的不合理的自由裁量行为,法院无权审查。

(四)本案中的有关问题

本案中抚恤金利益的权利主体及发放抚恤金的权力主体都容易辨认。

　　本案中创立抚恤金的法律依据主要是 1979 年 2 月 1 日实行的教育部、财政部《关于教职工牺牲、病故抚恤金标准的通知》和 1979 年 9 月 1 日实行的教育部、财政部《关于各级各类学校公办教职工负伤致残抚恤问题的通知》。教育部、财政部《关于教职工牺牲、病故抚恤金标准的通知》第 3 条规定："中等专业学校及中、小学校教职工牺牲、病故抚恤金标准，可按本通知精神，结合当时有关规定，由省、市、自治区有关部门制定具体实施办法。"根据教育部、财政部《关于各级各类学校公办教职工负伤致残抚恤问题的通知》第 4 条的规定，公办教师，"因工评残的批准手续，由所在学校填报'教育事业单位人员因工评残审批表'，按隶属关系，报经省、市、自治区教育部门，有关主管部门、中央、国务院有关部、委批准，并发给'教育事业人员残废抚恤证'，由所在学校按批准的残废等级，定期发给残废抚恤费，列学校经费开支。"

　　根据上述两个《通知》，原告金某某、池某，作为因公牺牲的公办教师的家属，被授予了享受抚恤金的合法权利。同时，作为某市坂中学区主管部门的某市教育局成为依法发给抚恤金的权力主体。因此，本案的争议之处在于，被告是否已经依法向原告发给了抚恤金。

　　本案在法庭审查过程中，双方确认了如下事实，即：池某某生前工作单位坂中学区已按规定发给原告抚恤金 29760 元及丧葬费、一次性困难生活补助费等。同时原告因接受工作调动条件而放弃政府发给遇难家属的补助费 3 万元。这里必须弄清楚的一个问题是：抚恤金权利与政府恩惠的识别问题。

　　坂中学区按规定发给原告的 29760 元及其他费用，在法律性质上是原告享有合法要求的抚恤金、丧葬费及一次性困难生活补助费。对此，被告已经依法发放。但是，原告向法院起诉要求法院判令被告支付的 3 万元费用在法律性质上则属于政府施以的恩惠。被告出于人道主义精神对池某某的家属给予额外的经济帮助和精神抚慰，但作出这种行为并不是被告的法定义务，要求被告作出这种行为也不是原告的权利。因此，原告主张对这 3 万元的权利并不能得到法院的支持。

　　经过在庭审过程中的当庭疏导，原告明确其已领取国家规定应当发放的抚恤金，并不拥有对该 3 万元抚恤金的权利，因此在判决作出前，原告主动申请撤诉。其撤诉不违反法律法规的规定，不损害社会公共利益和他人利益，某市人民法院依法作出了准予其撤诉的裁定。

（福安市人民法院　陈芳

厦门大学法学院　王建学）

㉝ 人民政府免除村民委员会和居民委员会主任职务不是内部行政行为*

——原告黄成彭不服州洋乡人民政府免除村民主任职务案

一、 案 情

原告:黄成彭。

被告:霞浦县州洋乡马洋村村民委员会。

1994 年 7 月,原告黄成彭被村民选举为霞浦县州洋乡马洋村村民委员会主任,1997 年 7 月换届选举时又连选连任,县民政局均依法颁发了当选、任职资格证书。1998 年年底,被告州洋乡人民政府以黄某违反计划生育政策和存在挥霍公款问题向霞浦县人民政府报送霞州政(1998)65 号《关于要求撤换黄成彭同志马洋村村民委员会主任职务的请示》。霞浦县人民政府于 1999 年 3 月 3 日以霞政(1999)综 44 号批复,同意被告免除黄成彭村民委员会主任职务的请示。对此,原告认为根据《村民委员会组织法》的有关规定,被告作出的免除其村民委员会主任职务的行为,没有事实和法律依据,属超越职权的具体行政行为,依法应予撤销。

二、 裁 判

一审法院经审理认为,村民委员会是基层群众自治性组织,原告黄成彭不是行政机关工作人员,其所任的村民委员会主任的职务,应依法由村民选举产生,被告无权决定。被告免除原告的村委会主任职务,侵犯了原告的合法权益,根据《行政诉讼法》第 11 条第 8 项的规定,该案属于行政案件,符合行政诉

---

* 本案例曾登载于《中国法律要览》。

讼的受案范围。法院依法受理了本案,经审理认定被告之行政行为属于超越职权的行为,依法作出了撤销该项行政行为的判决。

三、 评析

本案主要涉及内部行政行为是否属于我国行政诉讼的受案范围的问题,具体到本案即主要是乡一级人民政府免除村民委员会主任职务是否属于行政机关的内部任免行为以及这一免除村民委员会主任职务的决定是否具有可诉性。

（一）内部行政行为不属于我国行政诉讼的受案范围

行政诉讼的受案范围解决的是人民法院可以审查的行政争议的范围和权限问题。对于内部行政行为,其是否属于我国行政诉讼的受案范围可以说明司法权对行政权的监控程度。

我国有关行政诉讼受案范围的法律规定主要是《行政诉讼法》的第 11 条、第 12 条和最高人民法院《关于执行〈中华人民共和国行政诉讼法〉若干问题的解释》(以下简称《解释》)的第 1 条至第 5 条,其中关于行政机关的内部行政行为,《行政诉讼法》第 12 条第 3 款作出了如下的规定:人民法院不受理公民、法人或者其他组织对"行政机关对行政机关工作人员的奖惩、任免等决定"提起的诉讼。同时,《解释》又对行政机关"对行政机关工作人员的奖惩、任免等决定"作出了进一步的界定,此等行政决定是指行政机关作出的涉及该行政机关公务员权利义务的决定。由此可见,对于行政机关的内部行政行为,我国的行政诉讼法是明确将其排除于法院的受案范围之外的,内部行政行为属于行政机关自由裁量的事项,不接受司法审查。

（二）内部行政行为的法律特征

内部行政行为与外部行政行为相对而称,一般而言,内部行政行为主要是指行政机关的内部人事管理行为,包括对行政机关工作人员的奖惩、任免、工资的升降、福利待遇和住房分配等。

但是,并非行政机关对其所属的行政工作人员作出的所有的行政行为尽皆是内部行政行为,比如说,公安机关可能对本机关违反治安管理处罚条例的警察给予行政处罚,这项行政处罚决定就是一个具体行政行为,并且显然是一个外部行政行为;同时,某些行政机关对不具有隶属关系的工作人员也可能作出内部行政行为,如监察机关对其他机关工作人员给予行政处分。所以,如何对内部行政行为进行准确的界定,还需要说明一下内部行政行为的法律特征。

从《解释》的相关规定来看,行政机关作出的对行政机关工作人员的奖惩、任免等内部行政行为应当具备以下特征：

1. 内部行政行为的双方当事人之间存在行政隶属关系。

这种内部行政行为所涉及的双方当事人应当是上下级的从属关系。这种从属关系有如下的法律特征：第一，从编制的角度而言，该行政工作人员必须属于该行政机关的编制，例如，行政机关或行政首长对所辖机关工作人员作出的奖惩、任免或其他行政决定；或者，虽然没有编制上的隶属关系，但是决定的作出机关对该行政工作人员有领导权、监察权，即决定的作出主体与该行政工作人员之间存在着领导与被领导、监察与被监察的关系。例如，上级行政机关对下级行政机关的行政工作人员或者行政监察机关与被监察的行政机关及其行政工作人员作出的行政处理。第二，从权力角度而言，作出行政决定的机关所行使的是对内的行政管理权，而不是对外的公共行政权力，受到这种权力影响的对象是某些特定身份的、处于特别权力关系中的公民。

2. 内部行政行为所涉及的事务应该限于行政内部事务。

从我国目前的法律和行政机关的内部管理实践来看，所谓涉及内部事务的行政决定主要包括以下几种：(1)任命或免除行政工作人员担任一定职务的任免决定；(2)对达到法定年龄的或丧失工作能力又不自愿申请退休的行政工作人员作出的强制退休的决定；(3)有关培训、交流、考核、回避、工资、保障福利等方面的决定；(4)行政处分，主要指作出警告、记过、记大过、降级、撤职、开除的决定；(5)对行政工作人员的物质或精神方面的奖励决定。此外，在上述人员对处理决定有异议而提出复核或申诉时，决定的作出机关对此复核申请的处理，监察机关、人事部门对申诉的处理，也属于内部事务的范围。

3. 内部行政行为所影响的是行政工作人员的特定的公法权利义务。

行政工作人员具备特殊的身份，享受和承担着特定的公法权利义务。行政机关为实现内部管理的目的，通过内部行政行为对此类权利义务进行一定的处分。在我国，从处理决定所涉及的行政工作人员的权利来看，主要有以下几种：(1)身份保障权，即只要不是出于其本身的意愿，如果要对行政工作人员作出免职、降职、辞退和行政处分，要有法定的事由和经过法定的程序；(2)发展权，在我国主要是指行政工作人员参加业务知识的培训和政治理论学习的权利；(3)职位请求权，一旦一名普通公民被录用为国家行政工作人员，就有权要求获得职位和履行该职位的职责应有的权力；(4)劳动报酬的请求权；(5)保险和福利待遇方面的权利。

综上所述，在行政隶属关系之下，根据《行政诉讼法》第12条第2项的规定，符合以上特征的行政行为即内部行政行为，不能作为行政诉讼的对象。行政机关所属的工作人员,如对所属机关或监察机关给予的警告、记过、记大过、降级、撤职、开除等纪律处分以及停职检查或者任免等决定不服的,应向该行政机关或者其上一级行政机关或者监察机关、人事机关提出申诉,而不能向人民法院提起行政诉讼。反之,倘若不符合上述特征,比如,如果没有上述从属关系,那么便不能排除受行政决定影响的行政工作人员的行政诉权;又如,即使具备了这种隶属关系,但是作出行政决定的行政机关运用的是对外的公共行政管理权,譬如行政机关对其工作人员的聚众赌博行为科以行政处罚,那么这个行政处罚是一项外部行政行为,而不是一项内部行政行为,是可以进入行政诉讼的受案范围的。但是如果该行政人员因此而受到记大过的行政处分,那么该行政处分则是一项内部行政行为。由以上分析,我们可以得出这样的结论:内部行政行为须是具有行政隶属关系的行政机关之间的运用对内行政管理权对其行政工作人员作出的涉及特定公法权利义务的处理决定。

（三）内部行政行为不列入行政诉讼受案范围的依据

我国之所以没有将内部行政行为纳入行政诉讼的受案范围,使其不接受司法审查,主要是基于以下学理上和客观上的依据:

1. 学理依据

我国行政诉讼的受案范围主要采用"侵害公民的财产权和人身权"这一实质标准来加以规制,但是并非所有行政机关作出的对相对人的合法权益造成不利影响的行政行为都要接受法院的司法审查,内部行政行为即是此等行政行为。这主要是因为内部行政行为涉及政府的政治决策或者行政政策,具有高度的人性化和专门的技术性,受到所谓的"特殊权力关系"理论的支配,不宜由法院这样的中立机构作出是非判断,而应当保留为行政机关具备自由裁量权的事项。

"特别权力关系"理论产生于德国,由德国学者奥托·麦耶发展成型,理论的初衷是借用中世纪封建社会身份关系,在19世纪德国实行法治国家原则之时,维护公务员对国君的忠诚关系而创设。该理论认为普通公民与国家之间是一般权力关系,普通公民虽然也要服从国家的公权力,基于公法对国家负担一定的义务,例如公民必须遵守警察的指挥或准时缴税。但是这种公权力只是一般权力,它的运用要受到"法治原则"的支配,要遵守法律优位、法律保留等原则,对于其行使过程中引发的行政争议,受侵害的行政相对人有向法院起诉,寻求司法救济的权利。然而,国家与公务员之间的关系却是特别权力关系,依奥托·麦耶的理解,是指为达成公行政的特定目标,使所有加入特别关系的人民,处于比一般人民更加从属的地位。正如乌尔比安之格言"自愿者不能构成非法",在特别权力关系之中,为维护行政权的完整性,行政机关可以自行维护其内部的秩序,以制定内部规章的方式来限制行政机关工作人员的基本权利。而这种限制是不同于行政机关运用对外的行政管理权对一般公民的限制的,既不能视为具体行政行为,亦不能因此提起任何司法救济。因而,公务员基于其特定的身份,具有比一般公民更强的附属性,从而主张其个人权利的余地更小,除了内部的申诉之外,他们只能忍受公权力对其所为的任何不利之处置决定。

2. 客观依据

内部行政行为没有进入我国行政诉讼的受案范围,客观的依据即我国特殊的国情。主要有以下两点:第一,我国的行政诉讼刚刚起步,经验不足,行政诉讼解决行政纠纷的重点应该放在外部行政法律关系即行政主体与相对人之间的争议上,而这些内部决定不涉及行政系统以外的相对人的权利、义务;第二,行政机关奖惩、任免其内部行政工作人员的行为,往往具有很强的政策性,且通常是以内部规定、内部考核结果为依据,涉及行政机关自由裁量权的行使和内部行政管理的专门化知识,是行政机关行使自律权的表现,法院难以承担对这些内部决定的合法性和妥当性的审查工作。此外,我国有关公务员管理的一系列制度目前还不够健全,这也给法院进行审查带来了一定的困难。可见,我国行政诉讼之所以将内部行政行为排除于受案范围之外除了内部行政行为自身的特殊性外,还是法律迁就现实的一种表现,是行政诉讼制度初步建立阶段的历史现象。正如原全国人大常委会副委员长王汉斌在《关于〈中华人民共和国行政诉讼法(草案)〉的说明》中曾明确指出:"考虑我国目前的实际情况,行政法还不完备,人民法院行政审判庭还不够健全","因此对受案范围现在还不宜规定太宽,而应逐步扩大,以利于行政诉讼制度的推行"。

(四)各国关于内部行政行为是否可诉的法律实践

根据行政救济的基本理论,行政机关实施的大多数行政行为均应进入行政诉讼的受案范围,接受法院的司法审查,只要此类行为对相对人的合法权益产生了不利影响,无论这些行为是对公民、法人和其他组织作出的,还是针对行政机关工作内部人员作出的,都应当被诉。因此,行政机关对其行政工作人员的奖惩、任免等行政决定同样涉及行政机关工作人员的权利和义务,当其权利受到损害时应当允许其主张权利。正因为如此,有些国家将这类行为亦列入行政诉讼的受案范围。例如德国公务员法就已将任命、免职、命令退休、撤职等行为规定为可诉的行为,还有日本和我国的台湾地区也将可诉行为的外延扩展到原来的内部行政行为。还有一些不区分内部行政行为和外部行政行为,也不以此确定法院的受案范围。有的国家,例如法国就不存在"特别权力关系"理论,"行政法院以是否影响利害关系人法律地位作为标准,是区别内部行为的界限。一切损害利害关系人法律地位的行为不再属于内部行政措施……适用一般行政行为的法律制度"。

对于内部行政行为的可诉性问题的态度,各国的行政诉讼法的规定不尽一致。但是将其逐渐纳入行政诉讼的受案范围却呈现为一种法治发展的趋势。

(五)本案中的撤职行为是否是内部行政行为

村民委员会,从隶属关系而言,是受乡人民政府的工作指导和帮助,协助乡人民政府开展各项日常工作。但是,根据《村民委员会组织法》第 2 条的规定:"村民委员会是村民自我管理、自我教育、自我服务的基层群众性自治组织,实行民主选举、民主决策、民主管理、民主监督。"该法第 11 条规定:"村民委员会主任、副主任和委员,由村民直接选举产生,任何组织或个人不得指定、委派或者撤换村民委员会成员。"由此可见,村民委员会是基层群众自治性组织,不是国家行政机关。村民委员会主任是由村民直接选举产生的,不属于行政机关工作人员。被告虽可领导或指导村民委员会的工作,但对村民委员会的职务无任免决定权。可见,本案中,乡人民政府和村民委员会之间不存在行政隶属或从属关系,不符合内部行政行为的法律特征,因而不适用《行政诉讼法》第 12 条第 8 项的规定,被告对黄某的任免决定不是内部行政行为,故不能援引该款规定将这项行政决定排除于行政诉讼的受案范围。

如要罢免村民委员会主任,须根据《村民委员会组织法》第 6 条规定:"五分之一以上有选举权的村民联名可以要求罢免村民委员会成员。罢免要求应当提出罢免理由。被提罢免的村民委员会成员有权提出申请意见。村民委员会委员应当及时召开村民会议,投票表决罢免要求。罢免村民委员会成员须经有选举权的村民过半通过。"本案中,免除原告村民委员会主任职务的行为是运用行政职权对特定对象作出的,应该属于具体行政行为,并且该行为违反了《村民委员会组织法》的有关规定和程序,已经超越了职权,属于侵犯公民合法权益的对外具体行政行为。对于本案,应当依照《行政诉讼法》第 2 条、第 11 条第 1 款第 8 项的规定予以受案。因此,法院受理了此案,经审理,判决撤销了被告州洋乡人民政府的行政决定。

(霞浦县人民法院　薛立雄
厦门大学法学院　李玲)

③④ 行政诉讼中的决定及其适用

—— 张某某等 16 人诉被告某县人民政府确认行
政行为违法案

一、 案 情

原告:张某某等 16 人。

被告:某县人民政府。

2001 年 11 月 20 日,某县建设委员会对原告张某某等被拆迁人作出房屋拆迁裁决。原告张某某等人对此不服,向某县人民法院提起诉讼,经一、二审法院裁判,维持该房屋拆迁裁决。原告张某某等被拆迁人在期限内未自行腾房搬迁,某县松城镇南大路东段拓宽改造工程拆迁人某县北方房地产有限公司依法对原告张某某等被拆迁人的房产进行了房产证据保全、公证及提供了相应周转房,并于 2002 年 6 月 11 日申请某县人民政府责成有关部门对张某某等被拆迁户实施强制拆迁。某县人民政府于 2002 年 6 月 14 日作出《某县人民政府关于责成县建委对县城北街及南大路东段拓宽工作张某某等 27 户被拆迁人实施强制拆迁的决定》。2002 年 6 月 15 日某县建设委员会依据该决定发布了强制拆迁公告。同年 6 月 21 日,某县建设委员会对原告张某某等 27 户被拆迁人的房屋强制拆迁。对此,原告张某某等 16 人不服,于 2003 年 4 月 22 日向某县人民法院提起诉讼。某县人民法院依法受理该案后,于 2003 年 5 月 13 日依法公开开庭审理了该案。在该案未作出判决之前,原告张某某等 16 人于 2003 年 6 月 12 日向某县人民法院递交要求其回避审理"强制拆迁"一案的报告,报告中称,在某县人民政府对其南大路房屋进行强制拆除时,县法院也组织了 40 人参与此违法行政处理,根据我国有关法律规定,要求县法院回避审理本案,请求移交市中级人民法院审理。

二、 裁 判

根据最高人民法院《关于执行〈中华人民共和国行政诉讼法〉若干问题的解释》第 47 条第 1 款的规定,"当事人申请回避,应当说明理由,在案件开始审理时提出;回避事由在案件开始审理后知道的,应当在法庭辩论终结前提出。"本案原告认为县法院曾参加强制拆迁现场的维护工作,申请要求县法院回避审理本案,此回避事由,原告在案件审理前就已经知道,但是,在案件开始审理时未提出,至县法院开庭审理法庭辩论终结前仍未提出。因此,依照最高人民法院的司法解释第 47 条第 1 款的规定,县法院于 2003 年 6 月 13 日作出(2003)霞行初字第 2-1 号《某县人民法院对申请回避的决定书》,驳回申请人张某某等 16 人的回避申请。

三、 评 析

本案主要涉及行政诉讼决定的种类及适用的问题,具体到本案即为有关回避事项的决定及其适用。

（一）行政诉讼决定的概念、种类和适用

行政诉讼决定,是指人民法院为了保证行政诉讼的顺利进行,依法对行政诉讼中发生的某些特殊事项所作的处理,具有司法行政权力的性质。与行政判决和行政裁定相比,行政决定具有如下特点:

首先,就决定所解决的问题而言,其既不同于判决所解决的案件争议实体问题,也不同于裁定所解决的程序问题,而是解决诉讼过程中可能出现的特殊问题,这些事项往往具有紧迫性;其次,就决定的功能而言,它旨在保证案件的正常审理和诉讼程序的顺利进行,或者为案件的正常审理提供必要的条件;最后,就决定的效力而言,决定不是对案件的审判行为,不能依上诉程序提起上诉,当事人对决定不服,只能申请复议。

根据《行政诉讼法》及其《若干解释》的有关规定,凡未列入判决、裁定解决的问题,均可以采用决定的方式解决,实践中,行政诉讼决定主要有以下几种:

1. 有关回避事项的决定

当事人申请审判人员回避,依所申请回避对象的不同,由不同的组织或者人员作出是否回避的决定。人民法院以口头或书面方式作出是否回避的决定,申请人对决定不服的,可以申请人民法院复议一次,但不停止执行。

2. 对妨害行政诉讼行为采取强制措施的决定

人民法院作出训诫、责令具结悔过强制措施的,通常由审判长当庭作出口头决定,并记入笔录即可;作出罚款、拘留强制措施的,则须由合议庭作出书面决定,并报院长批准,当事人不服的,可以申请复议。

3. 有关诉讼期限事项的决定

公民、法人或者其他组织因不可抗力或者其他特殊情况耽误法定期限的,在障碍消除后的 10 天内,可以申请延长期限,由人民法院决定。此外,对于下级人民法院需要延长审理期限的申请,高级人民法院和最高人民法院亦可作出是否延长的决定。

4. 审判委员会对于已生效的行政裁判认为应当再审的决定

对于人民法院已经发生法律效力的裁判,发现违反法律需要再审的,由院长提交审判委员会讨论决定是否再审。审判委员会决定再审的,院长应当按照审判委员会的决定作出开始再审的裁定。

5. 审判委员会对重大、疑难行政案件的处理决定

合议庭审理的重大、疑难的行政案件,经评议后,合议庭应报告院长,由院长提交审判委员会讨论决定,制作判决,向当事人宣告、送达。

6. 有关执行程序事项的决定

执行过程中,案外人对执行标的提出异议的,由执行员进行审查,认为有理由的,报院长批准中止执行,由合议庭审查或由审判委员会作出决定。此外,行政机关拒绝履行判决、裁定的,人民法院可以从期满之日起,对该行政机关按日处以 50 元至 100 元的罚款决定。

以上种类的行政诉讼决定是人民法院为迅速解决诉讼上或者涉及诉讼问题的司法行为。这种行为一经作出,当即发生效力,具有执行内容的,立即付诸执行。对影响当事人的权利的决定,当事人可申请复议一次,但不因当事人申请复议而停止决定的执行和影响决定的效力。决定发生效力后,如果发现认定事实或者适用法律确有错误的,可由作出决定的人民法院撤销或变更,但不能依审判监督程序进行再审,也不能通过上诉程序由上一级人民法院予以纠正。

关于行政诉讼决定的形式,一般分为口头和书面两种形式。从审判实践看,人民法院对妨害诉讼行为的人作出的罚款和拘留决定,对行政机关拒绝履行判决或裁定的罚款决定,应当采用书面形式,即决定书的形式。但人民法院对当事人申请回避作出的决定,可以采用口头或者书面的形式,实践中一般都采用口头形式。人民法院对妨害诉讼行为的人作出的训诫、责令具结悔过的决定,审判委员会对重大或疑难行政案件的处理决定,以及审判委员会对已生

效的行政案件的裁判认为应当再审的决定,以及其他处理内部关系的决定,实践中通常仅制作笔录,记录在案。

(二)行政诉讼中的回避

回避,是指为了保证案件的公正审理,与案件有利害关系或者有其他关系的审判人员和其他人员应退出对案件的审理的制度。回避本是我国民事诉讼法的一项重要制度,在行政诉讼制度还未健全时,行政诉讼中的许多程序性问题往往借助于民事诉讼中的有关规定加以解决。现行的《行政诉讼法》已经将回避作为行政诉讼法律规范确定下来。该法第 47 条第 1 款规定,"当事人认为审判人员与本案有利害关系或者有其他关系可能影响公正审判,有权申请审判人员回避";第 2 款规定,"审判人员认为自己与本案有利害关系或者有其他关系,应当申请回避"。

回避制度的设置,主要是为了保证司法的中立性和公正性,从《行政诉讼法》第 47 条的规定来看,行政诉讼上的回避分为当事人申请回避和审判人员自行回避两种类型。

1. 回避的适用条件

根据《行政诉讼法》第 47 条的规定,回避制度适用于审判人员、书记员、翻译人员、鉴定人、勘验人。其中,审判人员包括审判员和陪审员。回避的适用条件如下:

第一,审判人员或者其他人员是本案的当事人或者当事人的近亲属。近亲属包括配偶、父母、子女、兄弟姐妹、祖父母、外祖父母、孙子女、外孙子女。

第二,审判人员或者其他人员及其近亲属与本案有利害关系。一般而言,这种利害关系是指这些人员与案件的处理结果有法律上的利害关系。

第三,审判人员或者其他人员与本案的诉讼代理人有夫妻、父母、子女或者同胞兄弟姐妹关系。

第四,审判人员或者其他人员与本案当事人有其他关系,可能影响对案件公正审理的。这里所指的"其他关系"属于一项兜底条款,使得回避的适用条件具备了开放性,"其他关系"通常是指以上关系以外的亲密的社会关系,如师生、同学、邻居、朋友等关系。另外,最高人民法院 2000 年 1 月发布的《关于审判人员严格执行回避制度的若干规定》第 2 条,将这里所说的"其他关系"界定为以下几种情形:"(1)未经批准,私下会见本案一方当事人及其代理人;(2)为本案当事人推荐、介绍代理人,或者为律师、其他人员介绍该案件;(3)接受本案当事人及其委托代理人的财物、其他利益,或者要求当事人及其委托的人报销费用;(4)接受本案当事人及其委托的人的宴请,或者参加由其支付费用的各项活动;(5)向本案当事人及其委托的人借款、借用交通工具、通讯工具或者其他物品,或者接受当事人及其委托的人在购买商品、装修住房以及其他方面给予的好处。"对于以上的情形,当事人申请相关的人员回避的,要提供相应的证据材料。

2. 回避的决定权限

回避既可以由审判人员或其他人员自行提出,也可以由当事人提出,但根据最高人民法院的《若干解释》第 47 条第 1 款规定,"当事人申请回避,应当说明理由,在案件开始审理时提出;回避事由在案件开始审理后知道的,应当在法庭辩论终结前提出"。另外,根据《行政诉讼法》及其司法解释的规定,院长担任审判长时的回避,由审判委员会决定;审判人员的回避,由院长决定;其他人员的回避,由审判长决定。对当事人提出的回避申请,人民法院应当在 3 日内以口头或者书面形式作出决定。申请人对驳回回避申请决定不服的,可以向作出决定的人民法院申请复议一次。对申请人的复议申请,人民法院应当在 3 日内作出复议决定,并通知复议当事人。

3. 回避的法律后果

回避申请一旦提出,就会产生相应的法律后果。根据行政诉讼法的司法解释,被申请回避的人员,在人民法院作出是否回避的决定前,应当暂停参与本案的工作,但案件需要采取紧急措施的除外。至于紧急措施,行政诉讼法及其司法解释没有明确规定,参照民事诉讼法的相关原理,一般认为,能采取的紧急措施包括证据保全、财产保全措施,还有依职权所为和依当事人申请所为的行为。

但是,对法院驳回回避申请而当事人申请复议的,在复议期间,被申请回避的人员不停止参与案件的审理。法院作出的驳回回避申请的决定,一经作出,立即生效,当事人虽可申请复议,但被申请回避的人员不停止参与案件的审理。

(三)本案中回避的适用

申请回避,是诉讼当事人的基本权利之一。本案经查实,2002 年 6 月 21 日某县人民法院应县政府的通知,指派 40 人着便装作为县政府的工作人员参与维护强制拆迁现场秩序,但是,行政庭承办诉讼案件人员未参加。虽然承办本案的行政诉讼审判人员并未参加人民政府强制拆迁的维护现场秩序,但是,由于县法院指派了 40 名人员参与,表明了县法院对人民政府采取的强制拆迁这一行政行为的基本肯定的态度,并且亲自参加了这一行政行为的强制执行,这样便使得县法院在对本案的受理上丧失了中立的立场。由于行政庭的审判人员隶属于县法院,并且与该参加人民政府强制拆迁现场秩序维护的 40 名人员同处于一个法院之中,他们之间是同事关系。因此,根据《行政诉讼法》第 47 条及其司法解释的相关规定,可以认定县法院的审判人员与本案的审判结果之间具有法律上的利害关系,由县法院受理该案有可能影响案件的公正审判,所以,原告张某某等 16 人有权申请县法院对该案的回避受理。

但是,当事人申请审判人员回避除了要具备法定事由外,还必须符合法定期限。根据《行政诉讼法》的司法解释第 47 条规定,对于本案申请回避的法定事由,原告张某某等 16 人是于县法院审理之前就已经知道的,所以应当在案件开始审理时提出;就算原告能够证明其是在案件开始之后才知道的,也应当在法庭辩论终结之前提出。但是,原告到 2003 年 6 月 12 日才向县法院提交申请回避报告。所以,依照行政诉讼法的司法解释,由于申请回避的期限已经超过,原告的申请回避的权利将失去法律的保护,县法院作出的驳回原告的回避申请是符合法律规定的。

(霞浦县人民法院　薛立雄
厦门大学法学院　李玲)

㉟ 行政诉讼中原、被告资格转移
——林某不服某市某区土地管理局行政处罚决定案

一、 案 情

原告:林某。

被告:某市某区土地管理局。

第三人:何某某。

原告林某系某区下宅园村村民,于 1975 年 10 月从下宅园村委会分得宅基地一块,面积为 264 平方米。原告在该宅基地上建成房屋,坐落于某区南大路下路弄

83 号。该房屋东侧与第三人何某某房屋相邻,相邻之间有一条长 14.3 米、最宽处为 2.7 米、最窄处为 1.63 米的通道。1994 年原告林某与第三人何某某因相邻关系发生纠纷。1997 年林某在其房屋东侧与第三人何某某房屋相邻的通道上建筑围墙,占用土地 27.38 平方米,造成何某某房屋后门通道被堵,为此何某某向被告举报要求查处。被告某市某区土地管理局于 2001 年 11 月 21 日作出宁区政土罚字 (2001)123 号行政处罚决定,责令林某退还非法占用的 27.38 平方米土地,并在 10 日内拆除在非法占用土地上建造的围墙,恢复土地原状。林某不服该处罚决定,向某区人民法院提起行政诉讼。

二、 裁 判

某区人民法院于 2001 年 12 月 12 日立案受理了原告的起诉,并依法组成合议庭进行了审理。在案件的审理过程中,原告林某于 2002 年 1 月 17 日死亡,法院遂裁定中止诉讼,并告知林某的近亲属应当在中止诉讼后 90 日内表明是否参加本案的诉讼。2002 年 4 月 20 日林某的妻子陈某某和儿子林甲、林乙、林丙表明要求参加诉讼,法院审查后即通知该 4 人作为本案原告参加诉讼。同时,在审理过程中查明,根据某市委、市政府《关于某市市级党政机构改革的实施意见》和某市人民政府《关于实行市对区土地垂直管理的通知》,从 2002 年 1 月 1 日起原某市某区土地管理局的事权上收某市国土资源局,某市某区土地管理局已更名为某市国土资源局某分局,作为某市国土资源局的派出机构。法院审查后认为,由于本案被告从县级行政机关变更为上级行政机关的派出机构,不能独立对外行使职权和承担责任,已丧失被告的主体资格,因此通知某市国土资源局作为被告承担本案诉讼。

三、 评 析

本案非常典型地同时涉及行政诉讼中原告资格转移与被告资格转移两个问题。

(一)行政诉讼中原告资格转移概述

行政诉讼原告资格的转移,即是指:在法律规定的特殊条件下,提起或继续参与行政诉讼的资格转移至本来没有诉讼资格的特定主体。

法律关于原告资格存在着一般性禁止转移的规定,因此,行政诉讼原告资格的转移是一种特殊的情况。原告资格是国家为了保护公民、法人和其他组织的实体权利不受行政主体违法行政行为的侵害而赋予其享有的一项法定资格。为避免诉权的滥用,节省国家司法资源,当然有必要通过法律对诉的提出的主体资格加以严格的限制。法律例外地允许原告资格的转移与上述目的不是相冲突,而是相一致的。这主要是出于以下两个方面的考虑:一是切实保护行政相对人的合法权利不因具有原告资格的公民死亡或者法人、其他组织终止而受到影响。二是切实保证违法的行政行为不因具有原告资格的公民死亡或者法人、其他组织终止而被纵容或继续存在,从而在更大程度上保证依法行政,实现行政法治的理念。

出于上述两个考虑,《行政诉讼法》第 24 条第 2 款、第 3 款规定:"有权提起诉讼的公民死亡,其近亲属可以提起诉讼。""有权提起诉讼的法人或者其他组织终止,承受其权利的法人或者其他组织可以提起诉讼。"

因此,从主体的角度看,行政诉讼原告资格的转移包括两种情形:其一是有权提起行政诉讼的公民死亡,其近亲属可以提起诉讼。值得注意的是,在有权提起诉讼的公民死亡时,其近亲属提起行政诉讼,是以原告的身份,而不是以原告的代表人的身份起诉的。根据最高人民法院《关于执行〈中华人民共和国行政诉讼法〉若干问题的解释》第 11 条的规定,行政诉讼法第 24 条规定的"近亲属"在范围上包括:配偶、父母、子女、兄弟姐妹、祖父母、外祖父母、孙子女、外孙子女和其他具有扶养、赡养关系的亲属。其二是有权提起行政诉讼的法人或者其他组织终止,承受其权利的法律或者其他组织可以提起行政诉讼。与第一种情形相同,承受权利的新法人和其他组织,也是以自己的名义起诉或参加诉讼的。但是,比第一种情形更为复杂的是,法人和其他组织既可能自行终止,也可能被行政机关终止。对于自行终止的情况,原告资格转移到承受其权利的法人或者其他组织;对于被行政机关终止的情况,只有在被终止的法人或其他组织对终止决定没有异议的情况下,原告资格才转移到承受其权利的法人或其他组织,否则,被终止的法人或者其他组织仍具有原告资格。

除了从主体的角度外,还可以从转移的时间来认识原告资格的转移。如果转移的时间发生在行政诉讼活动正式开始之间,即有权提起诉讼的公民在起诉之前死亡,法人或者其他组织在提起诉讼之前终止,死亡公民的近亲属、承受权利的新的法人或者其他组织可以直接向人民法院起诉,并需要向人民法院提供能证明其能承受原告资格的身份证明。如果在诉讼过程中,作为原告的公民死亡的,根据最高人民法院《关于执行〈中华人民共和国行政诉讼法〉若干问题的解释》第 51 条第 1 款第 1 项的规定,人民法院应当中止诉讼,等待其近亲属表明是否参加诉讼。根据该《解释》第 52 条的规定,如果原告没有近亲属,或其近亲属放弃诉讼权利,或案件中止后满 90 天仍无人继续诉讼的,人民法院应当裁定终结诉讼。如果在诉讼过程进行中,作为原告的法人或其他组织终止的,人民法院应当裁定中止诉讼,待法人或其他组织的权利义务承受人确定后再恢复诉讼。作为原告的法人或者其他组织终止后,其权利义务的承受人放弃诉讼权利的,或者案件中止后满 90 天仍无人继续诉讼的,人民法院应当裁定终结诉讼。

无论是在起诉前,还是在诉讼过程进行当中,原告资格发生转移,均须满足以下条件:其一,有原告资格的主体在法律上已不复存在,就公民而言是指死亡,就法人和其他组织而言是指终止;其二,有原告资格的公民死亡或法人及其他组织终止时,诉讼保护期未逾或正在诉讼中;其三,原告资格转移发生于与原告有特定利害关系的主体之间,这个特定利害关系,对公民来说就是彼此之间存在近亲属法律关系,对法人和其他组织来说就是权利义务承受关系。

(二)行政诉讼中的被告资格转移概述

行政诉讼被告资格的转移是指:作出原具体行政行为的行政机关被撤销,其作为行政诉讼被告的资格,转移至继续行使其职权的行政机关,或者当没有继续行使其职权的行政机关时转移至撤销该机关的行政机关。

在法律上规定和确认行政诉讼被告资格的转移是为了更好地保障行政相对人的合法权利。由于国家法律规定的改变或者行政体制的变动等各个方面的原因,行政机关十分可能发生被合并、撤销等情况,并且这种情况在实践中是经常出现的。作为行政相对人的公民、法人或者其他组织常常发现,尽管对其不利的原具体行政行为仍然存在并发生效力,但作出这一行政行为的主体已经改头换面或销声匿迹了。如果不在法律上确认行政诉讼被告资格的转移问题,行政机关很可能相互推诿责任,无从确定行政诉讼的被告,这不仅不利于行政机关依法行政,也会导致行政相对人被违法行政行为侵害了的合法权利无从得到救济和保障。

从主体的角度看,行政诉讼被告资格的转移在实践中主要有以下两种情形:《行政诉讼法》第 25 条第 5 款规定:"行政机关被撤销的,继续行使其职权的行政机关是被告。"本条规定的情形即是行政诉讼被告资格转移的第一种情形。这种情形在实践中也最为常见。我国社会主义法治还不完善,正处在不断的建设过程中,因此,行政机关的组织机构调整极为常见,常常出现同一行政机关更改职权或名称,不同行政机关在职权与组织上进行合并。如果在行政诉讼过程中出现这种变化,均属于行政诉讼被告转移的第一种情形。行政诉讼被告资格转移的第二种情形,原行政机关被撤销,但不存在继续行使其职权的行政机关。对此,《行政诉讼法》没有作出明确规定,但实践中确实常常出现这种情形。实践中,人民法院通常将撤销该机关的行政机关作为被告资格的承受者。《国家赔偿法》第 7 条第 5 款规定:"赔偿义务机关被撤销的,继续行使其职权的行政机关为赔偿义务机关;没有继续行使其职权的行政机关的,撤销该赔偿义务机关的行政机关为赔偿义务机关。"可见,行政诉讼被告资格转移的第二种情形的法律依据是通过借鉴或变通解释《国家赔偿法》第 7 条第 5 款的规定获得的。

以行政诉讼被告资格转移的时间为角度,也可以将被告资格的转移分为两种:一种是被告资格的转移发生在行政诉讼活动开始之前,即在具体行政行为作出之后,原告提起诉讼之前,作出具体行政行为的机关被撤销。在这种情况下,行政相对人可以直接以被告资格承受者为被告提起行政诉讼。另一种是行政诉讼活动进行过程中,作出具体行政行为的行政机关被撤销,在这种情况下,人民法院就应当更换被告,通知新的被告出庭应诉。

(三)本案中行政诉讼原、被告资格的转移问题

本案是一个非常巧合的案例,本案不仅在诉讼过程中发生了原告资格的转移,而且还同时发生了被告资格的转移。

在本案中,原告林某因对某区土地管理局的行政处罚决定不服,向某区人民法院提起行政诉讼。某区人民法院依法受理原告林某的起诉后,在诉讼活动进行当中,原告林某于 2002 年 1 月 17 日死亡。原告林某的妻子陈某某和儿子林甲、林乙、林丙都是原告林某的近亲属,可以作为林某原告资格的合法承受者。因此,人民法院根据最高人民法院《关于执行〈中华人民共和国行政诉讼法〉若干问题的解释》第 51 条第 1 款第 1 项的规定,裁定中止诉讼,并告知林某的近亲属应当在中止诉讼后 90 日内表明是否参加本案的诉讼。2002 年 4 月 20 日林某的妻子陈某某和儿子表明要求参加诉讼,法院审查后即通知陈某某等四人作为本案原告参加诉讼,并恢复了诉讼活动,继续本案的审理。可见,某区人民法院对行政诉讼中原告资格转移的认定是十分准确的。

在原告资格发生转移的同时,在案件的审理过程中,某市委、市政府颁布了《关于某市市级党政机构改革的实施意见》和某市人民政府《关于实行市对区土地垂直管理的通知》。根据上述《实施意见》和《通知》的规定,从 2002 年 1 月 1 日起,原某市某区土地管理局的事权上收至某市国土资源局,某市某区土地管理局因此更名为某市国土资源局某分局,作为某市国土资源局在某区的派出机构。因此,根据某市委和市政府的上述规定,被告的职权由新成立的某市国土资源局某分局承担,其被告资格相应地也转移至某市国土资源局某分局。

但是,行政机关的派出机构在没有法律、法规和规章授权的情况下,是不能成为行政主体的。最高人民法院《关于执行〈中华人民共和国行政诉讼法〉若干问题的解释》第20条规定:“行政机关组建并赋予行政管理职能但不具有独立承担法律责任能力的机构,以自己的名义作出具体行政行为,当事人不服提起诉讼的,应当以组建该机构的行政机关为被告。行政机关的内设机构或者派出机构在没有法律、法规或者规章授权的情况下,以自己的名义作出具体行政行为,当事人不服提起诉讼的,应当以该行政机关为被告。”该《解释》第21条同时规定:“行政机关在没有法律、法规或者规章规定的情况下,授权其内设机构、派出机构或者其他组织行使行政职权的,应当视为委托。当事人不服提起诉讼的,应当以该行政机关为被告。”因此,本案被告由县级行政机关变更为上级行政机关的派出机构,实际上是由行政主体变成了不能独立对外行使职权和承担责任的行政机关之派出机构,已丧失了行政主体资格及被告的主体资格,被告资格应当最终转移至某市国土资源局。

可见,本案的情况较为复杂,体现在:作出原具体行政行为的某市某区土地管理局被撤销后,继续行使其职权的某市国土资源局某分局依法不具有行政诉讼的被告资格。这样,被告资格最终将转移至派出该分局的某市国土资源局。

因此,某区人民法院通知某市国土资源局作为被告承担本案诉讼是正确的。

(宁德市蕉城区人民法院　林锡铿
厦门大学法学院　王建学)

36 被告违法收集的证据不能作为定案依据

——谢某某诉某市公安局复议决定案

一、案情

原告:谢某某。
被告:某市公安局。

第三人：兰某某。

2002 年 12 月 1 日，某县公安局接到原告口头报案，称其被第三人兰某某夫妇打伤。该县公安局当日立案。2002 年 12 月 3 日县公安局出具伤情鉴定，鉴定结果为原告伤情轻微伤偏重。该县公安局经调查后，于 2003 年 12 月 22 日作出第 990040 号《治安管理处罚裁决书》与《赔偿损失、负担医疗费裁决书》，认定第三人兰某某殴打原告，依照《治安管理处罚条例》第 22 条第 1 项的规定，对第三人处以警告及负担医疗费 400 元的裁决。第三人兰某某不服，向市公安局申请行政复议。市公安局于 2004 年 1 月 20 日作出第 2004 第 03 号行政复议决定书，以事实不清，证据不足为由撤销了该县公安局的裁决，同时要求县公安局待查清事实后再重新裁决。原告不服，诉至法院，请求撤销该复议决定，维持县公安局的裁决。

二、 裁 判

法院经审理认为，行政机关作出具体行政行为应当认定事实清楚，证据充分，适用法律正确，程序合法。在本案中，县公安局认定第三人兰某某殴打原告，但所提供的证据材料均无法证明第三人殴打原告这一事实，因此，其作出的《治安管理处罚裁决书》主要事实不清，证据不足。而《赔偿损失、负担医疗费裁决书》也没有提供医疗发票确定赔偿数额，亦属证据不足。根据《行政复议法》第 28 条第 1 款第 3 项第 1 目的规定，上述裁决属可撤销的具体行政行为。被告作出行政复议决定书将上述裁决予以撤销是正确的。依照《行政诉讼法》第 54 条第 1 项的规定，法院判决维持市公安局的行政复议决定。

三、 评 析

本案的争议焦点是县公安局认定第三人兰某某殴打原告致其轻微伤偏重是否事实清楚，证据充分，而该焦点问题的审查则涉及对证据的审查认定问题。

关于行政诉讼中的证据问题，最高人民法院在 2002 年发布了《关于行政诉讼证据若干问题的规定》，对行政诉讼的举证责任和证据的要求、收集、审查等问题作出了详细的规定。其中举证责任是行政诉讼证据制度的核心。

（一）行政诉讼的被告的举证责任和举证规则

1. 举证责任

行政诉讼中的举证责任是一种结果责任，即法院在案件事实不明的情况下,由负有举证责任的一方当事人承担不利的诉讼后果(败诉)的法律责任。《行政诉讼法》第 32 条规定:被告对作出的具体行政行为负有举证责任,应当提供作出该具体行政行为的证据和所依据的规范性文件。从而在立法上明确了作为被告的行政机关对具体行政行为负有举证责任的行政诉讼举证责任分担的基本原则。

行政诉讼中的举证责任不同于民事诉讼中的"谁主张,谁举证",通常将这种由被告负担举证责任的称之为"举证责任倒置"。具体行政行为合法与否是行政案件的核心问题,当被告不能证明具体行政行为合法时,将承担败诉后果,而原告则并不因为举不出证据证明具体行政行为的违法性而败诉。这样的举证责任承担的设置充分体现了行政诉讼的目的,即监督行政机关依法行政,保护行政相对人的合法权益。

2. 举证规则

当事人在诉讼中举证要遵循一定的规则,由于行政机关在行政程序中作行政决定时,应遵循"先取证,后裁决"的规则,使得在行政诉讼中,作为被告的行政机关对其作出具体行政行为承担举证责任。被告在承担举证责任时应遵循以下举证规则:

第一,被告的举证期限。

关于行政诉讼证据的司法解释的第 1 条规定,根据行政诉讼法第 32 条和第 43 条的规定,被告对作出的具体行政行为负有举证责任,应当在收到起诉状副本之日起 10 日内,提供据以作出被诉具体行政行为的全部证据和所依据的规范性文件,被告不提供或者无正当理由逾期提供证据的,视为被诉具体行政行为没有相应的证据。即被告超过举证期限,除非具备法定的免责事由,将承担举证不能的不利法律后果。之所以对被告的举证期限作如此严格的限定是为了防止被告在一审期间非法收集证据。

在行政诉讼中,由于行政机关在行政程序中作决定时必须遵循"先取证,后裁决"的规则,行政诉讼启动后,行政机关向法院提交的是其在作出行政决定时收集的证据。如果行政机关不能提供作出行政决定的证据,只能说明被诉的具体行政行为是在没有证据支持的情况下作出的,是违法的。倘若在这种情形下,行政机关事后又收集其他证据支持其决定,法院将不予采纳。因此,为行政诉讼被告设定如此严格的举证时限,并不会造成被告举证不能,相反,有利于原告及时、充分提出抗辩意见,保证诉讼顺利进行。

第二,被告及其诉讼代理人不得自行向原告和证人收集证据。

关于行政诉讼证据的司法解释第 3 条规定,根据行政诉讼法第 33 条规定,在诉讼过程中,被告及其诉讼代理人不得自行向原告和证人收集证据。行政机关向法院提交的证据必须是在行政程序中收集的证据,在诉讼中不能自行向原告和证人收集证据。这是因为行政机关在作出具体行政行为时遵循"先取证,后裁决"的规则,只有在收集到确实、充分的证据后,行政机关才能作出行政决定,否则其在程序上已经违法。同理,因为被告与诉讼代理人之间是委托和被委托的关系,根据委托代理原理,只有委托人享有的权利才能委托给被委托人,因此,行政机关的诉讼代理人也不得向原告和证人收集证据。

第三,被告可以补充证据的两种情形。《行政诉讼法》第34条第1款规定,人民法院有权要求当事人提供或者补充证据。在这里,"当事人"就包括行政机关。在关于行政诉讼证据的司法解释第1条和第2条中,对被告经人民法院准许,可以补充相关证据的情形作出明确的规定,即被告在作出具体行政行为时已收集证据,但因不可抗力等正当事由不能提供的;原告或者第三人在诉讼过程中,提出其在被告实施行政行为过程中没有提出的反驳理由或者证据的。在这里,这项规定事实上赋予了被告基于原告提出新的反驳理由而收集新的证据的机会。

(二)证据的审查认证规则

同民事诉讼中的证据审查相类似,行政诉讼中对证据的审查认证包括两个方面的内容:一是对证据的证明能力的认证,一是对证据的证明力的认证。

第一,对行政诉讼证据证明能力的认证。

所谓证据的证明能力,即要求行政诉讼证据须具有关联性、真实性和合法性的属性,只有具备这"三性"的证据材料才具有证据资格,才能作为定案的根据。关于行政诉讼证据的司法解释第54条到第56条具体规定了证据证明能力的审查规则,第57条到第62条以排除性的规定对不具备证明能力的证据作出了列举式规定。

其中,在证据的关联性和真实性的认定方面,行政诉讼证据与刑事、民事诉讼证据基本没有什么区别,但在证据的合法性认定上,行政诉讼却有自身独特的规则。根据行政诉讼证据的司法解释的相关规定,下列证据不能作为认定被诉具体行政行为合法的依据:(1)被告及其诉讼代理人在作出具体行政行为后或者在诉讼程序中自行收集的证据;(2)被告在行政程序中非法剥夺公民、法人或者其他组织依法享有的陈述、申辩或者听证权利所采用的证据;(3)原告或者第三人在诉讼程序中提供的、被告在行政程序中未作为具体行政行为依据的证据;(4)复议机关在复议程序中收集和补充的证据;(5)被告在行政程序中依照法定程序要求原告提供证据,原告依法应当提供而拒不提供,在诉讼程序中提供的证据,人民法院一般不予采纳。

第二,对行政诉讼证据证明力的认证。

证据的证明能力解决的是证据资格的问题,而证据的证明力解决的是证据对待证事实的证明强弱程度问题。根据行政诉讼证据司法解释的相关规定,关于证据的证明力的认证主要有以下规则:(1)证明同一事实的不同种类证据证明力大小认定规则:其一,国家机关及其他职能部门依职权制作的公文书证的证明力优于其他书证;其二,鉴定结论、现场笔录、勘验笔录、档案材料以及经过公证或者登记的书证优于其他书证、视听资料和证人证言;其三,原始证据优于传来证据;其四,相关的其他规则。(2)电子邮件等数据资料的证明力的认定。该司法解释规定,"以有形载体固定或者显示的电子数据交换、电子邮件以及其他数据资料,其制作情况和真实性经过对方当事人确认,或者以公证等其他有效方式予以证明的,与原件具有同等的证明效力"。(3)自认的证据的证明力。根据该司法解释第67条的规定,在不受外力影响的情况下,一方当事人提供的证据,对方当事人明确表示认可的,可以认定该证据的证明效力。(4)不能单独作为定案依据的证据。对此,该司法解释第71条列举了七类不能单独作为定案依据的证据。(5)证明妨碍及其法律后果。证明妨碍是指当事人采用隐藏、毁灭或者其他妨碍证据使用的方法,使得对方当事人使用该证据证明其主张成为不可能或存在困难。一般而言,对于证明妨碍,法律采用反向推定的方式,即认定相对人关于由被毁灭的证据所支持的主张已经证明,从而产生其主张推定成立的法律后果。该司法解释第69条规定了证明妨碍制度,"原告确有证据证明被告持有的证据对原告有利,被告无正当事由拒不提供的,可以推定原告的主张成立"。

有了以上的认证规则,法院在审理行政案件的过程中,就可以对证据的关联性、真实性和合法性作出有效的判断,从而对行政诉讼证据的收集、审查与采信做到有章可循,有利于行政诉讼的顺利进行。

(三)本案中证据的审查与采信

从行政诉讼的举证责任和行政诉讼证据的认证规则出发,如果行政机关所取证据违法,即不具备关联性、真实性和合法性,则其据以作出的具体行政行为的合法性就会丧失。对这样的具体行政行为,行政相对人倘若提起行政诉讼,作为被告的行政机关承担败诉的法律后果将是不可避免的。这也是本案所要解决的核心问题。

在本案中,县公安局认定第三人兰某某殴打原告的证据共有三组,下面我们对这三组证据分别进行审查和认证。

1. 第一组证据共有三份,分别为县公安局对原告及第三人兰某某夫妇的询问笔录。上述三份笔录中,兰某某夫妇均否认有殴打原告的事实存在。

2. 第二组证据为五份证人证言。

(1)经审查,第一份证人证言中,证人谢某系原告的妹妹,当时只有 8 岁,根据民事法律的有关规定,属于无民事行为能力人。县公安局在其法定代理人未到场的情况下对其进行询问,其取证程序违法,该份证据依法不能作为定案依据。

(2)第二、三份证人证言是证人江某某、李某某的证言。上述两份证人证言中调查人员均为张某某和陈某某。经法庭审理查明,张某某为县公安局工作人员,已经依法取得行政执法资格证,而陈某某为县公安局临时人员,并非正式工作人员。根据《行政处罚法》第 36 条第 3 款规定:"行政机关在调查或者进行检查时,执法人员不得少于两人,并应当向当事人或者有关人员出示证件。"陈某某并非县公安局正式工作人员,依法不具备行政执法主体资格,因此,县公安局上述两份证人证言取证主体不合格,属于非法定主体收集的证据,依法不能作为定案依据。且上述两份证言中均未附有证人的居民身份证复印件等证明证人身份的文件,亦不符合最高人民法院《关于行政诉讼证据若干问题的规定》第 13 条所规定的条件,其形式要件亦存在欠缺。同时,在证人李某某的证言中,县公安局在取证时,告知证人李某某其陈述与原告第三人陈述有所不同,并将原告对被殴打这项事实的陈述告知李某某,问李某某是否有所补充,因此,该份证据的取证方式亦违法。综合以上的理由,由于取证主体、形式要件以及合法程序的缺失,第三份证人证言依法不能作为定案依据。

(3)第四份证人证言是证人王某某的证言。该份证言证明内容为王某某看到原告有鼻血流出,头上有肿块等原告的受伤情况,但其没有陈述第三人殴打原告的事实。因此,该份证据虽然形式要件合法,具备证据的证明能力,但不能证明第三人有殴打原告的事实。

(4)第五份证人证言为证人董某某的证言。该份证言的取证时间是 2004 年 1 月 10 日,系县公安局作出裁决之后第三人申请行政复议期间所取得。根据《行政诉讼法》第 33 条的规定,在诉讼过程中,被告及其诉讼代理人不得自行向原告和证人收集证据。行政机关作出具体行政行为的程序应当是在查清事实的基础上,然后作出具体行政行为。如果先决定、后取证,尤其是再补充主要的证据,是不符合依法行政的原则的。虽然该份证据并非在诉讼过程中取得,但仍然违反了"先取证、后裁决"的程序规定,其取证程序违法,依法不能作为定案依据。

3. 第三组证据为法医伤情鉴定结论。根据最高人民法院《关于行政诉讼证据若干问题的规定》第 14 条的规定,被告向人民法院提供的在行政程序中采用的鉴定结论,应当载明委托人和委托鉴定的事项、向鉴定部门提交的相关材料、鉴定的依据和使用的科学技术手段、鉴定部门和鉴定人鉴定资格的说明,并应有鉴定人的签名和鉴定部门的盖章。通过分析获得的鉴定结论,应当说明分析过程。经审查,该份鉴定结论形式要件基本符合要求,因三方当事人均未提出异议,法院予以认定。但实际上该份鉴定结论在证明力上也存在瑕疵,即未附有伤情照片,属于鉴定时提交的相关材料上有所欠缺。如果县公安局在作法医鉴定时补充提供原告的伤情照片作为检材,则会使该项鉴定结论具有更强的证明力。

综上所述,由于县公安局的主要证据违法,依法不能作为定案依据,则其认定第三人兰某某殴打原告证据不足,复议机关对其裁决予以撤销是正确的。同时因为原告确实有伤情存在,复议机关责令县公安局重新查清事实后再进行裁决也是符合法律规定的。

(宁德市中级人民法院　王嫔

厦门大学法学院　李玲)

③⑦ 不予受理之裁定的适用
——马某某等八人诉某县人民政府拆迁行政案

一、案情

起诉人:马某某等八人。

被诉人:某县人民政府。

2001 年 10 月 25 日,起诉人马某某等八人因不服某县人民政府的古政(2001)11 号《某县人民政府关于文兴街留守处片区旧房拆迁通告》、古政(2001)综 192 号《某县人民政府关于印发〈某县文兴街留守处片区旧房拆迁安置方案〉的通告》，向县法院提起行政诉讼。起诉人诉称，某县人民政府的《拆近通告》和《拆迁安置方案》没有遵守城市房屋拆迁"先安置，后拆除，合理补偿，妥善安置"的原则，并且违反了《土地管理法》、《城市规划法》、国务院《城市管理规定》、《城市公有房屋管理规定》、《福建省城市房屋拆迁管理办法》等法律法规的相关规定。起诉人认为《拆迁通告》、《拆迁安置方案》在程序和实体上违反了法律，侵犯了被拆迁户的合法权益，请求人民法院依法撤销古政（2001）11 号《拆迁通告》、古政（2001）综 192 号《拆迁安置方案》，并撤销某县留守处片区拆迁指挥部的《停水停电通告》。

二、 裁 判

某县人民法院经审查认为，马某某等八人的起诉不属于行政案件受案范围。因某县人民政府古政（2001）11 号《某县人民政府关于文兴街留守处片区旧房拆迁通告》和古政（2001）综 192 号《某县人民政府关于印发〈某县文兴街留守处片区旧房拆迁安置方案〉的通告》中所拆迁的房屋为政府的自管房，该房屋的所有权属于县政府。现县政府对其自管房进行改造，而起诉人马某某等八人所住房屋系县委、县政府安排，并且县政府已对起诉人马某某等八人的住房另行安置，县政府的行为从法律性质上来说属于内部行政管理行为，故起诉人马某某等八人的起诉不属人民法院的行政案件受理范围。依照最高人民法院《关于执行〈中华人民共和国行政诉讼法〉若干问题的解释》第 44 条第 1款第 1 项、第 2 项之规定，裁定：对马某某等八人的起诉不予受理。

三、 评 析

本案所涉及的法律问题是行政诉讼裁定中的不予受理的适用问题。

所谓不予受理是指公民、法人和其他组织对具体行政行为不服，向法院提起行政诉讼，法院对起诉材料进行初步审查后，认为起诉不符合法定条件，而作出的不予受理的裁定。

（一）行政起诉的条件

行政诉讼的起诉是指公民、法人或者其他组织，认为行政机关的具体行政行为侵犯其合法权益，向法院提起诉讼，请求法院审查具体行政行为的合法性并向其提供法律救济的行为。原告的起诉是启动行政诉讼的行为，是行政诉讼程序发生的前提条件。根据《行政诉讼法》第 41 条规定，提起行政诉讼应当符合下列条件：（1）原告是认为具体行政行为侵犯其合法权益的公民、法人和或者其他组织；（2）有明确的被告；（3）有具体的诉讼请求和事实根据；（4）属于

人民法院受案范围和受诉人民法院管辖。由该法律规范可以得出,行政诉讼的起诉需要符合以下的条件:

第一,原告适格。提起行政诉讼的人必须是认为具体行政行为侵犯其合法权益的公民、法人或者其他组织,只有具备这样条件的人才具备原告的资格。这一项条件要求原告必须与被诉的具体行政行为之间有着法律上的利害关系,认为他人权益受到具体行政行为侵犯或认为非具体行政行为侵犯其合法权益的均不可提起行政诉讼。

第二,有明确的被告。公民、法人或者其他组织提起行政诉讼时应当明确指出实施具体行政行为的行政机关、法律法规授权的组织的名称,也就是说,要明确与自己发生行政争议的组织的名称,否则,如果没有明确的被告,行政诉讼法律关系无从形成,行政诉讼的后果无人承担。一般而言,有明确的被告并非要求原告指明的就是真正的被告,只要原告明确表明对谁提起诉讼即可,至于法院若发现原告告错了,则法院有义务告知原告这一事实,并且负有协助变更的义务,所以,最终明确被告是法院的职责。

第三,有具体的诉讼请求和事实根据。公民、法人或者其他组织在起诉时,必须向法院提出具体的权利主张及其初步的理由和根据。其中,诉讼请求是原告请求人民法院对其实体权利进行司法保护的主张,行政诉讼中诉讼请求一般是请求确认具体行政行为违法或请求撤销、变更具体行政行为,或者请求责令行政主体履行法定职责等。

事实根据是用以支持诉讼请求的案情事实和证据事实。起诉时,要求原告提供事实根据主要是为了确认行政争议的存在,即原告只需证明与被告之间存在行政法上权利义务的争议即可,不要求原告提供证据证明被告具体行政行为的违法性。

第四,属于人民法院的受案范围和受诉人民法院管辖。

(二)不予受理的情形

人民法院在接到公民、法人或者其他组织提起的行政诉讼的起诉之后,依照一定的标准对起诉予以审查。《行政诉讼法》第42条规定,人民法院在接到起诉状,经审查,应当在七日内立案或者作出裁定不予受理。对于不予受理的情形,最高人民法院《关于执行〈中华人民共和国行政诉讼法〉若干问题的解释》中作出了相关规定,这些规定进一步完善了行政诉讼的起诉条件。该司法解释的第44条具体列举了11种人民法院裁定不予受理的情形,现分析如下:

第一,请求事项不属于行政审判权限范围的。

请求事项不属于行政审判权限范围,即是指相对人提起的诉讼请求不属于我国行政诉讼的受案范围。对于行政诉讼的受案范围,《行政诉讼法》第11

条和第 12 条用列举的方式从可受理和排除受理两个方面对此加以规定,最高人民法院的司法解释在第一部分又对之进行了补充规定。相对人请求的事项不符合行政诉讼法及其司法解释对行政诉讼受案范围的相关规定的,人民法院将裁定不予受理。

第二,起诉人无原告诉讼主体资格的。

《行政诉讼法》第 2 条规定,行政诉讼的原告是认为行政机关或行政机关的工作人员侵犯了其合法权益的公民、法人或者其他组织,后来在最高人民法院的《若干解释》第 12 条又补充规定了利害关系人的原告资格,即"与具体行政行为有法律上的利害关系的公民、法人或者其他组织对该行为不服的,可以依法提起行政诉讼"。因此,符合原告主体资格的不仅限于行政机关具体行政行为针对的对象,还包括与具体行政行为有法律上利害关系的人。

第三,起诉人错列被告且拒绝变更的。

起诉人错列被告的,法院对此负有协助其变更的义务。出现错列被告的情形时,法院有义务告知相对人应变更被告,但变更需征得起诉人的同意,如果起诉人拒绝变更的,则因不符合起诉条件,人民法院将裁定不予受理。

第四,法律规定必须由法定或者指定代理人、代表人为诉讼行为,未由法定或指定代理人、代表人为诉讼行为的。

民法上的无行为能力人和限制行为能力人是不能独立参加诉讼活动的,其诉讼活动必须由其法定代理人代理进行。根据法律规定,这样的无诉讼行为能力的公民,在其法定代理人不能行使此项代理权时,将由法院指定的代理人代为行使,法定代表人代表法人或者其他组织进行诉讼的,无法定代表人时,由指定代表人代为行使,法定或指定代理人、代表人其权利和诉讼地位是由法律规定的,其他人不可替代,否则,诉讼将不能合法地进行下去。

第五,由诉讼代理人代为起诉,其代理不符合法定要求的。

行政诉讼的代理人是指以当事人的名义,在代理权限内,代理当事人进行诉讼活动的人,它包括三类:法定代理人、指定代理人和委托代理人,每一类代理人均有其应符合的法定要求,不符合法定要求的代理人代为起诉的,人民法院将不予受理或裁定驳回起诉。

第六,起诉超过法定期限且无正当理由的。

行政相对人提起行政诉讼必须在法定期限内进行,否则,将承担丧失胜诉权的法律后果,即对相对人超过法定期限的诉讼请求将失去国家司法权的救济。《行政诉讼法》第 38 条规定了复议前置的行政行为的法定期限是相对人收到复议决定书的 15 日内或复议期满之日起的 15 日内;该法第 39 条规定了直接提起行政诉讼的法定期限是在行政相对人应当知道作出具体行政行为之日起 3 个月内。此外,一些单行的部门行政法规还有规定特殊的法定期限。另外,行政诉讼法的《若干解释》第 41 条到第 43 条对起诉的法定期限作出了进一步的规定和补充,关于行政诉讼证据的司法解释中还规定了对主张原告的起诉超过法定期限的请求,由被告承担举证责任。对于相对人的起诉超过法定期限又无正当理由的,人民法院应当裁定不予受理。

第七,法律、法规规定行政复议为提起诉讼必经程序而未申请复议的。

法律、法规规定行政复议为提起诉讼必经程序的又称作"复议前置的行政行为"。对于此类行政行为,未经复议而直接提起行政诉讼的,法院将裁定不予受理,这在国外行政法上称为"穷尽行政救济"原则。行政复议前置主要是考虑到某些行政领域会产生专业性和技术性较强的行政争议,从而设置一个行政处理程序,以便于让行政争议尽量在行政复议阶段解决,为行政机关提供一个自我纠错的机会。但是,如果复议机关不受理复议申请或者在法定复议期限内不作为的情形下,相对人因得不到行政救济,就可以转向法院寻求司法保护。而对于此等行政行为,相对人若是未申请复议的,法院则不提供对其启用行政诉讼程序进行保护的机会。

第八,起诉人重复起诉的。

在实践中,行政相对人重复起诉的情形主要有两种:一种情形是起诉人已经向法院提起诉讼,法院受理后,该起诉人又向该法院或别的法院起诉,该法院或后一法院对相对人的后一起诉应当裁定不予受理,已经受理的,应当裁定驳回起诉;另外一种情形就是该条第 9 项规定的情形,起诉人在撤诉后,或者经法院裁判后,又以同一事实或理由再次向法院提起诉讼的。所以,本项的规定主要是针对重复起诉的第一种情形,主要的目的是为了防止出现不一致的判决和保证司法资源的合理配置。

第九,已撤回起诉,无正当理由再行起诉的。

撤诉是指原告在法院立案后经法院同意将已成立之诉撤销,诉一经撤销,人民法院便不能再对案件继续行使审判权,有关的当事人和其他诉讼参与人也应退出诉讼。在行政诉讼中,原告撤诉后,对同一被告、同一诉讼标的、以同一理由再行起诉,没有正当理由法院将裁定不予受理。这一情况与民事诉讼中有所区别。一般来说,在民事诉讼中,争议的诉讼标的是双方当事人处于平等地位的民事法律关系,在这种关系中,双方当事人互不享有实施支配对方行为的权利,原告撤诉后只是对起诉行为的撤诉,不影响争议的民事法律关系,因而撤诉以后,可以提起新的诉讼。在行政诉讼中,争议的诉讼标的是行政法律关系,当事人双方所处的法律地位不同。被告是国家行政机关,通过它作出的具体行政行为来行使行政权力,作为原告的行政相对人受具体行政行为的支配,原告一旦撤诉,具体行政行为的效力,由有争议而变为确定。因此,原告撤诉以后,一般不准许其再对原具体行政行为提起新的诉讼,除非具备正当理由。

第十,诉讼标的为生效判决的效力所羁束的。

诉讼标的,通常是指当事人主张或否认的权利或法律关系,它是法院所裁判的对象,在行政诉讼中,诉讼标的就是具体行政行为的合法性,根据这一项规定,如果被诉的具体行政行为合法与否在其他生效的行政、民事、刑事判决中已经被确认,相对人就不能提起行政诉讼。对于相对人针对已经为生效判决所羁束的具体行政行为提起诉讼的,法院应当裁定不予受理,已经受理的,要裁定驳回起诉。

第十一,起诉不具备其他法定要件的。

这是此条的兜底条款,除了前面列举的十项行政相对人起诉所要求的消极条件以外,提起行政诉讼还需要其他的条件,比如说,起诉要有具体的诉讼请求,起诉要向对案件有管辖权的法院提起等,如果不具备这些条件,法院也将不予受理或驳回起诉。

以上为人民法院裁定不予受理的各种情形,对于其中可以补正或者更正的,人民法院应当在指定期间责令补正或者更正;在指定期间已经补正或者更正的,应当依法受理。

(三)本案的分析

在本案中,作为诉讼标的的是县政府的自管房,由于该房屋的所有权属于县政府,因此县政府对自管房进行改造,将居住在自管房内的原告另行安置并且要求搬迁的行为,符合内部行政行为的法律特征,故县政府的行为属于内部行政管理行为,根据《行政诉讼法》第 12 条的规定,不属于行政诉讼的受案范围。根据最高人民法院《关于执行〈中华人民共和国行政诉讼法〉若干问题的解释》第 44 条的规定,本案中,起诉人的请求事项不属于行政审判权限范围,起诉人不具备原告诉讼主体资格,符合该条的第 1 项、第 2 项中所规定的情形。因此,法院经审查,裁定对本案不予受理。

(宁德市中级人民法院 吴雅珍
厦门大学法学院 李 玲)

㊳ 驳回起诉之裁定的适用
——郑某某等不服某市人民政府房屋拆迁补偿安置方案案

一、 案 情

原告:郑某某等。

被告:某市人民政府。

第三人:某地产有限公司。

2000 年 8 月 1 日,某市人民政府作出某政[2000]文 304 号《某市人民政府关于要求审批汇盛商贸中心建设项目房屋拆迁补偿安置方案的请示》。经请示,2000 年 9 月 7 日,某地区行政公署作出某署综[2000]180 号《某地区行政公署关于汇盛商贸中心建设项目房屋拆迁补偿安置方案的批复》,同意某市某区人民政府的拆迁补偿和安置房价标准、增加安置面积办法、临时安置补助费和搬家补助标准。2000 年 9 月 22 日,某市建设委员会作出某区建综[2000]93 号《房屋拆迁公告》,规定安置方式及过渡时间按某署综[2000]180号文执行。某市人民政府于 2000 年 9 月 23 日将某署综[2000]180 号文及某区建综[2000]93 号《房屋拆迁公告》对外张贴公布。原告郑某某等系汇盛商贸中心建设项目所涉及的被拆迁户,对拆迁补偿安置方案不服,向某市中级人民法院提起行政诉讼,请求撤销被告某市人民政府作出的某政[2000]文 304号《某市人民政府关于要求审批汇盛商贸中心建设项目房屋拆迁补偿安置方案的请示》。

二、 裁 判

某市中级人民法院经审理认为,被诉行政行为对公民、法人或者其他组织的权利义务不产生实际影响,不属行政诉讼的受案范围,依照最高人民法院《关于执行〈中华人民共和国行政诉讼法〉若干问题的解释》第 44 条第 11 项的规定裁定驳回起诉。郑某某等不服,向某省高级人民法院提起上诉。某省高级人民法院二审裁定驳回上诉、维持原裁定。

三、 评析

本案涉及人民法院对驳回起诉之裁定的适用。

（一）驳回起诉之裁定的适用

原告向人民法院提起行政诉讼，必须具备法定的起诉要件，易言之，并不是所有的起诉都会被人民法院所受理，而是只有符合法定要件的起诉才会进入人民法院的诉讼过程。因此，人民法院应当对原告的起诉进行审查：符合起诉条件的，应当在 7 日内立案受理；不符合起诉条件的，应当在 7 日内裁定不予受理；受理后才发现不符合起诉条件的，应当裁定驳回起诉；7 日内不能决定是否受理的，应当先予受理，受理后经审查不符合起诉条件的，再裁定驳回起诉。根据最高人民法院《关于执行〈中华人民共和国行政诉讼法〉若干问题的解释》第 44 条的规定，有下列情形之一的，人民法院法院作出不予受理的裁定或者已经受理的裁定驳回起诉：(1) 请求事项不属于行政审判权限范围的；(2) 起诉人无原告诉讼主体资格的；(3) 起诉人错列被告且拒绝变更的，原告所起诉的被告不适格，人民法院应当告知原告变更被告，原告不同意变更的，裁定驳回起诉；(4) 法律规定必须由法定或者指定代理人、代表人为诉讼行为，未由法定或者指定代理人、代表人为诉讼行为的；(5) 由诉讼代理人代为起诉，其代理不符合法定要求的；(6) 起诉超过法定期限且无正当理由的；(7) 法律、法规规定行政复议为提起诉讼必经程序而未申请复议的；(8) 起诉人重复起诉的；(9) 已撤回起诉，无正当理由再行起诉的；(10) 诉讼标的为生效判决的效力所羁束的；(11) 起诉不具备其他法定要件的。

由于不予受理和驳回起诉的裁定适用于不具备法定条件的起诉，因此，前述的 11 种情形存在可以补正或者更正的情况的，人民法院应当指定期间责令补正或者更正，在指定期间已经补正或者更正的，应当依法受理。

由此可见，驳回起诉实际上针对的是起诉的程序问题，因此，根据最高人民法院《关于执行〈中华人民共和国行政诉讼法〉若干问题的解释》第 63 条第 2 项的规定，人民法院驳回原告起诉的应当作出裁定。驳回起诉不适用于判决。

（二）本案中的问题

公民、法人或者其他组织提起行政诉讼必须符合法律规定的条件。根据《行政诉讼法》第 41 条第 4 项的规定，属于人民法院行政诉讼受案范围是提起行政诉讼的法定条件之一。而依照最高人民法院《关于执行〈中华人民共和国行政诉讼法〉若干问题的解释》第 44 条第 11 项的规定,提起行政诉讼不属人民法院行政诉讼的受案范围,因其起诉不符合法律规定的条件,依法应当裁定不予受理,已经受理的,应当裁定驳回起诉。

本案的关键问题是:本案中被诉的行政行为,即被告作出的某政[2000]文 304 号《某市人民政府关于要求审批汇盛商贸中心建设项目房屋拆迁补偿安置方案的请示》是否是可诉的。如果这一行政行为不属于人民法院行政诉讼的受案范围,也就意味着原告不能对其提起行政诉讼,即其起诉应当被人民法院裁定驳回。

被告某市人民政府作出的某政[2000]文 304 号《某市人民政府关于要求审批汇盛商贸中心建设项目房屋拆迁补偿安置方案的请示》是行政机关向其上级机关作出的行为,在性质上属内部行政行为,并且该《请示》既未对外公布,也未被适用,对公民、法人或者其他组织的权利义务不产生实际影响。根据最高人民法院《关于执行〈中华人民共和国行政诉讼法〉若干问题的解释》第 1 条第 2 款第 6 项的规定,对公民、法人或者其他组织的权利义务不产生实际影响的行为,不属于人民法院行政诉讼的受案范围。因此,本案应当裁定驳回原告郑作忠等人的起诉,一、二审人民法院的裁定是正确的。

(宁德市中级人民法院　吴杰
厦门大学法学院 王建学)

㉟ 撤回上诉之裁定的适用
——吴某某诉某市公安消防大队撤回上诉案

一、 案 情

原告:吴某某。

被告:某市公安消防大队。

2002 年 2 月 19 日凌晨 3 时许,某市政府大院停车场内发生火灾,烧毁、烧损包括吴某某驾驶的某市文化局闽 J—60676 号桑塔纳轿车在内的小汽车8 辆。某市公安消防大队对火灾现场勘验后,于同年 2 月 21 日作出(安)公消认字[2002]第 002 号火灾原因认定书,认定该起火灾系闽 J—60676 桑塔纳轿车车内电气线路故障引起燃烧,并蔓延成灾。吴某某对此火灾原因认定不服,提请重新认定。2002 年 4 月 23 日,某市公安消防支队以宁公消重字[2002]第 002 号火灾原因、事故责任重新认定书认定,原认定事实清楚,证据充分,予以维持。吴某某遂向某市法院起诉,请求予以人民法院依法对该行政行为予以撤销。

二、 裁 判

某市人民法院经审理后认为,该市公安消防大队作出的 (安)公消认字[2002]第 002 号火灾原因认定书中并未认定火灾系属原告的原因,亦未对原告设定行政法上的权利义务,因此,该火灾原因认定书对原告的权利义务不产生实际影响,依照最高人民法院《关于执行〈中华人民共和国行政诉讼法〉若干问题的解释》第 1 条第 2 款第 6 项之规定,对公民、法人或者其他组织的权利义务不产生实际影响的具体行政行为,若行政相对人不服而提起诉讼的,不属于行政诉讼的受案范围。为此,依照最高人民法院《关于执行〈中华人民共和国行政诉讼法〉若干问题的解释》第 44 条第 1 项规定,一审法院作出如下裁定:驳回原告吴某某的起诉。

吴某某不服一审裁定,向某市中级人民法院提起上诉。在二审审理过程中,吴某某申请撤回上诉。某市中级人民法院经审理后,作出二审裁定:准予上诉人吴某某撤回上诉,双方当事人按原审裁定执行。

三、 评 析

本案中涉及的问题是人民法院准予原告撤回上诉的问题,即有关撤回上诉之裁定的适用问题,具体到本案就是人民法院可否准予吴某某撤回上诉。

(一)行政诉讼中的上诉

行政诉讼的上诉引起上诉审程序,即二审程序,是指一审法院作出裁判后,诉讼当事人不服,在法定期限内提请一审法院的上一级法院重新进行审理并作出裁判的程序。二审程序与一审程序是审判程序中两个既各自独立又紧密联系的不同阶段。一审程序是二审程序的前提和基础,它是审理行政案件的必经程序;二审程序不是必经程序。一个行政案件是否经过二审,主要取决于当事人是否上诉。二审程序就其性质而言,是一审程序的继续,体现了上级法院对下级法院的审判监督。当事人依法享有的上诉权和上级法院对下级法院的审判监督权是二审程序发生的基础,这一点与一审程序是基于原告的起诉权和法院的管辖权而发生有所不同。行政诉讼设立二审程序,对于实现当事人的上诉权,维护当事人的合法权益和实现上级法院对下级法院的审判监督,保证人民法院裁判的正确性具有重要作用。

行政诉讼的二审程序因当事人的上诉启动。上诉,是指行政诉讼当事人不服地方各级人民法院未生效的判决和裁定,在法定期限内声明不服,请求上一级法院依法进行审理的诉讼行为,法律赋予当事人的这一权利,称为上诉权。当事人行使上诉权提起上诉,必须具备以下几个条件:

1. 必须有上诉的法定对象。上诉的对象也叫上诉的客体,它是指可以提起上诉的裁决和裁定的范围。当事人只能对法律允许提起上诉的裁判上诉。在行政诉讼中,可以提起上诉的判决包括除最高人民法院以外的所有一审行政判决,可以提起上诉的裁定包括不予受理案件的裁定、驳回起诉的裁定和管辖权异议的裁定三种。

2. 必须有合格的上诉人和被上诉人。凡是一审程序的原告、被告和第三人都是合格的上诉人。公民的法定代理人和当事人特别授权的委托代理人,可以提出上诉。而被上诉人则是指提起上诉的对方当事人。

3. 必须遵守上诉的法定期限。不服一审判决的上诉期限为15日,不服一审裁定的上诉期限为10日。逾期不上诉,一审的裁判就发生法律效力。上诉期限从一审判决和裁定书合法送达后的第2天开始计算。

4. 上诉必须递交上诉状。

5. 必须依法交纳上诉费用。此项费用一般应由上诉人向法院提交上诉状时预交。

上诉权是公民的行政诉权的重要组成部分,只要符合以上的条件,行政相对人即可通过提起上诉来引发行政诉讼的第二审程序,从而实现上诉权。

(二)上诉的撤回

上诉的撤回,是指二审法院受理上诉后至宣告二审裁判前,由于上诉人撤回上诉,经法院审查准许其撤回上诉,从而终结二审审理的诉讼制度。

《行政诉讼法》未规定上诉人能否撤回上诉,但是该法第51条规定:"人民法院在行政案件宣告判决或者裁定前,原告申请撤诉的或者被告改变其所作出的具体行政行为,原告同意并申请撤诉的,是否准许,由人民法院裁定。"从这条规定来看,行政诉讼的原告可以在人民法院"宣告裁判"之前申请撤诉,也就是说,原告只要在发生法律效力的行政裁判宣告之前即可撤回诉讼请求。因此,基于上诉与起诉都是当事人重要的诉讼权利,当事人既可行使也可放弃。因此,上诉人提起上诉之后,在二审法院作出判决、裁定之前,可要求受诉法院不再审理该案件,这也是符合行政诉讼中上诉审的法律制度设计的。

一般而言,上诉人撤回上诉的条件有三:一是必须在第二审法院宣判前提出书面申请,二是必须经二审法院审查后作出裁定批准,三是撤诉必须是出于当事人自愿。法院审查撤回上诉请求主要审查以下几方面:第一,有无规避法律;第二,有无损害国家、集体、他人和社会公共利益;第三,是否符合其他撤诉条件。发现有下列情形之一的,人民法院有权裁定不准撤诉:(1)原审法院的裁判确有错误,应当依法纠正或发回重审的案件;(2)上诉人因行政机关改变其原具体行政行为而申请撤回上诉的;(3)撤回上诉将影响或损害被上诉人权益的;(4)撤回上诉有规避法律之嫌,将对国家、集体、他人和社会公共利益造成损害的。

经审查,法院认为上诉人撤回上诉没有规避法律和损害国家、社会、集体和他人利益,符合撤诉条件的,应当准许撤诉。

撤回上诉会产生以下法律后果:(1)上诉人丧失对本案的上诉权,不得再行上诉;(2)一审裁判发生法律效力;(3)上诉人负担诉讼费用。

要特别注意的是,对于当事人双方都上诉的案件,不能因一方当事人申请撤回上诉而终结对案件的审理,当事人撤上诉不能一撤到底。

(三)本案的分析

根据《行政诉讼法》第41条第4项的规定,原告提起诉讼应当属于人民法院受案范围;若原告的起诉不属于人民法院受案范围,就应当依照最高人民法院《关于执行〈中华人民共和国行政诉讼法〉若干问题的解释》第44条第1项的规定,裁定驳回原告的起诉。本案中,某市公安消防大队作出的火灾原因认定书对原告的权利义务不产生实际影响,依照最高人民法院《关于执行〈中华人民共和国行政诉讼法〉若干问题的解释》第1条第2款第6项之规定,原告对其权利义务不产生实际影响的行为不服提起诉讼的,不属于行政诉讼的受案范围。因此,一审裁定驳回原告吴某某的起诉是正确的。

原告撤诉必须符合下列条件:(1)必须有书面申请;(2)撤诉的意思表示必须是真实的;(3)撤诉请求不得附加条件;(4)不得损害国家利益、公共利益和他人的合法权益,不得规避法律责任;(5)必须在判决或者裁定宣告以前提出。本案吴某某在二审审理过程中,申请撤回上诉,符合以上条件。因此,二审裁定准予上诉人吴某某撤回上诉也是正确的。

(宁德市中级人民法院 吴先干
厦门大学法学院 李 玲)

④ 准予撤回起诉之裁定的适用
——中国水利水电某工程局不服某县劳动局工伤认定案

一、 案情

原告:中国水利水电某工程局。

被告:某县劳动局。

第三人:林某某。

2001年8月23日,某县大桥镇高洋村村民林某某被中国水利水电某工程局第六工程处雇佣,为农电改造工程搬运电杆。在搬运过程中被电杆压伤,造成脊椎骨压缩性骨折。2002年4月9日,被告某县劳动局根据《劳动保险条例实施细则修正草案》第1条第1款和劳部发(1996)266号《企业职工工伤保险试行办法》第8条第1项之规定,认定林某某受伤属于工伤。原告中国水利水电某工程局对被告的认定不服,向某县人民法院提起行政诉讼。

原告诉称:被告认定原告是工伤事故案件的用工主体,严重错误,且对工伤事故的认定事实不清,证据不足,适用法律法规错误,因此,请求人民法院依法撤销被告作出的某劳监(2002)003号《关于林某某同志的工伤的认定》。被告辩称:对第三人林某某同志的工伤认定,是在严格依照法定程序,深入调查,查清事实,正确适用法律的基础上作出的,因此,恳请人民法院维持我局作出的工伤认定。

在某县人民法院审理期间,原告以本案已与第三人林某某自愿达成调解协议为由,于2002年10月16日向法院提出申请撤诉。

二、 裁判

某县人民法院认为,原告中国水利水电某工程局撤回起诉的理由成立,其撤回起诉是其真实意思表示,并且未对公共利益或他人利益造成损害,其申请撤回起诉符合法律规定,应予准许。依照《行政诉讼法》第51条之规定,裁定如下:准予原告中国水利水电某工程局撤回起诉。

三、 评 析

本案中涉及的问题是人民法院准予原告撤回起诉的问题,即有关裁定撤诉的适用问题。

(一)行政诉讼中的撤诉

行政诉讼中的撤诉是原告表示或者依行为推定其将已经成立的起诉行为撤销,法院审查后予以同意的诉讼行为。可见,撤诉有两个条件:一是原告明确表示撤销起诉或者由于其消极的诉讼不作为推定其撤销起诉,二是法院的审查同意。行政诉讼中的撤诉是原告行使处分权的一种体现,也是人民法院终结行政诉讼案件审理的一种方式。

根据《行政诉讼法》第 48 条、第 51 条的规定,行政诉讼撤诉有自愿申请撤诉和视为申请撤诉两种,具体分为三种类型:

第一,原告申请撤诉。在行政诉讼过程中,当法院受理案件以后,裁判宣告以前,原告请求法院撤回业已成立的诉讼,法院审查同意后,可准许其撤诉。

第二,被告改变自己的具体行政行为并且得到原告的同意,原告同意撤诉,这种撤诉亦要经法院审查准许。原告申请撤诉,经法院准许而终结诉讼,如果没有正当事由,原告将不得再行起诉,法院也不再受理。若原告申请撤诉,法院不予准许,原告仍应参加诉讼。第三人在原告撤诉行为成立后,认为被撤销的诉讼所针对的行政机关的具体行政行为侵犯他的合法权益时,其可以另行起诉。

第三,视为申请撤诉的情形。在行政诉讼中,原告并没有明确表示撤诉的意思,但由于其在诉讼中消极的诉讼行为,法院可推定其意图撤销诉讼,此种撤诉即是"视为申请撤诉"。视为申请撤诉的情形具体有:原告经人民法院两次合法传唤无正当理由拒不到庭,或者虽到庭但未经法庭同意而中途退庭的,可以按撤诉处理;或者原告未按规定的期限预交案件受理费,又不提出缓交、减交、免交申请,或者提出申请未获批准的,按自动撤诉处理。这种撤诉情形缘于原告的消极的诉讼行为,与自愿申请撤诉不同的是:自愿申请撤诉是原告对诉讼权利的积极处分,它主要取决于原告的意志;而视为申请撤诉则是原告对诉讼权利的消极处分,它主要取决于法律的规定。对视为申请撤诉的情形,法院根据相对人的消极诉讼行为而剥夺其诉权,带有一定的司法强制性。

人民法院裁定撤诉具有一定的法律意义。首先,原告申请撤诉或经法院两次合法传唤后无正当理由拒不到庭而为法院视为申请撤诉的,经法院准许者,终结诉讼。这在实体法上产生的法律后果是诉讼请求不能实现;在程序法上产生的法律后果是终结诉讼程序,使诉讼法律关系归于消灭。其次,原告申请撤诉,法院不予准许或原告经法院两次合法传唤无正当理由拒不到庭,其仍须继续参加诉讼,如其仍拒不到庭,法院可以缺席判决。最后,行政诉讼中,原告申请撤诉或被法院视为申请撤诉的情形,法院准许后,如果没有正当事由,行政相对人不得再针对同一被告、同一具体行政行为、以同一理由再行提起诉讼,对行政相对人这种重复起诉的行为,法院将裁定不予受理,已经受理的,裁定驳回起诉。之所以作出这样的规定,主要是基于行政诉讼具有不同于民事诉讼的特点。在行政法律关系中,被告行使的是国家的行政权力,作为原告的行政相对人受到作为被告的行政机关作出的具体行政行为的支配,原告一旦撤诉,具体行政行为的效力便由存在争议变为确定。此时,原告有必须履行该具体行政行为的义务,如果允许原告重新起诉,势必会引起一系列与此相关的法律关系的再度动荡,从而不利于社会关系的稳定。因此,原告撤诉以后,一般不应准许其再对原具体行政行为提起新的诉讼。但是,原告具备正当事由的情形除外。比如说,原告以不同事实或理由重新起诉,人民法院应当受理。如果准予撤诉的裁定确有错误的,原告申请再审的,人民法院应当通过审判监督程序撤销原准予撤诉的裁定,重新对案件进行审理。还有,如果原告是因未按规定预交案件受理费而按撤诉处理的,原告在法定期限内再次起诉,并依法解决诉讼费预交问题的,人民法院应当受理。

(二)人民法院对原告申请撤诉的审查

是否准予撤诉是人民法院审判权的表现。在我国,行政诉讼中的撤诉并不纯粹是原告单方面的诉讼行为,而是原告申请撤诉和人民法院准予撤诉的两种行为共同构成的诉讼活动。原告行使撤诉的请求权,需经人民法院决定准许撤诉,撤诉才能最终实现。如果人民法院不准许撤诉,案件即不能终结,诉讼程序必须继续进行下去。即使在视为申请撤诉的情形中,法院仍要裁定是否准许,这是人民法院审判权的表现。此种制度设置的意图在于:一方面,防止申请撤诉是受被告行政机关的胁迫,而非出于自愿;另一方面,防止被告为达到让原告撤诉的目的而以牺牲公共利益或他人利益来满足原告的不合理要求。

人民法院对原告申请撤诉的审查,主要是看原告申请撤诉是否满足以下条件:第一,撤诉申请人是原告或原告的法定代理人或者经原告特别授权的委托代理人,申请撤诉是原告的专属权利,被告或第三人均不得提出撤诉请求;第二,撤诉申请出于原告自愿,是原告真实的意思表示并且明确提出;第三,撤诉申请符合有关法律规定,原告申请撤诉不得规避法律,也不得损害国家、社会公共利益和他人的利益;第四,撤诉申请的提出是在判决、裁定宣判前,这是对撤诉申请提出的时间要求。

在人民法院对撤诉申请的审查标准中,要求撤诉申请必须是原告的真实意思表示这一点是一个关键因素。这主要是因为目前,我国已经审结的行政诉讼案件中,原告申请撤诉的比重比较大,但是,据专家分析,其中相当一部分并非完全出于原告自愿,而是来自被告或者其他方面的压力所致。而行政诉讼的起诉涉及行政相对人的法定诉权,相对人能否启动行政诉讼程序从而得到司法权的救济意味着其合法权益实现的可能性。因此,人民法院对撤诉申请的审查之所以如此是出于保护相对人的诉权,原告出于自愿撤诉才是其对行政诉权的真正处分,但是,倘若原告申请撤诉并非出于真实的意思表示,则致使法律保护行政相对人诉权的目的落空,反使得行政权侵犯公民、法人或者其他组织的合法权益有了制度上的凭借。所以,在对原告撤诉是否出于自愿这一因素的审查要实行严格标准。

另外,实践中,原告申请撤诉与被告行政机关在一审期间改变具体行政行为有着密切的关系。从行政管理的角度看,作为被告的行政机关变更或者撤销自己作出的具体行政行为,本身属于行政机关行使其固有的行政权的表现,并且是其主动纠正自己在行政管理过程中出现的错误的一种法定机制。如果原告同意并接受这种改变,向人民法院申请撤诉的话,人民法院应当准许原告撤诉的要求并终结行政诉讼。但是,若是作为被告的行政机关出于避免诉累的目的,以牺牲国家、集体的公共利益或者他人的利益为代价,来换取原告的撤诉,则是不正当的,也是不符合法律规定的。在这种情形下,人民法院在对原告的撤诉申请进行审查时,必须连带审查行政机关重新作出的具体行政行为对国家、集体的公共利益或者他人的利益造成了何种影响。因为行政诉讼的目的并不仅仅是为了保护认为自己权益受到具体行政行为侵害的行政相对人的个人利益,而是与此同时,通过对具体行政行为合法性的审查、监督,保障行政机关依法行政,执政为民。对于被告明显违法或失当地撤销、变更原具体行政行为而原告申请撤诉等不正常的现象,如果人民法院一概听之任之,那就完全背离了行政诉讼制度设立的本来目的。

（三）本案的分析

本案中的情形,属于原告自愿申请撤诉的情形。依据人民法院对原告申请撤诉的审查标准,在本案中,第一,撤诉申请是由原告提出的;第二,撤诉申请是原告的真实意思表示,并且原告向法院递交了书面申请撤诉书,从而明确地提出撤诉申请;第三,原告已与第三人就工伤达成赔偿协议,并已履行完毕,原告提出撤诉申请不损害国家、集体的公共利益和他人利益;第四,原告的撤诉申请是在法院判决之前提出的,符合撤诉申请提出的有关时间要求。因此,根据《行政诉讼法》第 51 条的规定:人民法院对行政案件宣告判决或者裁决前,原告申请撤诉的,是否准许,由人民法院裁定。基于以上的条件,法院裁定准许原告撤诉是正确的。

另外,在法院作出判决前原告和被告协商解决的做法,应予支持,这种庭前和解既使得原告受到被告行政机关的具体行政行为侵害的合法权益得到了保障,原告达到了本来欲启动行政诉讼程序所要达到的目的,同时,又使得行政机关的行政管理工作得到了应有的监督,还对行政机关的权威未造成任何损害。这样的方式使得作为原告的行政相对人和作为被告的行政机关不再处于绝对对立的位置,有利于双方矛盾的化解。

(古田县人民法院　黄荣峰

厦门大学法学院　李　玲)

④41 中止诉讼之裁定的适用
——某市某建设发展公司不服某市某区房地产管理局颁发房屋所有权证案

一、 案情

原告:某市某建设发展公司。

被告:某市某区房地产管理局。

第三人:屠某某。

1997 年原告某市某建设发展公司经批准开发位于某市某区八一五东路的"福海花园"项目。该项目现业已竣工验收。2000 年 7 月 17 日原告与第三人屠某某签订"商品房购销合同",约定由屠某某向其购买"福海花园"A7 店面,该房产总价款为人民币 200000 元。2000 年 10 月 30 日被告颁发蕉房权 N 字 200004094 号"房屋所有权证"给第三人屠某某。原告不服被告的行政行为,以第三人屠某某未付清购房款,且原告也未与第三人共同向被告申请房屋权属变更登记,被告擅自颁发"福海花园"A7 店面"房屋所有权证"的做法违反有关法律与行政法规,侵犯了原告的合法权益为由,提起行政诉讼,请求法院撤销蕉房权证 N 字 200004094 号"房屋所有权证"。

二、 裁 判

某市某区人民法院经审理认为,基于原告的诉讼请求,本案的焦点问题是:(1)被告作出的颁证行为是否符合法定条件;(2)被告颁证是否遵从了法定程序。在审查第一个问题时,涉及颁证要件的真实性问题。作为颁证要件的"商品房购销合同"和"移户申请表"上加盖的原告单位的公章均是虚假的。庭审中,被告与第三人均认为这两份材料是原告公司的原售楼小姐张某某代表原告公司与第三人办理的。因此,要查明这一事实,必须经张某某到庭后进行调查。在审查第二个焦点——颁证的程序问题时,也涉及是否是由张某某代表原告公司与第三人一同办理申请移户手续的。因此,由于本案的关键事实均涉及张某某,而张某某由于涉及刑事诈骗已被公安机关立案侦查,在张某某未到庭的情况下,本案事实无法查清,根据"刑事优先"的原则,依照最高人民法院《关于执行〈中华人民共和国行政诉讼法〉若干问题的解释》第 51 条第 1款第 6 项、第 63 条第 5 项之规定,某市某区人民法院裁定:本案中止诉讼。

三、 评 析

本案涉及人民法院中止诉讼应当作出裁定。

(一)人民法院中止诉讼的应适用裁定

行政诉讼的中止是指在行政诉讼进行的过程中,因出现一定的客观情况,需要中断诉讼,诉讼暂时停止,待引起诉讼中断的事由消失后再恢复诉讼的制度。根据最高人民法院《关于执行〈中华人民共和国行政诉讼法〉若干问题的解释》的第 51 条的规定,出现下列情形,人民法院应当决定中止诉讼:

1. 原告死亡,须等待其近亲属表明是否参加诉讼。出于对行政诉讼原告权利的保护,当原告死亡时,应由其近亲属自由决定是否参加诉讼,而其近亲属表明是否参加诉讼尚需一定时间,因此应当将诉讼活动中止,待死亡原告的近亲属表明参加诉讼后再恢复诉讼活动。

2. 原告丧失诉讼行为能力,尚未确定法定代理人。丧失诉讼能力即意味着原告不能继续以自己的行为行使诉讼权利、承担诉讼义务。如果原告在诉讼过程中因病或其他事由造成精神病或其他丧失神智的情形而丧失诉讼行为能力,应由原告的法定代理人代其参加诉讼。但在法定代理人尚未确定期间,人民法院应裁定中止诉讼。

3. 作为一方当事人的行政机关、法人或者其他组织终止,尚未确定权利义务承受人。这种情形同于作为原告的公民死亡,须中止诉讼活动,待确定其权利义务承受人以后再恢复诉讼。当作为被告的行政机关或法律、法规授权的组织终止,或者作为原告的法人或其他组织终止,尚未确定权利义务承受人时,只能中止诉讼,等待新的行政机关或组织来承受其权利义务。

4. 一方当事人因不可抗力的事由不能参加诉讼。当发生不能预见、无法克服、不可避免的事由,足以影响当事人参加诉讼时,人民法院应当中止诉讼,直至上述事由消失后恢复诉讼活动。

5. 案件涉及法律适用问题,需要送请有权机关作出解释或者确认。在行政案件的审理过程中,当人民法院发现涉案的法律、法规或规章相互冲突时,由于人民法院无权审查法规、规章的效力,因此只能依《立法法》的规定将案件中涉及的法律、法规或规章逐级上报至最高人民法院,由最高人民法院提请全国人大常委会或国务院进行解释。在此期间,人民法院必须中止案件的审理。

6. 案件的审判须以相关民事、刑事或者其他行政案件的审理结果为依据,而相关案件尚未审结。

7. 其他应当中止诉讼的情形。此条规定考虑到其他无法预见的情形,实际上赋予人民法院以司法裁量权,根据适当的情形中止诉讼程序的进行。

行政诉讼的中止只是诉讼程序上的问题,并不直接关系到案件实体问题的解决,而裁定适用于人民法院就程序问题作出的决定,因此,人民法院决定诉讼的中止应适用裁定。

(二)本案应裁定中止诉讼

本案中,法官准确地适用了中止裁定。人民法院在审理本案的过程中,首先识别了两个核心的法律问题,即:(1)被告向第三人作出的颁证行为是否符合法定条件;(2)该颁证行为是否遵从了法定程序。对于前一问题,作为颁证要件的"商品房购销合同"和"移户申请表"上加盖的原告单位公章均是虚假的,这使得人民法院必须首先确定颁证要件的真实性。被告与第三人均承认上述两份材料是原告公司的原售楼小姐张某某代表原告公司与第三人办理的。因此,要查明这一事实,必须待张某某到庭后进行法庭调查。而第二个焦点——颁证的程序问题,这也有待于这一事实的查明:是否是由张某某代表原告公司与第三人一同办理移户手续的。由于本案的关键事实均涉及张某某,而张某某由于涉及刑事诈骗已被公安机关立案侦查,该案正在侦查过程中,张某某无法到庭,本案事实无法查清。最高人民法院《关于执行〈中华人民共和国行政诉讼法〉若干问题的解释》的第51条第1款第6项规定:"案件的审判须以相关民事、刑事或者其他行政案件的审理结果为依据,而相关案件尚未审结。"因此,根据"刑事优先"的原则,人民法院依照最高人民法院《关于执行〈中华人民共和国行政诉讼法〉若干问题的解释》的第51条第1款第6项的规定中止本案的审理是正确的。

(宁德市蕉城区人民法院　黄冰凌

厦门大学法学院　王建学)

42 共同诉讼
——陈某某等要求被告某市人民政府、某市教育局履行法定职责案

一、案情

原告:陈某某。

被告:某市人民政府。

被告:某市教育局。

1998年,原告陈某某等七人参加中专入学考试,因成绩低于录取线,根据福建省教育委员会闽教(1998)计012号《关于下达1998年我省中等师范学校招生生源计划的通知》、福建省某地区教育委员会宁署教计(1998)22号《关于下达1998年中等师范学校、特殊师范学校分县市招生计划的通知》、福建省某地区招生委员会关于1998年全区招生工作有关问题的会议纪要、福建省1998年招收初中毕业生中专、中师招生录取新生名单(某国家任务),原告陈

某某等人向福安师范学校交了捐资费 2.8 万元,成为福安师范学校四年制普师专业学生,系国家指令性计划招收的应届初中毕业生。2002 年,原告陈某某等七人完成全部学业,获得毕业证书,持学校发给的福建省普通中等师范学校毕业生就业报到证,到被告某市教育局报到,被告某市教育局已依法对原告等人予以登记备案。2002 年 8 月 16 日,中共某市委编委办印发中共某市委机构编制委员会文件《市委编委会议纪要》第 1 项第 4 条第一点规定:"同意从今年中等师范类毕业生(普师、幼师)中公开考试,择优录用 30 名。"被告某市教育局根据该文件规定,组织了包括原告等七人在内的国家指令性计划招收中等师范学校毕业生参加的公开考试,原告等七人的成绩未能达到前 30 名,因此未能被聘用。七原告遂提起诉讼,要求法院判令两被告某市人民政府、某市教育局履行法定职责,限期安置原告就业。

二、 裁 判

一审法院经审理认为,原告陈某某等七人向福安师范学校捐资 2.8 万元,成为该校四年制普师专业学生,并未与两被告签订定向分配合同。本案被告某市人民政府、某市教育局已经按照福建省教育厅闽教人(2002)46 号《关于做好 2002 年福建省师范专业毕业生就业工作的意见》的文件精神,组织了包括原告等七人在内的国家指令性计划招收中等师范学校毕业生参加的公开考试,择优录用 30 名分配到本市小学、幼儿园任教,被告已经履行了法定职责。现对原告等人要求被告某市人民政府、某市教育局限期安置原告等人就业的诉讼请求,不予支持。据此,一审法院判决驳回原告等七人的诉讼请求。

二审法院经审理认为,上诉人陈某某等七人因考试成绩低于录取分数线,通过捐资助教成为扩招生,"师范学校捐资助教生申请表"的性质属于教育合同而不属于就业合同,因此,两被上诉人某市人民政府、某市教育局与上诉人之间不存在就业行政合同关系。但是,上诉人陈某某等七人系国家指令性计划招收的中等师范学校毕业生,毕业后应得到妥善安置。被上诉人某市人民政府、某市教育局已经对上诉人陈某某等七人予以登记备案,并按照福建省教育厅闽教人(2002)46 号《关于做好 2002 年福建省师范专业毕业生就业工作的意见》的规定组织包括上诉人陈某某等七人在内的国家指令性计划招收中等师范学校毕业生参加的公开考试,择优录用 30 名分配到某市小学、幼儿园任教,且在二审期间已经对上诉人陈某某等七人作出了有关就业安置问题的书面答复。因此,被上诉人已经履行了法定职责。一审认定事实清楚,证据充分,程序合法,适用法律正确。据此,判决驳回上诉,维持原判。

三、 评析

本案主要涉及行政诉讼中的共同诉讼问题。行政诉讼的当事人,在通常情况下,原、被告都是单一的,但是,在某些行政案件中,原被告一方或者双方可能不是单一的,而是两个或两个以上的个人、组织,这种情况即导致共同诉讼。

(一)行政诉讼中的共同诉讼的概念、种类

1. 共同诉讼的概念

根据《行政诉讼法》第26条的规定,行政诉讼中的共同诉讼是指当事人一方或者双方为两个以上,因同一具体行政行为发生的行政案件,或者因同样具体行政行为发生的行政案件,人民法院认为可以合并审理的诉讼。从这一概念出发,可以得出共同诉讼的成立条件有以下几个:

第一,当事人双方至少有一方为两人以上。如果原告为两人以上,称为共同原告;如果被告为两人以上,称为共同被告。

第二,必须有相互独立的诉讼存在。因共同诉讼反映的是诉的合并这一事实,而诉的合并是以独立的诉为基本单元和基本要求的。因而,如果人民法院认为原告遗漏了被告而要求其追加而原告不同意的,人民法院不能依职权主动追加被告,只能通知其以第三人身份参加诉讼。这主要是因为原告不同意追加,说明没有一个独立的诉存在,缺乏诉的合并条件。

第三,各个诉之间或诉讼标的是同一个具体行政行为,或者是同一类具体行政行为。其中,前者称之为必要的共同诉讼,后者称之为非必要的共同诉讼。

第四,各个诉均属于人民法院主管和同一个人民法院管辖。

第五,在法律程序上,人民法院可以进行合并审理。

2. 共同诉讼的种类

根据共同诉讼成立的条件,可以将共同诉讼分为以下两种:

一是必要共同诉讼。因同一具体行政行为发生的共同诉讼,即当事人一方或者双方为二人以上,因对同一个具体行政行为是否合法发生争议而提起的诉讼。例如,甲乙二人共有的一批货物,被工商管理部门认定为假冒伪劣商品而强制扣押,甲乙二人对此行政处理决定不服而提起的诉讼,就是必要的共同诉讼。必要的共同诉讼因基于同一具体行政行为而发生,故共同原告或者共同被告有着共同的权利和义务。因此,对于必要的共同诉讼,人民法院应当合并审理。

二是普通共同诉讼。因同一类的具体行政行为发生的共同诉讼,即当事人一方或者双方为二人以上,因对同样的具体行政行为是否合法发生争议而提起的诉讼。例如,甲乙二人同在一条街道上违章停车而被交通管理部门罚款,甲乙二人均对此行政处罚不服而提起的诉讼。普通的共同诉讼并不必然导致法院的合并审理,必须是人民法院认为可以并且有必要合并审理的,才能合并审理。可见,普通共同诉讼的产生取决于人民法院的选择。

必要的共同诉讼和普通的共同诉讼两者的主要区别在于:必要共同诉讼是因行政机关的同一具体行政行为,引起了两个以上的原告或者被告之间因该具体行政行为,产生了相互联系的或者共同的利害关系,对此,法院必须合并审理,在法律性质上属于不可分之诉;普通共同诉讼是因行政机关的同样具体行政行为而引起两个以上的原告或者被告,它们之间没有相互联系的或者共同的利害关系,当法院合并审理时,形成共同诉讼;当法院分开审理时,成为各个独立的案件,因而属于可分之诉。

3. 共同诉讼的目的

共同诉讼是诉讼法上的一项制度设计。行政诉讼法上设立共同诉讼的目的在于,避免对同一或同类的行政争议作出相互矛盾的判决。同时,也达到了简化诉讼程序,节约司法资源,提高办案效率的目的。

从人民法院审判的角度来看,共同诉讼就是合并审理,是人民法院对诉讼主体的一种合并处理。最高人民法院关于行政诉讼的司法解释第46条中,对人民法院可以决定合并审理的行政诉讼作出了补充规定,主要有以下三种类型:

第一,两个以上行政机关分别依不同的法律、法规对同一事实作出具体行政行为,公民、法人或者其他组织不服向同一人民法院起诉的,人民法院可以决定合并审理。

第二,行政机关就同一事实对若干公民、法人或者其他组织分别作出具体行政行为,公民、法人或者其他组织不服向同一人民法院起诉的,人民法院可以决定合并审理。

第三,在起诉过程中,被告对原告作出新的具体行政行为,原告不服向同一人民法院起诉的,人民法院可以决定合并审理。

合并审理是人民法院把几个独立的诉讼,合并在一个案件中进行审理和裁判,彼此之间有所牵连,这三种合并审理的情形与共同诉讼所要达到的目的是一致的。

(二)共同诉讼人

共同诉讼人就是参与共同诉讼的当事人，其前提是共同诉讼的存在。当事人之间存在着共有法律关系或同种类的法律关系，是共同诉讼人制度的本质属性，也是与单一的原告、被告当事人制度的本质区别。与必要的共同诉讼和普通的共同诉讼相对应，共同诉讼人分为必要共同诉讼人和非必要共同诉讼人。

1. 必要共同诉讼人

必要的共同诉讼以及必要的共同诉讼人的存在前提，即是同一具体行政行为。在存在共同原告的场合，诉讼标的的这种同一性意味着他们不服的是同一具体行政行为，诉请法院审查的是同一个具体行政行为的合法性；在存在共同被告的情况下，诉讼标的的这种同一性说明了被诉的具体行政行为是他们的共同行为，如两个以上行政机关联合作出同一个具体行政行为，共同作出具体行政行为的行政机关就是共同被告。

在实践中，比较典型的必要共同诉讼人主要有以下几种情形：

第一，同一具体行政行为涉及两个以上的利害关系人，两个以上的利害关系人均可提起行政诉讼。这种情形在现实生活中，又主要表现为以下几种情况：(1)行政诉讼中的共同被处罚的人。如在一起赌博案件中，三个参与人均被处罚，该三个被处罚人均不服，提起诉讼，成为共同原告。再如，行政机关对同一违法的法人及法定代表人同时给予行政处罚，两者均不服提起行政诉讼的，亦作为共同原告。(2)侵权案件中的致害人和受害人均对给予致害人的行政处罚不服提起诉讼的。尽管两人的诉讼请求具有对立性，但因是同一诉讼标的，法院须合并审理，在这里的致害人和受害人成为共同原告。(3)其他具体行政行为的共同受害人，均对具体行政行为不服提起诉讼。共同受害人为共同原告。

第二，具体行政行为是由几个行政主体共同作出的，两个以上的行政主体被指控的，被指控的行政主体是共同被告，没有被指控，人民法院要求原告追加而原告不同意的，法院应当通知其以第三人的身份参加诉讼。

2. 非必要共同诉讼人

非必要共同诉讼中的诉讼标的是同样的具体行政行为，即同类的行政行为，不同于必要共同诉讼中的同一具体行政行为。对于这种共同诉讼，人民法院有决定是否合并审理的选择权。

本案原、被告均为两人以上，他们共同存在于一个法律关系当中，对权利的享有和对义务的负担有不可分割和必然的联系。即两被告对辖区内的中等师范学校毕业生的安置工作，有不可分割和必然的联系，法院必须合并审理，属于必要共同诉讼。

（宁德市中级人民法院　刘海滨

厦门大学法学院　李　玲）

㊸人民法院依法追加被告
——龚某不服某县文化体育局、某市文化与出版局行政强制措施行为一案

一、案情

原告：龚某。

被告：某市文化与出版局。

被告：某县文化体育局。

被告某市文化与出版局根据群众举报，于 2003 年 7 月 16 日决定对某县龚某等游戏机店进行立案调查。2003 年 7 月 17 日指派胡某某、林某某、陈某等人到某县检查，同时又委托某县文化体育局对龚某等人的游戏机店进行取证和证据保存等工作，17 日 17 时 17 分两被告在检查龚某游戏机店时认为该店有经营国家明令禁止的熊猫机（水果机）2 台、跑马机 2 台、麻将机 3 台，即对 7 台机的显像管当场予以销毁，并以证据保存的形式扣押了原告 11 块游戏机电路板。在其提交证据登记保存清单上加盖的是某县文化体育局的印章，文号是某文稽字第(2003)第 2002 号，执法部门是某市文化稽查队和某县文化体育局，执法人员是林某某和陈某。18 日，被告某市文化与出版局作出某文稽强字(2003)104 号行政强制措施决定书，决定依法没收并当场销毁原告龚某的游戏机显像管。原告于 2003 年 7 月 28 日向某县人民法院提起诉讼，要求确认被告某县文化体育局当场销毁显像管的行为违法和确认被告某县文化体育局扣押游戏机电路板 11 块的行为违法。某法院于 2003 年 8 月 14 日公开开庭进行了审理，在审理中，被告某县文化体育局提交了两份证据：(1)某市

文化与出版局出具给某县文体局的行政执法委托书;(2)证据登记保存清单。某县文体局认为,原告所诉的行为系某市文化与出版局的行为,而不是某文体局的行为。某市文化与出版局于2003年8月25日申请参加诉讼。经审查,某县人民法院认为,被告某市文化与出版局的申请符合最高人民法院《关于执行〈中华人民共和国行政诉讼法〉若干问题的解释》第23条第2款的规定,经原告龚某同意,依法追加某市文化与出版局为共同被告。

原告龚某诉称,原告系电子游戏机经营人,2000年6月28日经被告某县文体局审核,颁发给原告文化经营许可证,原告办理了相关手续,并经工商登记,领取了营业执照。在经营过程中原告并无违法行为。2003年7月17日被告的工作人员以执法检查为由,将原告所经营的游戏机显像管当场砸毁7台,胡乱地拔下集成电路板,扣押了11块电路板,造成原告经济损失。被告在未经法定程序处理的情况下,将原告的电子游戏机砸毁并扣押电路板的行为是违法的。现请求法院依法确认两被告的行为违法。

被告某县文化体育局辩称:(1)2003年7月17日对龚某游戏机室的查处是某市文化与出版局的行为,原告若要提起行政诉讼,被告应是某市文化与出版局,而不是某县文体局;(2)市文化与出版局尚未最后对原告作出行政处罚决定,原告是知道的,原告于2003年7月30日向某市文化与出版局提出听证,若原告不服某市文化与出版局的具体行政行为,也要等到市文化与出版局作出决定后,方可起诉;(3)某县文体局未扣押原告游戏机电路板。7月17日某市文化与出版局依法定程序对龚某游戏机的电路板是进行抽样取证;(4)原告于2002年6月后就未取得文化经营许可证,属无证经营;(5)原告在非法无证经营过程中,违法经营违规机种7台,分别是熊猫机、水果机、六合马机、麻将机;(6)原告在经营过程中,曾多次容留未成年人,特别是在校生在学习期间进入该游戏机室,耽误学生的学业,引起学生家长的强烈不满,学生家长对游戏机店的这种恶劣行为愤而上告,有关领导对学生家长的举报信作了批示,市文化与出版局依法对某县违法、违规的店进行了查处,查处过程是依国办发[2001]59号文《国务院办公厅关于进一步整顿和规范文化市场秩序的通知》第3点的有关精神(严厉打击非法电子游戏经营活动,坚决销毁违法电子游戏机型、机种,依法取缔无证照或证照不全的电子游戏经营场所),对龚某等游戏机经营场所采取的是以破坏游戏机显像管达到制止其非法经营的行政行为,具有文件依据。为此,请求某县人民法院依法驳回原告的诉讼请求。

被告某市文化与出版局辩称:(1)某市文化与出版局依法委托某县文化体育局执法,根据行政诉讼法相关法律的规定委托人应为本案被告,某县文化体育局不具有本案被告主体资格,应当驳回对某县文化体育局的起诉;(2)原告虽然在 2000 年 6 月 28 日向某县文体局领取了"文化经营许可证",但后来没有经过年审,到 2003 年 7 月该"文化经营许可证"已过有效期,根据相关法律规定,游艺机店须领取"营业执照"原告的行为确属无证照经营;(3)被告依法对原告的违法集成电路板进行保全,既不是扣押亦不是没收,不属行政处罚,不应适用行政处罚相关法律法规的规定,原告并不享有听证的权利,被告也未剥夺原告辩解、复议、起诉的权利;(4)被告的行为事实清楚、证据确实充分、程序合法。请求驳回原告的诉讼请求。

二、 裁 判

某县人民法院经审理认为,被告某县文体局本身有行政执法权,有权对单独对原告龚某的游戏机店进行查处。但本案在行政执法过程中,是由上、下两级行政机关共同进行执法,且出具给原告的文书上的文号和执法人员均隶属上级机关,该执法活动的主体应认定为上级行政机关。被告某县文体局在执法过程中是受上级机关的委托,根据《行政诉讼法》第 25 条第 4 款规定,由行政机关委托的组织,所作的具体行政行为,委托的行政机关是被告。本案中,被告某市文化与出版局书面委托某县文化体育局对原告龚某的游戏机店进行调查取证,在调查中,提取了原告龚某游戏机店 11 块游戏机电路板并在证据登记保存清单中加盖某县文化体育局的印章,其行为是受某市文化与出版局的委托,在委托期限内对外按委托权限范围行使行政职权,由此产生的一切法律后果应由委托单位即某市文化与出版局承担。因此,某市文化与出版局是本案的适格被告。

三、 评 析

本案涉及的行政执法主体如何确认。所谓行政执法主体必须是具有一定行政权力的组织,具体包括各级国家行政机关、法律法规授权的组织。本案中某县文化体育局本身具有行政执法的主体资格,但某市文化与出版局接群众举报后,立即立案调查,在上下级配合执法过程中,某县文化体育局接受某市文化与出版局的委托,在被委托的权限范围内,以被委托人某市文化与出版局的名义实施具体行政行为。根据《行政诉讼法》第 25 条第 4 款关于"由行政机关委托的组织所作出的具体行政行为,委托的行政机关是被告"的规定。本案的违法主体应当是某市文化与出版局,故本案根据最高人民法院《关于执行

〈中华人民共和国行政诉讼法〉若干问题的解释》第 23 条的规定,经原告龚某同意,依法追加某市文化与出版局为共同被告,认定委托人某市文化与出版局为本案的适格被告。

(寿宁县人民法院　叶永清)

㊹ 撤销判决的适用
——何某某不服某县公安局治安管理处罚裁决案

一、 案 情

原告:何某某。

被告:某县公安局。

第三人:周某。

1999 年 3 月 10 日下午 2 时 20 分左右,原告何某某因其贴在工商分局监督台的照片被打"×"和办公橱东西不见与第三人周某发生争吵,并动手殴打第三人周某,致第三人受伤,同时造成工商分局的办公用品受到损坏。后双方均到某县医院治疗。某县公安局于 1999 年 5 月 24 日 17 时 4 分与 17 时 25 分告知原告。同日,被告依据《治安管理处罚条例》第 23 条第 4 项、第 22 条第 1 项、第 8 条的规定,分别作出某公治裁字 99305 号、99306 号治安管理处罚裁决和第 99010 号赔偿损失、负担医疗费裁决,其中认定何某某损坏公私财物,殴打他人,分别给予拘留 2 天(99305 号)、拘留 2 天(99306 号)的行政处罚,并要求其赔偿损失 170 元、负担医疗费 900 元(99010 号)。被告于 1999 年 6 月 7 日 9 时向原告宣布上述处罚决定。原告不服向某地区公安处申请复议,某地区公安处经复议决定维持某公治裁第 99305 号、99306 号裁决,撤销第 99010 号赔偿损失、负担医疗的裁决。

原告何某某仍不服,向某县人民法院提起诉讼,称其并没有殴打第三人,也未损坏狮城工商分局的办公用品,并且某县公安局违反法定程序。因此请求:(1)撤销某县公安局某公治裁第 99305 号、99306 号裁决;(2)判令被告追究第三人的刑事责任。

被告某县公安局辩称,某公治裁第 99305 号、99306 号处罚裁决适用法律、法规正确,证据确凿,请求人民法院判决予以维持。

第三人周某述称,被告对原告的处罚明显偏轻,显失公正,但本着息事宁人、化干戈为玉帛的宗旨仍请求法院维持公安机关的裁决。

二、　　裁　判

某县人民法院经审理认为:原告何某某到某县狮城工商分局故意殴打第三人,致他人轻微伤,其行为已侵犯他人的人身权利;并在殴打第三人过程中,致使工商分局的办公用品受到损坏,其行为也已侵犯了他人的财产权,依法应受相应的行政处罚,但被告某县公安局在庭审中未依法向法院提交原告何某某的讯问笔录,同时,其处罚作出前的告知时间与裁决书作出的时间是同一日,分辨不出是否"告知在前,处罚在后",且其裁决没有立即向被处罚人宣布。上述行为均违反了《治安管理处罚条例》有关规定,系属程序违法,应予以撤销。原告的其他诉讼请求因其不属行政诉讼受案范围,故不予支持。据此,某县人民法院依据《行政诉讼法》第 41 条、第 54 条第 2 项第 3 目的规定,作出如下判决:

(1)撤销某县公安局 1999 年 5 月 24 日作出的某公治裁字第 99305 号、99306 号治安管理处罚裁决;

(2)某县公安局应于本判决生效之日起 30 日内重新作出具体行政行为;

(3)驳回原告的其他诉讼请求。

一审判决作出后,何某某以原审判决认定事实不清,判令某县公安局重新作出具体行政行为显属多余,以及某县公安局应追究第三人周某刑事责任等为由,要求撤销一审判决第一项的后半部(即"某县公安局应于判决生效后 30 日内重新作出具体行政行为")及第二项,维持一审判决第一项前半部(即撤销某公治裁第 99305、99306 号治安管理处罚裁决)。

某地区中级人民法院以原审判决认定事实清楚、适用法律正确、程序合法为由,依照《行政诉讼法》第 61 条第 1 项的规定,作出判决:驳回上诉、维持原判。

三、 评析

本案涉及行政诉讼中撤销判决如何适用的问题。

(一)撤销判决的适用

人民法院对一审行政案件,可以根据不同的情形采用多种形式的判决,撤销判决是多种判决形式中的一种。行政行为具有公定力,也就是说,行政行为一经成立,不论合法与否,都具有被推定为合法而要求承认的效力。而人民法院的撤销判决则意味着被诉的行政行为自始不具有法律拘束力。因此,与其他形式的判决相比,撤销判决表达了人民法院对被诉具体行政行为的全面的否定评价,集中体现着人民法院对行政主体实施的行政行为的监督与制约,是人民法院纠正行政机关违法行政行为的最有效、最直接的手段。

《行政诉讼法》第54条第2项规定:"具体行政行为有下列情形之一的,判决撤销或者部分撤销,并可以判决被告重新作出具体行政行为:(1)主要证据不足的;(2)适用法律、法规错误的;(3)违反法定程序的;(4)超越职权的;(5)滥用职权的。"根据这一规定,具体行政行为有下列情形之一,人民法院就应当判决撤销具体行政行为:

1. 主要证据不足

任何国家机关,不论是立法机关、行政机关,还是司法机关,其行为都必须有充分的事实上的依据。任何行为,如果不对其作出时所依据的事实条件给予充分的注意,都将被认为是专断的。在现代行政国家,行政机关作出的行政行为广泛地介入到公民的自由领域和权利领域,并在相当大的程度上影响着相对人的合法权利。因此,行政机关在作出具体行政行为以前,应当认真充分地调查事实。也就是说,具体行政行为必须满足法律所确定的事实要件。如果行政机关作出某一具体行政行为的主要证据不足,这就意味着该行政行为所依据的事实首先就不能准确地定性,更不用说将该事实适用于特定法律、法规所产生的结果。因此,人们没有理由不怀疑该行政行为的公正性与准确性。这里所谓的"主要证据"是指,人民法院审查具体行政行为所依据的事实要件,不需要审查该行政行为的全部的事实根据,而只要该行政行为据以认定事实的"必需的证据"或者"基本证据"不足的,人民法院即可认定作出该行政行为所依据的主要证据不足。

2. 适用法律、法规错误

行政主体作出的具体行政行为不仅要有事实上的根据,还应当依据法律、法规。充分地调查事实和正确地适用法律、法规是合法行政行为作出的实体要件。不同的法律、法规以及法律、法规中不同的条文,是根据不同性质的情况和事实而设定的不同的规范。只有当特定的情况和事实出现后才能适用特定的法律、法规或其中特定的条款。无论是认定事实方面的错误,还是适用法律、法规方面的错误,都会导致案件实体结果方面的错误。就后者而言,如果具体行政行为适用法律、法规错误,即意味着该具体行政行为没有正确的法律根据或者缺少必要的法律根据,构成对"依法行政"原则的违反。行政机关作出具体行政行为时适用了不该适用的法律、法规,或者没有适用应该适用的法律、法规,都属于适用法律、法规错误。人民法院作为行使审判权的国家机关,其专门的职责就在于适用法律、法规来解决纠纷,包括行政争议。关于法律、法规如何在个案中适用的问题,除了国家权力机关以外,人民法院最有发言权,因此,行政机关作出具体行政行为时是否正确地适用了法律、法规,应当接受人民法院的监督与审查。

3. 违反法定程序

行政程序是行政活动所必须遵循的步骤、顺序、形式和时限。行政机关的行政权力是由法律所授予的,但法律一般还同时规定该行政权力应以何种程序来运作。也就是说,法律对行政机关是既授予权力又控制权力。即便具体行政行为的作出在实体上是合法的,如果该行为违反了法定的程序,也属于违法的行政行为。易言之,对于控制行政行为防止其滥用而言,法律的程序性规范处在不低于实体性规范的地位。我国没有制定统一的行政程序法,法律对行政程序的要求体现在多部单行法律中,例如:《治安管理处罚条例》规定对违反治安管理的人,公安机关传唤后讯问查证的时间不得超过 24 小时,这是对时限的要求;《行政处罚法》规定行政机关在作出行政处罚决定之前,应当告知当事人作出行政处罚决定的事实、理由及依据,并告知当事人依法享有的权利,这是对步骤和顺序的要求。如果行政机关作出具体行政行为违反了这些限制中的任何一种,即构成了违反法定程序。

4. 超越职权

"越权无效"原则是行政法治国家支配行政行为的基本法律原则,它要求一切行政行为都必须在行政权力的范围内作出。超越职权,即行政主体行使了法律、法规没有赋予它的权力,或者在法律、法规赋予它的权力范围以外行使了权力。在我国,一切国家权力属于人民,人民通过全国人民代表大会和地方各级人民代表大会来行使国家权力。行政机关是国家权力机关的执行机关,它的权力是国家权力机关通过法律授予的。因此,行政机关在作出行政行为时,必须在国家权力机关授权的范围以内。行政机关并没有权力来决定其的权力的范围,决定其权力的范围的是国家权力机关,否则,法律对行政权力的限制就没有意义了。超越职权可以分为职权僭越和逾越职权两种。职权僭越是指行政机关在没有法律依据的情况下,行使了国家权力机关的立法权、审判机关的审判权、检察机关的检察权,或者其他不在本部门职权范围以内的权力。逾越职权是指行政机关对某类事项虽有管理权,但超越了必要的限度。因此,超越职权的本质是行政机关行使了它并不享有的权力。

5. 滥用职权

行政机关滥用职权是指行政机关在作出具体行政行为时虽然并没有超越其权限范围,但却不正当地行使了职权,违反了法律、法规授予该项职权的目的。滥用职权实质上是行政权力的不正当行使。人民通过制定宪法设立行政机关,并将行政权力授予行政机关,是为了实现公共利益。因此,行政权力,就像其他任何国家权力一样,是为了全体人民的福祉而不是为了此种权力的受任人的个人利益而设立的。以合法地运用行政权力为形式来实现私人利益,无疑背离了法律、法规授予权力的初衷,构成对行政职权的滥用。因此,滥用职权的行政行为属于违法的行政行为,人民法院应当对其进行审查并予以撤销。实践中,通常从行使职权的目的来判断一项行政权力的行使是否构成滥用职权。法律、法规赋予行政机关以行政权力的一般目的在于维护公共利益,此外,特定的法律、法规还可能在授予行政权力的同时为该权力的行使设定特定的目的。行政权力的运行就必须既符合维护公共利益的一般目的,又要符合法律、法规所设定的特定目的,对其中任何一项的违反都构成滥用职权。

根据《行政诉讼法》的规定,撤销判决可以采用多种形式:全部撤销、部分撤销,也可以在撤销的同时判令被告重新作出具体行政行为。同时判决被告重新作出具体行政行为一般适用于两种情形:其一是具体行政行为确实违法,应当撤销,但原告也有违法事实,因此人民法院应当判令被告重新作出合法的行政行为,本案即属此种情形;其二为根据最高人民法院《解释》第59条的规定,人民法院判决撤销违法的被诉具体行政行为,将会给国家利益、公共利益或者他人合法权益造成损失的,人民法院在判决撤销的同时,可以判决被告重新作出具体行政行为。

(二)本案中的问题

本案中,某县人民法院的法官们首先遇到的问题是某县公安局作出的治安管理处罚裁决是否违反了法定的程序,由此该处罚裁决是否应判决予以撤销。

原告何某某殴打第三人周某并致使工商分局的办公用品受到损坏这一事

实发生在 1999 年 3 月 10 日。被告某县公安局于其后的 1999 年 5 月 24 日 17 时 4 分与 17 时 25 分告知原告。同日,某县公安局依据《治安管理处罚条例》第 23 条第 4 项、第 22 条第 1 项、第 8 条的规定,分别作出某公治裁字 99305 号、99306 号治安管理处罚裁决和第 99010 号赔偿损失、负担医疗费裁决,并于 1999 年 6 月 7 日 9 时向原告宣布上述处罚决定。

根据《治安管理处罚条例》第 34 条第 2 款的规定,公安机关对违反治安管理的人实施该《条例》第 34 条第 1 款规定的情形以外的行政处罚,应当适用传唤、讯问、取证及裁决的程序。其中,讯问应当作出笔录,裁决应当填写裁决书,并应立即向本人宣布。被告某县公安局在庭审中未向法院出示讯问原告何某某的笔录,不能证实其已进行了讯问程序。某县公安局于 1999 年 5 月 24 日作出的裁决书直至同年 6 月 7 日才向被处罚人宣布,没有立即宣布。上述两点均违反了《治安管理处罚条例》第 34 条第 2 款的规定,确属程序违法无疑。

另外,《行政处罚法》第 31 条规定,行政机关在作出行政处罚决定之前,应当告知当事人作出行政处罚决定的事实、理由及依据,并告知当事人依法享有的权利。某县公安局于 1999 年 5 月 24 日 17 时 4 分至 17 时 25 分对何某某履行处罚告知义务,并于当日作出被诉的裁决书,无法证实告知在前,处罚在后,违反了《行政处罚法》第 31 条之规定,应属程序违法。

综上所述,被告某县公安局对原告进行处罚的行为,既违反了《治安管理处罚条例》中的程序性规定,也违反了《行政处罚法》所设定的处罚程序,属于具体行政行为违反法定程序,在人民法院撤销判决的适用范围之内。某县人民法院判决撤销其行政处罚裁决,以及某地区中级人民法院维持一审法院之判决是正确的。

某县人民法院遇到的第二个问题是:在作出撤销判决的同时应否判决被告重新作出具体行政行为。

在人民法院已经对被诉具体行政行为审查清楚之后,如果认为被处罚的原告确实没有违法行为,就不能再判令被告对原告重新作出具体行政行为;如果法院经审理查明原告确有违法行为,只是行政机关作出处罚决定因违反法定程序被撤销的,仍然可以判令行政机关在纠正程序上的失误后重新作出具体行政行为。某县公安局在对原告何某某进行行政处罚时,认定了下列事实:1999 年 3 月 10 日下午 2 时 20 分左右,原告何某某因其贴在工商分局监督台照片被打"×"和办公橱东西不见与第三人周某发生争吵,并动手殴打第三人周某,致第三人受轻微伤,同时造成工商分局的办公用品受到损坏。某县人民法院对本案进行审理时,对上述事实进行了确认。可见,原告何某某殴打他人,损害公私物品,存在违法事实,但情节轻微,尚不够刑事处罚,应当受到行政处罚。一审法院可以判决某县公安局重新作出具体行为有两个理由,一是何某某殴打他人,故意损坏公私财物的事实存在;二是某县公安局的处罚裁决只是程序上违法。因而原告认为责令重新作出具体行政行为显属多余的理由不能成立,一、二审法院根据查明的事实判决某县公安局重新作出治安管理处罚裁决符合法律规定,是正确的。

另外,我们还注意到,法院判令某县公安局应于判决生效之日起 30 日内重新作出具体行政行为。最高人民法院《解释》第 60 条规定:"人民法院判决被告重新作出具体行政行为,如不及时重新作出具体行政行为,将会给国家利益、公共利益或者当事人利益造成损失的,可以限定重新作出具体行政行为的期限。"可见,人民法院在作出本案的判决时,充分考虑到了与本案有关的国家利益、公共利益以及可能受到影响的其他私人利益,不仅案件本身的裁判是正确的,而且判决将产生良好的社会效果。本案的判决是人民法院在审理行政案件的过程中正确娴熟地适用《行政诉讼法》的典型判决。

(周宁县人民法院 周华长
厦门大学法学院 王建学)

㊺ 确认判决的适用
—— 傅某某诉某市某区赤溪镇人民政府违法实施拆除案

一、 案 情

原告:傅某某。
被告:某市某区赤溪镇人民政府。
1996 年 8 月 3 日,被告为拓宽道路,需要拆除原告部分房屋。被告向原告发出通知中称:经查,你户在赤溪镇新高公路企业站旁的违章建筑,占地面积 2.14 平方米,违反了《福建省实施〈中华人民共和国城市规定法〉办法》第 41 条及第 59 条的规定,依法应予拆除。现决定限你于 1996 年 8 月 5 日前拆除,拆除范围如下:北至拆 0.84 米、南至拆 0.18 米、东至拆 4.19 米。被告在该通知下发的当天(即 8 月 3 日)晚上,即强行拆除了原告面积为 12.1 平方米的砖木结构房屋,对于被告作出的行政处罚以及据此采取的强制拆除措施的行政行为,原告不服,向人民法院提起诉讼。

原告诉称:该房屋系其于 1985 年所建,当时的赤溪公社管委会向其收取了占地盖房处理款 90 元,原告于 1991 年 9 月领取了集体土地建设使用证,使用至今。故其房屋并非是违章建筑。而被告并非城市规划主管部门,因此,无权对原告作出行政处罚决定,更无权直接对所作的具体行政行为采取强制执行措施,故被告所实施强制拆除行为违法。请求予以撤销,并责令被告赔偿经济损失 4350 元。被告没有答辩和应诉。

二、 裁 判

某区人民法院经审理认为,被告没有出庭应诉,因此,法院依法作出缺席判决。因为被告无法证明其所实施强制拆除房屋行为的合法性,应承担败诉后果,对原告所造成的损失应由被告负担。原告的损失包括房屋被拆除的直接损失(经某市价格事务所评估),还包括诉讼过程所支出的费用,但是,不包括原告诉前到有关部门反映的花费等与被告的具体行政行为无直接利益关系的损失,因此,对原告要求赔偿的诉讼请求部分予以支持。人民法院依据《行政诉讼法》的有关规定,于 1997 年 5 月 22 日作出如下判决:(1)被告于 1996 年 8 月 3 日强制拆除原告房屋的行为违法;(2)由被告赔偿原告经济损失 2625 元;(3)驳回原告其他赔偿请求。

三、 评 析

本案涉及的是一审判决中有关确认判决及其适用的问题。

(一)确认判决的概念

确认判决是根据判决与被诉行政行为的关系对行政诉讼判决所作的分类,它是指人民法院通过对被诉具体行政行为的审查,确认被诉行政行为合法与否或某种行政法律关系是否存在的判决。确认判决通常是其他判决的先决条件。行政诉讼法中对确认判决未作明确规定,但是在最高人民法院《关于执行《中华人民共和国行政诉讼法》的司法解释》第 57 条将确认判决与驳回原告诉讼请求一同新增为行政诉讼的判决形式。

根据最高人民法院的司法解释第 57 条的规定,确认判决有以下三种类型:第一,确认被诉的具体行政行为合法或有效;第二,确认被诉具体行政行为违法或无效;第三,确认某种行政法律关系是否存在。由于确认判决在一定意义上具有不可替代性,因而在行政诉讼的司法实践中,这种判决形式得到了广泛的采用。

(二)确认判决的适用条件

最高人民法院的司法解释第 57 条第 1 款规定,人民法院认为被诉具体行政行为合法,但不适宜判决维持或者驳回原告诉讼请求的,可以作出确认其合法或者有效的判决。从这一条款的规定我们可以得出,确认具体行政行为合法或者有效判决的适用条件是:第一,被诉具体行政行为合法;第二,人民法院不适宜判决维持或者驳回原告诉讼请求。当然,如果行政相对人认为行政机关作出的具体行政行为是违法的,但其只要求人民法院对此具体行政行为的合法与否进行确认。法院经过审查认为被诉具体行政行为是合法的,则可以作出确认其合法的判决。

该条第 2 款规定,人民法院在有下列情形之一时,应当作出确认被诉具体行政行为违法或者无效的判决:

第一,被告未履行法定职责,但判决责令其履行法定职责已经无实际意义的。

被告不履行法定职责是行政主体不作为的一种表现形式,责令被告履行法定职责的是履行判决,《行政诉讼法》第 54 条第 3 项规定:“被告不履行法定职责的,判决其在一定的期限内履行。”但是在某些情况下,虽然被告不履行法定职责确系违法,但如果责令其履行法定职责已经不可能,或者对原告已经没有任何实际意义。在这种情况下,应当判决确认被告的这种不作为的具体行政行为违法或者无效,造成损害的,依法判决其承担赔偿责任。例如,公民李某人身受到威胁,请求公安机关派员保护,但是公安机关未予答复。数天后,对李某进行人身威胁的王某突遇车祸死亡,而李某对公安机关的不作为不服而向人民法院提起了行政诉讼。但是此时,由于王某已经死亡,不存在危险状态,因此责令公安机关再履行保护李某的法定职责已经失去实际意义。故法院将作出确认公安机关的具体行政行为违法的判决。

第二,被诉具体行政行为违法,但不具有可撤销内容的。

《行政诉讼法》第 54 条规定了适用撤销判决的五种情形:主要证据不足,

适用法律、法规错误,违反法定程序,超越职权,滥用职权。但不是所有违法的具体行政行为都具备可撤销的内容的。一般而言,这样的具体行政行为属于事实行为,正如我国著名行政法学家王名扬先生在《法国行政法》中指出的:"事实行为由于不发生是否有效问题,在其违法时可能发生行政主体或行政工作人员的责任问题,例如,赔偿责任、惩戒责任等。"正是由于事实行为不具有法律效力,因而不具有可撤销的内容。行政法上,这样的事实行为主要是指行政机关作出决定前的材料准备行为或者行政工作人员在实际执行工作中的某些违法职务行为,例如,公安机关的执法人员在执行公务中违法,殴打、捆绑或使用其他暴力方法对待行政相对人,损害事实虽然已经发生,但是因为这样的事实行为不直接发生法律效果,不具有可撤销的内容,法院不可能判决撤销殴打行为,在这种情况下,只能采用确认被诉的具体行政行为违法的判决方式。

第三,被诉具体行政行为依法不成立或者无效的。

被诉的具体行政行为依法不成立,指的是这个行为在法律上还不存在;而无效的行政行为是指被诉具体行政行为具有重大明显的瑕疵,因而该行为自始无效的情形。前者是对具体行政行为的事实判断问题,判断标准主要是看其是否经过了法定的程序,这些程序包括步骤、时限、方式、形式等诸要素;后者是对具体行政行为的法律效力判断问题,主要的判断标准是看其是否违反了行政实体法的有关规定。但是,无论是尚未成立的行政行为,还是无效的行政行为,均在理论上不具有法律效力,而判决撤销的前提是必须有一个成立的具体行政行为,所以,对于依法不成立或者无效的具体行政行为,人民法院不能判决撤销,而只能适用确认判决。

另外,最高人民法院的司法解释第58条规定了人民法院可以作出确认判决的另外一种情形,即被诉具体行政行为违法,但撤销该具体行政行为将会给国家利益或者公共利益造成重大损失的,人民法院应当作出确认被诉具体行政行为违法的判决,并责令被诉行政机关采取相应的补救措施;造成损害的,依法判决承担赔偿责任。

被诉具体行政行为违法,一般情况下应依法判决撤销。具体行政行为被撤销以后,便自始无效力和永远无效力,由此具体行政行为而受影响的行政相对人和其他相关人的权利义务就会产生恢复原状的法律效果,即回复到该具体行政行为作出以前的状态。但是在一些特殊情况下,如果撤销该具体行政行为并使相关的人之权利义务恢复到初始状态,将会给国家利益或公共利益造成重大损害。从利益权衡的角度,在这种情形下,不应简单地因为具体行政行为违法就一律作出撤销的判决,而应在确认这一具体行政行为违法的同时保持其带来的相对人的权利义务的事实状态。即用确认判决这种形式,确认这一具体行政行为造成的这种权利义务的法律状态,同时,责令被告行政机关采取相应的补救措施,或责令其承担相应的侵权赔偿责任,这样,既使得国家利益或公共利益等重大利益得到了维护,又使得权利受到损害的人得到了相应的补偿。但是,为了防止不适当地扩大确认判决的适用范围,确认判决这种形式的适用标准应当从严掌握。

(三)本案的分析

这起案件法院并不依原告的诉讼请求作出撤销判决,而是依法作出确认判决。当时主要是根据行政法的有关规定及行政审判方式改革精神而作出的。最高人民法院《关于执行〈中华人民共和国行政诉讼法〉若干问题的解释》第57条第2款规定了人民法院作出确认被诉具体行政行为违法或无效的判决有三种情形:(1)被告不履行法定职责,但判决责令其履行法定职责已无实际意义;(2)被诉具体行政行为违法,但不具有可撤销内容的;(3)被诉具体行政行为依法不能成立或者无效的。

本案的事实是属于第二种情形。被告虽然作出书面通知给原告,但被告已实际实施拆除行为,诉请撤销通知并不能解决问题,不能对拆除房屋行为违法性作出认定,对原告无实际意义。被告实施拆除房屋行为直接对原告造成损害。所以原告必须对拆除房屋行为提起诉讼。被告直接实施拆除房屋的行为是事实行为,是属行政强制措施,而不是以书面形式作出的行政决定,原告诉请撤销强制拆除行为,实际上是不具有撤销内容的,拆除房屋行为实施后即结束,法院若判决予以撤销,不仅解释不通,而且难以执行,社会效果自然受到影响,所以选择确认判决,认定被告行为违法,是最佳的判决方式。

(宁德市蕉城区人民法院　许可宁

厦门大学法学院　李　玲)

㊼ 维持判决的适用

——张某不服某市劳动教养管理委员会劳动教养决定案

一、 案 情

原告:张某。

被告:某市劳动教养管理委员会。

2002 年 5 月 1 日,经原告张某提议,李某、游某两人与原告一起雇车到某县黄柏乡,并在黄柏乡与游某到一赌场内赌博,张某赢得人民币 1800 元。5 月 2 日凌晨,在游某的提议下,张某等四人又来到宾馆张某住宿的房间,并由张某提供赌具进行赌博,张某从游某处赢得人民币 45000 元。被告某市劳动教养管理委员会根据上述事实,于 2002 年 6 月 17 日作出劳动教养决定书,决定对原告张某实行劳动教养 1 年零 6 个月。原告不服向某县人民法院起诉。

二、 裁 判

某县人民法院受理原告张某的起诉后,依法组成合议庭进行了公开审理。某县人民法院经审理认为某市劳动教养委员会作出的劳动教养决定证据确凿,适用法律、法规正确,符合法定程序,因此,依据《行政诉讼法》第 54 条第 1 项的规定,判决维持某市劳动教养委员会对张某作出的劳动教养决定,驳回原告的诉讼请求。

原告张某不服一审判决,向某市中级人民法院提起上诉,某市中级人民法院受理上诉人的上诉后,上诉人张某又自愿撤回上诉。某市中级人民法院经审查,裁定准许上诉人张某撤回上诉,双方当事人按原审判决执行。

三、 评 析

本案涉及行政诉讼中维持判决如何适用的问题。

（一）维持判决的适用

维持判决是指人民法院在查清案件事实的情况下,认为被诉具体行政行为具备了合法行政行为的全部要件,从而肯定其合法性、正确性的判决。维持判决的作出意味着人民法院驳回原告一方的诉讼请求,认可业已形成的行政法律关系的正确性与合法性。

《行政诉讼法》第 54 条第 1 款规定,被诉具体行政行为"证据确凿,适用法律、法规正确,符合法定程序的",人民法院应当判决维持。根据这一规定,只有被诉的具体行政行为同时具备了下列三个条件,人民法院才能作出维持判决:

1. 证据确凿

被诉具体行政行为作出所依据的证据必须真实、合法、充分的,才能被认为是"证据确凿"。所谓"证据确凿"有两个要求:其一为具体行政行为所依据的证据必须是合法的证据,非法证据不能作为具体行政行为的依据,这是对证据的质的要求;其二为具体行政行为所依据的证据必须充分,具体行政行为所依据的每一事实都要有相应的证据来证明,并且各个证据能够相互印证,这是对证据的量的要求。具体行政行为在证据方面必须同时满足上述要求,才能足以证明该具体行政行为是合法、正确的。

2. 适用法律、法规正确

行政机关在进行行政管理的过程中,必须正确地适用法律、法规,才能保证其行为的正确性。具体行政行为适用法律、法规正确包含以下三方面的要求:其一为行为之权限合法,即具体行政行为的作出必须在法律、法规授予的权限范围内,不得超越法定职权;其二为行为之目的合法,即具体行政行为必须符合法律、法规的目的、原则和精神,不能滥用职权、显失公正,或以合法形式实现非法目的;其三为适用法律、法规满足相关性要求,即具体行政行为所适用的法律规范必须是本案法律关系应适用的法律规范,并且在适用过程中无技术性错误。

3. 符合法定程序

所谓符合法定程序,是指行政机关作出具体行政行为,必须符合法定的步骤、方式、形式、时限和顺序等程序性要求。具体而言,主要是行政机关在作出具体行政行为之时,必须遵循立案后"先取证,后裁决"的步骤要求,以书面的形式作出决定并送达当事人,并告知当事人享有申请复议或提起诉讼的权利。在案件处理过程中,行政机关还必须在法定的办案期限内办结案件,不得超越法定的期限。

（二）本案中的问题

首先，就证据是否确凿这一点而言，被告某市劳动教养管理委员会对原告张某作出的劳教决定所依据的证据确实、合法、充分，足以证明该具体行政行为所认定的全部事实。行政机关所认定的案件事实均有相应的证据证明，各项证据真实可靠；各项证据对所要证明的案件事实均有证明力；各项证据相互协调一致，对整个案件事实构成完整的证据锁链。如果证据之间相互矛盾，对有关案件事实不能起到证明作用，或者对所认定的案件事实，无法排除合理怀疑，则不能称之为具体行政行为证据确凿、充分。当然，作为认定案件事实依据的证据，必须符合证据的"三性"要求，即符合证据的关联性、真实性、合法性的要求。在审查证据关联性、真实性的同时，要特别重视对证据合法性的审查，即审查当事人所提供的证据是否符合法定的形式要件，是否合法取得以及是否为被告在诉讼期间取得等，这是其中的重点。在本案中，被告所提供的证据均符合证据的"三性"要求，且各项证据能形成锁链，对其所认定的案件事实能起到充分的证明作用。被告某市劳动教养管理委员会所调取的证据能够充分表明如下事实：2002年5月1日，经原告张某提议，李某、游某两人与原告一起雇车到某县黄柏乡，并在黄柏乡与游某到一赌场内赌博，张某赢得人民币1800元，次日凌晨，在游某的提议下，张某等四人又来到宾馆张某住宿的房间，并由张某提供赌具进行赌博，张某从游某处赢得人民币45000元。因此，应认定被告作出的具体行政行为证据确凿。

其次，判决维持具体行政行为的第二项要求是适用法律、法规正确。其含义是指对具体行政行为所依据的事实的性质的认定正确；对相应事实选择适用的法律、法规及参照规章正确；根据相应事实的情节，合理地适用法律规范。当然，这里的"适用法律、法规正确"，应作广义的理解，也就是说，它至少应包含被诉的行政机关作出的具体行政行为不超越其职权范围，并且没有滥用职权的情形。即在审查具体行政行为适用法律法规的同时，也应审查《行政诉讼法》第54条第2款第4项、第5项所列的具体行政行为有无超越职权或滥用职权的情形。至于在适用法律法规时，表达上的错误或文字上的错误，足以造成误解的，也应属于适用法律法规错误的范畴。《治安管理处罚条例》第32条第1款第1项、第2款的规定："严厉禁止下列行为：（一）赌博或者为赌博提供条件的；（二）……""有上述行为之一的，处十五日以下拘留，可以单处或者并处三千元以下罚款；或者依照规定实行劳动教养；构成犯罪的，依法追究刑事责任。"虽然对劳动教养的存在以及是否符合法治的要求等问题，理论界和司法实践界均存在较大的争议，但《治安管理处罚条例》作为全国人大常委会通过的基本法,在法律没有被修改的情况下,对参与赌博或者为赌博提供条件的人,当然可以依照上述规定实行劳动教养。而且,按照国务院有关劳动教养的规定,劳动教养工作由省级和大中城市的劳动教养管理委员会领导和管理,劳动教养的期限为一年至三年,必要时可以延长一年。因此,被告某市劳动教养管理委员会在其职权范围内,依据《治安管理处罚条例》第 32 条第 1 款、第 2 款的规定,对原告处以劳动教养 1 年零 6 个月,属于适用法律、法规正确,并无不当。

最后,在本案中,被告对案件予以立案,通过调查取证并确认案件事实之后,在法定期限内作出裁决,依法送达给当事人,并告知其申请复议和诉讼的权利,已按照法律、法规规定的程序要求,履行了法定程序,其行政行为的作出符合法定的程序要求。众所周知,我国劳动教养制度存在诸多严重的问题,其中之一即是劳动教养决定程序的正当性问题一直受到质疑。鉴于错误的劳动教养决定侵害公民人身权利的严重性,目前的决定程序不适用合议制,不允许律师参与并进行辩护,不适用听证等,显然是不够充分的,亟须正当化。但在法律、法规对其进行补正之前,仍然应当适用既有的程序来决定。因此,本案中,被告某市劳动教养管理委员会的行为已经符合了法定的程序,具体行政行为在程序上合法。

综上所述,被告某市劳动教养管理委员会作出的劳动教养决定已经同时符合了“证据确凿”、“适用法律、法规正确”和“符合法定程序”三个要求,因此是合法的具体行政行为,一审及二审法院判决予以维持是正确的。

（柘荣县人民法院　吴盛桥
厦门大学法学院　王建学）

47 行政审判中的法律法规冲突 *

——陈乃信、陈信祥不服某县渔政管理站行政处罚案

一、 案 情

原告:陈乃信。

原告:陈信祥。

被告:某县渔政管理站。

1991年7月8日上午9时许,原告陈乃信、陈信祥未办理渔业生产许可证进行生产,将载有渔网等定置网作业所需用具的渔船停泊在盐田港岱岐头海区,被被告某县渔政管理站的海上执勤人员查扣。被告根据《福建省实施〈中华人民共和国渔业法〉办法》第24条之规定,随而作出(91)闽霞渔政处罚字第215号和第213号行政处罚决定书,分别对原告陈乃信、陈祖兴(实为陈信祥)各处以没收渔船一艘,罚款2000元的处罚,并将没收的两艘渔船及船上用具拖至某县溪南镇鼻仔头村沙滩上,渔船因搁靠造成一定损坏。当时,原告两人不在现场,处罚决定书由陈祖兴签字收取,被告对船上的用具等未进行清点并开列清单。原告两人不服被告的行政处罚决定,于1991年7月25日,向某县人民法院提起行政诉讼。

二、 裁 判

霞浦县人民法院依法受理本案并于1991年8月14日公开开庭审理。在审理过程中,因本案适用法律法规问题需报请上级法院作出司法解释,霞浦县人民法院于1991年10月9日依法裁定中止审理。在最高人民法院就有关法律法规适用问题作出司法解释后,县法院恢复对本案的审理。一审法院经审

---

* 本案曾登载于《福建行政审判参阅案例》,此处进行了若干修改。

理认为:原告陈乃信、陈信祥无证捕捞事实存在,依法应予以处罚。但被告所作没收原告陈乃信及陈祖兴(实为陈信祥)之渔船的处罚决定,与《渔业法》第30条规定不符,对无证捕捞的无没收渔船的规定,属适用法律错误。因此,被告对造成的渔船搁靠损坏、船上用具损失,应负一定经济赔偿责任。经调解,原被告协商达成协议,由被告适当赔偿原告因扣押其渔船而造成的损失。依照《行政诉讼法》第54条第1项、第2项第2目,第67条第3款及第68条第1款之规定,该院于1992年3月9日作出判决:(1)维持被告霞浦县渔政管理站(91)渔霞渔政处罚字第215号和第213号分别对原告陈乃信、陈信祥各处以罚款人民币2000元之处罚决定;(2)撤销被告霞浦县渔政管理站(91)闽霞渔政处罚字第215号和第213号分别对原告陈乃信、陈信祥各处以没收渔船一条的处罚决定;(3)被告霞浦县渔政管理站分别赔偿原告陈乃信、陈信祥因渔船被扣押而造成的当年生产损失人民币各500元;(4)被告霞浦县渔政管理站赔偿原告陈乃信因渔船搁靠损坏、船上用具损失人民币2300元,赔偿原告陈信祥因渔船搁靠损坏、船上用具损失人民币1530元。一审宣判后被告霞浦县渔政管理站不服,向宁德地区中级人民法院提出上诉。

霞浦县渔政管理站上诉称:原审法院既认定陈乃信、陈信祥无证捕捞事实存在,应依法予以处罚,又判决县渔政站应赔偿陈乃信、陈信祥当年生产损失各500元和赔偿因渔船搁靠损坏、船上用具损失2300元与1530元,自相矛盾。陈乃信、陈信祥有违法行为,执法机关不承担赔偿责任。该站依据地方性法规《福建省实施〈中华人民共和国渔业法〉办法》的有关规定,对陈乃信、陈信祥无证捕捞的违法行为进行处罚,适用法律法规正确,原审法院认定适用法律错误不当。请求二审法院依法改判,全部维持县渔政站的行政处罚决定。

陈乃信、陈信祥答辩称:原审法院认定陈乃信、陈信祥"无证捕捞事实存在",与事实不符。陈乃信、陈信祥并未进行捕捞,不应受罚。《渔业法》第30条对无证捕捞并无没收渔船的规定,县渔政站没收渔船,适用法律错误。县渔政站的违法具体行政行为,给陈乃信、陈信祥造成巨大经济损失,原审法院判决赔偿数额太少,要求赔偿实际损失。

宁德地区中级人民法院经审理认为,原审判决认定事实不清,程序不当。依照《行政诉讼法》第61条第3项之规定,于1993年5月22日作出裁定:(1)撤销霞浦县人民法院(92)霞法行判字第004号行政判决;(2)发回霞浦县人民法院重审。

霞浦县人民法院另组合议庭对本案进行重审。重审期间,被告霞浦县渔政管理站认为其依据《福建省实施〈中华人民共和国渔业法〉办法》中"可以没收渔船"的规定,为此,决定撤销对两原告没收渔船的处罚。两原告对被告各处以 2000 元罚款再持异议。被告行政侵权赔偿问题,在合议庭的主持下原、被告双方进行调解,达成了协议:被告霞浦县渔政管理站因违法没收原告渔船造成损失,赔偿陈乃信 5250 元,赔偿陈信祥 3450 元。1993 年 10 月 26 日,原告陈乃信、陈信祥以被告已撤销了对其没收渔船的处罚、原告对各被处罚款 2000 元不再持异议、双方已就因没收渔船造成损失的赔偿问题达成协议等为由,向县法院申请撤诉。霞浦县法院经审查认为原告申请撤诉符合法律规定的条件,依法裁定准予原告撤诉。结案后,双方当事人各自履行了自己的义务。

三、 评析

本案主要涉及人民法院审理行政案件时适用法律、法规的问题,即地方性法规的有关规定是否与法律的规定不一致,法院对此应如何确认并据以作出正确裁判的问题。

根据宪法,我国的立法体制是一元多级立法体制。所谓一元是指国家立法权统一由全国人民代表大会及其常委会行使,全国人民代表大会制定和修改刑事、民事、国家机构的和其他的基本法律,而全国人大常委会制定基本法律以外的其他法律。根据中华人民共和国立法法的规定,下列事项只能制定法律:国家主权的事项;各级人民代表大会、人民政府、人民法院和人民检察院的产生、组织和职权;民族区域自治制度、特别行政区制度、基层群众自治制度;犯罪和刑罚;对公民政治权利的剥夺、限制人身自由的强制措施和处罚;对非国有财产的征收;民事基本制度;基本经济制度以及财政、税收、海关、金融和外贸的基本制度;诉讼和仲裁制度。所谓多级是指我国除全国人大及其常委会制定法律外,国务院有权制定行政法规,省级人大及其常委会(包括自治区和直辖市人大及其常委会)有权制定地方性法规,省会所在地的市、经国务院批准的较大的市以及某些沿海开放城市的人大及其常委会有权制定地方性法规。国务院各部委有权制定部委规章,有地方性法规制定权的省级人民政府、省会所在地的市人民政府以及经国务院批准的较大市的人民政府有权制定地方政府规章。国务院制定行政法规的权力在行政法上称为行政立法权,根据中华人民共和国立法法的规定,行政法规的立法事项主要有三:为执行法律的规定需要制定行政法规的事项;《宪法》第 89 条规定的国务院行政管理职权的事项;应当由全国人民代表大会及其常务委员会制定法律的事项,国务院根据全国人民代表大会及其常务委员会的授权决定先制定的行政法规,经过实践检验,制定法律的条件成熟时,国务院应当及时提请全国人民代表大会及其常务委员会制定法律。地方性法规是由有地方立法权的人民代表大会及其常委会制定、适用于本行政区域的法规,根据宪法的规定,地方性法规应当规定本行政区域内的重大事项,《中华人民共和国立法法》具体规定了地方性法规的立法事项:为执行法律、行政法规的规定,需要根据本行政区域的实际情况作具体规定的事项;属于地方性事务需要制定地方性法规的事项;国家尚未制定法律或者行政法规的,省、自治区、直辖市和较大的市根据本地方的具体情况和实际需要,可以先制定地方性法规。在国家制定的法律或者行政法规生效后,地方性法规同法律或者行政法规相抵触的规定无效,制定机关应当及时予以修改或者废止。国务院的部委规章是指国务院各部、委员会、中国人民银行、审计署和具有行政管理职能的直属机构,可以根据法律和国务院的行政法规、决定、命令,在本部门的权限范围内,制定规章。根据《立法法》的规定,部门规章规定的事项应当属于执行法律或者国务院的行政法规、决定、命令的事项。地方政府规章是指省、自治区、直辖市和较大的市的人民政府,根据法律、行政法规和本省、自治区、直辖市的地方性法规制定的规范性文件。根据《立法法》的规定,地方政府规章可以就下列事项作出规定:为执行法律、行政法规、地方性法规的规定需要制定规章的事项;属于本行政区域的具体行政管理事项。除此之外,宪法还规定自治区、自治州和自治县可以制定自治条例和单行条例,自治区的自治条例和单行条例报全国人大批准后生效,自治州和自治县的自治条例和单行条例报省或者自治区人大常委会批准后生效,并报全国人大常委会备案。

由于立法主体众多,不同规范之间不可避免地会出现冲突,所谓冲突是指不同的法律、法规和规章之间就同一问题作出不同的规定,或者就同一问题的认定提出了不同的标准。这种冲突包括各种法律、法规和规章之间同宪法的冲突;法律与法律之间的冲突;法规与法律之间的冲突;法规与法规之间的冲突;规章与法律、法规之间的冲突以及规章相互之间的冲突。为了防止法律冲突影响案件的公正解决,《立法法》对法律法规的适用作出了一般性规定:宪法具有最高的法律效力,一切法律、行政法规、地方性法规、自治条例和单行条例、规章都不得同宪法相抵触。法律的效力高于行政法规、地方性法规、规章。行政法规的效力高于地方性法规、规章。地方性法规的效力高于本级和下级地方政府规章。省、自治区的人民政府制定的规章的效力高于本行政区域内的较大的市的人民政府制定的规章。自治条例和单行条例依法对法律、行政法规、地方性法规作变通规定的,在本自治地方适用自治条例和单行条例的规定。经济特区法规根据授权对法律、行政法规、地方性法规作变通规定的,在本经济特区适用经济特区法规的规定。部门规章之间、部门规章与地方政府规章之间具有同等效力,在各自的权限范围内施行。同一机关制定的法律、行政法规、地方性法规、自治条例和单行条例、规章,特别规定与一般规定不一致的,适用特别规定;新的规定与旧的规定不一致的,适用新的规定。法律之间对同一事项的新的一般规定与旧的特别规定不一致,不能确定如何适用时,由全国人民代表大会常务委员会裁决。行政法规之间对同一事项的新的一般规定与旧的特别规定不一致,不能确定如何适用时,由国务院裁决。地方性法规、规章之间不一致时,由有关机关依照下列规定的权限作出裁决:同一机关制定的新的一般规定与旧的特别规定不一致时,由制定机关裁决;地方性法规与部门规章之间对同一事项的规定不一致,不能确定如何适用时,由国务院提出意见,国务院认为应当适用地方性法规的,应当决定在该地方适用地方性法规的规定;认为应当适用部门规章的,应当提请全国人民代表大会常务委员会裁决;部门规章之间、部门规章与地方政府规章之间对同一事项的规定不一致时,由国务院裁决。根据授权制定的法规与法律规定不一致,不能确定如何适用时,由全国人民代表大会常务委员会裁决。

在司法实务中,必须根据《中华人民共和国立法法》的规定来适用法律,解决冲突,在本案中,《渔业法》第30条明确规定:"未按本法规定取得捕捞许可证擅自进行捕捞的,没收渔获物和违法所得,可以并处罚款;情节严重的可以没收渔具。"渔业法显然没有规定可以没收渔船。福建省人大常委会制定颁布的《福建省实施〈中华人民共和国渔业法〉办法》(以下简称《实施办法》)第34条则规定,"未取得捕捞许可证擅自进行捕捞或者伪造捕捞许可证进行捕捞,情节严重的,可以没收渔具、渔船。"显然福建省人大常委会制定的《实施办法》与渔业法相冲突,即渔业法没有规定可以没收渔船,而《实施办法》则规定既要没收渔具又要没收渔船。本案在审理中,就该问题经逐级向最高人民法院请示,最高人民法院经研究并征求全国人大常委会法制工作委员会和国务院法制局的意见后,认为上述福建省地方性法规的有关条款规定,是与渔业法的规定不一致的。人民法院审理行政案件,对地方性法规的规定与法律和行政法规的规定不一致的,应当执行法律和行政法规的规定。遵照最高人民法院的司法解释,法院根据本案的实际情况和《渔业法》的有关规定,判定被告所作没收渔船的处罚决定适用法律错误。

(宁德市中级人民法院　董宇
厦门大学法学院　朱福惠)

㊽ 行政诉讼审判监督程序
——何某某等诉某市国土资源局行政处罚案

一、 案 情

原审上诉人：何某某。

原审被上诉人：陈某。

原审被上诉人：林某。

原审被告：某市国土资源局。

林某建房用地系下宅园村委会于 1975 年 10 月分配给被上诉人作为宅基地使用，面积为 0.396 亩（约 264 平方米），建成的房屋坐落某城区下宅园下路弄 83 号，东侧与何某某房屋相邻，林某于 1988 年向土地登记机关申请土地使用权登记，请求确权颁证。1991 年 9 月某市人民政府给予核准登记，确定被上诉人用地面积为 208.09 平方米。1992 年 3 月 10 日原审被告向被上诉人收取了申报费，该房屋的宁国用（1991）字第 1696 号国有土地证已经作出，但至今未颁发给被上诉人，即未对被上诉人的建房用地予以确权。但林某已经取得房屋的所有权证。1994 年被上诉人与上诉人因相邻关系发生纠纷，同年 11 月 3 日在原审被告主持下，林、何两家达成调解协议，原审被告下属的土地监察股在协议上盖章监证。协议约定双方房屋相邻处各留 20 厘米作为排水沟，被上诉人门前路临时杀鸭，不得影响他人住家卫生，自觉砌砖防护。原审被告于 2000 年 11 月 23 日作出宁区土罚字[2000]108 号"行政处罚决定书"，责令林某退还非法占用的 27.38 平方米，10 日内拆除非法占用土地的围墙，恢复土地原状。

经审理原生效判决认为，认定林某于 1997 年未经批准，占用作为道路的公共用地 27.38 平方米，在土地上建围墙等事实，有证据予以证实。但是，由于原审被告所举证据不足以证明林某建造围墙所占用的土地是公共用地，且至今未向林某颁发土地使用证，对于围墙占用的土地是公共用地还是林某自己合法使用的土地，目前处于一种待定状态。因此，处罚决定认定事实不清。

据此,依照《行政诉讼法》第 61 条第 1 项的规定,判决驳回上诉,维持原审判决撤销原审被告作出的土地宁区政土罚字(2001)123 号行政处罚决定。何某某不服判决,以原生效判决认定事实不清等为由,多次向再审院提出再审申请,请求撤销原生效判决。

二、 裁判

再审法院于 2002 年 12 月 4 日作出(2002)宁行监字第 10 号行政裁定,对本案提起再审。再审法院认为行政机关依法行使职权的行为,应当予以维护。原审被告所举的证据"宗地实地勘丈图表"与"权属界址调查表图"及证人证言等,足以证明违法行为实施的时间是 1997 年,因此,《土地管理法》对该违法行为具有溯及力,同时国土资源部门对该案具有主管权。加之,原审被上诉人向法庭提供的三级反证材料在证明力上有所欠缺,为此,原审被告作出的处罚决定中认定违法行为系属 1997 年实施证据是充分的,原一审判决认为原审被告认定违法行为 1997 年实施证据不足及原二审生效判决对此未作出认定均属不当。

三、 评析

本案所涉及的主要是行政诉讼中的审判监督程序问题:

(一)审判监督程序的概念

审判监督程序又称为再审程序,是指人民法院根据当事人的申请、检察机关的抗诉或者法院自身发现已经发生法律效力的判决、裁定确有错误,违反法律、法规规定的,依法对案件进行再次审理所适用的程序。也就是说,再审是人民法院依法为纠正已经发生法律效力的判决、裁定的错误,对案件再次审理的活动,是一种审判上的补救制度,它是以人民法院和人民检察院的审判监督权和法律监督权为基础的。再审分为上级法院的指令再审和原审人民法院审判委员会决定的自行再审两类。另外,在法院系统内,上级法院对下级法院已经发生法律效力的判决、裁定认为确有错误的,可以"提审",即由上级法院直接进行审理。

行政诉讼实行两审终审制,审判监督程序并不是每个行政诉讼案件的必经程序,而只是对已经发生法律效力的违反法律、法规的判决和裁定,确实需要再审所适用的一种特殊程序,其设置的目的是为了保证人民法院审判工作的公正、正确,同时对保护当事人的合法权益,维护法律尊严具有重要意义。

它体现了我国审判工作实事求是、有错必纠的原则。

（二）审判监督程序的提起和审理

1. 提起审判监督程序必须具备以下条件：

第一，提起审判监督程序的主体，必须是有审判监督权的组织或专职人员。

根据行政诉讼法的有关规定，能够提起审判监督程序的主体有：原审法院、原审人民法院的上级人民法院、最高人民检察院和地方人民检察院。当事人的再审申请可能但不必然引发再审程序。所以，从这个意义上来说，再审程序的引发必须由有审判监督权的组织或专职人员提起。

首先，最高人民法院对地方各级人民法院有审判监督权，上级人民法院对下级人民法院有审判监督权，他们均可以提起再审程序。其次，《行政诉讼法》第62条第1款规定：人民法院院长对本院已经发生法律效力的判决、裁定，发现违反法律、法规规定认为需要再审的，应当提交审判委员会讨论决定是否再审。该条第2款规定：上级法院对下级法院已经发生法律效力的判决、裁定，发现违反法律、法规规定的，有权提审或者指令下级人民法院再审。还有，根据《行政诉讼法》第63条规定：人民检察院作为国家的法律监督机关，有权对人民法院已经发生法律效力的，但确有错误的判决、裁定，按照法定程序提出抗诉。对于人民检察院的抗诉，人民法院必须提审或指令下级人民法院再审。

当事人的申诉虽然不能直接引起审判监督程序，但它是人民法院发现判决、裁定错误的重要途径，同时也是法律赋予当事人的一项重要的诉讼权利。对当事人的申诉，人民法院应当充分重视，对申诉事实和理由应进行审查，以便发现原审裁判是否确有错误、决定是否提起再审。根据最高人民法院《关于执行〈中华人民共和国行政诉讼法〉若干解释》（以下简称《若干解释》）第73条的规定，当事人申请再审，应当在判决、裁定发生法律效力后2年内提出。当事人对已经发生法律效力的行政赔偿调解书，提出证据证明调解违反自愿原则或者调解协议的内容违反法律规定的，可以在2年内申请再审，但判决裁定不停止执行。根据《行政诉讼法》第61条规定，当事人的申诉既可以向原审人民法院提出，也可以向上一级人民法院提出。《若干解释》的第74条规定，人民法院接到当事人的再审申请后，经审查，符合再审条件的，应当立案并及时通知各方当事人；不符合再审条件的，予以驳回。

第二，提起审判监督程序必须具备法定理由。引起审判监督程序的根本原因是发现了已经发生法律效力的判决、裁定违反法律、法规规定，确有错误，否则不能提起再审程序。根据《若干解释》第72条规定：有下列情形之一的，属于行政诉讼法第 63 条规定的"违反法律、法规规定":(1)原判决、裁定认定事实的主要证据不足;(2)原判决、裁定适用法律、法规确有错误;(3)违反法定程序,可能影响案件正确裁判;(4)其他违反法律、法规的情形。

2. 关于提起再审的程序,主要分为如下几种类型:

第一,原审人民法院院长提起审判监督程序,必须报经审判委员会决定。

第二,上级人民法院提起审判监督程序,既可以自己审理,也可以指令下级人民法院再审。

第三,人民检察院进行抗诉,应当符合有关法律的规定,其抗诉的具体程序是:最高人民检察院对各级人民法院已经发生效力的裁判,向最高人民法院抗诉;上级人民检察院对下级人民法院已经发生效力的裁判,向同级人民法院抗诉;地方各级人民检察院对同级人民法院已经发生效力的裁判,报请上级人民检察院,由上级人民检察院向同级人民法院提起抗诉。对于人民检察院的抗诉,人民法院应当再审。人民法院开庭审理抗诉案件时,应当通知人民检察院派员出庭。

3. 再审案件的审理

第一,裁定中止原裁判的执行。

依照审判监督程序决定再审的案件,应当裁定中止原判决的执行;裁定由院长署名,加盖人民法院印章。上级人民法院决定提审或者指令下级人民法院再审的,应当作出裁定,情况紧急的,可以将中止执行的裁定口头通知负责执行的人民法院或者作出生效判决、裁定的人民法院,但应当在口头通知后10 日内发出裁定书。

第二,分别适用一审、二审程序。

法院按照审判监督程序再审的案件,原审是一审的,依一审程序审理。原审是二审的,但二审是错误维持一审不予受理的裁定的,再审法院应撤销一、二审不予受理的裁定,指令一审法院立案受理。原审是二审或上级法院提审的,或由上级法院指令再审的,均依二审程序进行。

依一审程序的再审案件,当事人对再审裁判不服,可以上诉;依二审程序作出的再审裁判为终审裁判,当事人不可上诉。

原审法院再审的行政案件,无论是自行再审还是指令再审,均应另行组成合议庭。原合议庭人员不应参加新的合议庭审理案件。

法院再审过程中,发现一审或二审生效裁判有以下情形,均应当发回作出生效裁判的原审法院重审:(1)审理本案的审判人员、书记员应当回避而未回避;(2)依法应开庭而未开庭即作出判决;(3)当事人未经合法传唤即作缺席判决;(4)遗漏必须参加诉讼的当事人;(5)对当事人提出的与本案有关的诉讼请求未予裁判;(6)原判决、裁定认定事实不清,证据不足;(7)有其他严重违反法定诉讼程序的行为。

(三)本案的分析

《房地产管理法》第59条规定:国家实行土地使用权登记发证制度。即土地的使用经批准为合法,反之视为违法。林某经当时的生产队分配取得的土地为0.396亩约264平方米,但1997年建设占用的27.38平方米未经批准,且该地方系属林某、何某某、刘某某房屋通行通道,在土地审批的实践中,公共部分用地分摊是一种习惯,林某不能因为生产队分得264平方米而全部占用。为此,二审法院原终审判决认为,林某占用的土地是公共用地还是自己合法使用的土地,处于一种待定状态,也是不妥的。原审被上诉人认为处罚决定已被复议机关撤销,原审被告以同一事实和理由作出处罚决定,违反复议法规定是无效的。但经庭审审查,被复议机关撤销的处罚决定认定的土地面积只有6平方米,而现被诉的处罚决定所认定的土地面积为27.8平方米,因此,不属于同一事实与理由作出与原具体行政行为相同的行政行为。原审被上诉人认为依照《福建省行政执法程序规定》第28条之规定,原审被告作出的处罚决定时间已超过30日的期限,且未经上级执法机关批准延长。原审被告举证证实,延长办案期限已经局长批准,根据《福建省土地监察条例》第23条规定延长期限经原批准立案的部门主管领导批准即可。综上,原审被告作出处罚决定认定事实清楚,适用法律正确、程序合法,据此,依照最高人民法院《关于执行〈中华人民共和国行政诉讼法〉若干问题的解释》第78条、《行政诉讼法》第54条第1项之规定,再审法院判决撤销一审判决、二审判决,并且维持了某城区土地管理局宁区政土罚字(2001)123号行政处罚决定。

(宁德市中级人民法院 董 宇
厦门大学法学院 李 玲)

肆

第四章
行政赔偿

Administrative Law

Administrative Law
Administrative Law

④ 行政赔偿的条件
——阮某某请求县公安局违法收容行政赔偿案

一、 案 情

原告:阮某某。

被告:某县公安局。

2001年7月20日,被告某县公安局接到群众举报称:在城关邹某家有人在进行卖淫嫖娼活动,民警遂前往邹某家将邹某及原告阮某某当场抓获,并带回公安局进行审查。原告阮某某及邹某并未承认有进行性交易活动,被告对原告作出收容教育6个月的处罚决定。原告不服,向被告上级公安局申请复议。上级公安局于同年8月20日作出行政复议,撤销了被告作出的收容教育处罚决定。同年9月20日,原告向被告提出赔偿违法羁押38天造成损失的请求。但被告并未在2个月的法定期限内给予赔偿。原告遂向人民法院提起诉讼,提出如下诉讼请求:(1)请求人民法院判决被告支付违法羁押赔偿金1520元,误工费1640元,医药费770元等;(2)在闽东日报上连续刊登7天的声明以消除影响;(3)到原告住所地赔礼道歉。被告辩称:被告作出对原告收容教育6个月的处罚决定,适用法律、法规正确,程序合法。虽然在取证过程中存在缺点,但并不影响本案的定性和处罚,因此,不需对原告进行赔偿。

二、 裁 判

人民法院经审理认为:被告对原告作出的收容教育处罚决定被复议机关予以撤销,据此,原告向被告提出赔偿申请。被告在法定期限内未能给予赔偿,原告遂向人民法院起诉要求被告予以赔偿,法院予以支持。因为行政机关如果违法作出具体行政行为,侵犯公民人身自由,则应当承担赔偿责任。同时,被告在法定期限内未能给予赔偿,原告向人民法院单独提起诉讼,要求被告予以赔偿,符合《行政诉讼法》的规定。根据国家赔偿法及最高人民法院的司法解释,法院判决如下:(1)被告应赔偿原告被违法羁押38天的赔偿金

1418 元。(2)驳回原告的其他诉讼请求。

三、 评析

本案涉及被告是否需要承担行政赔偿责任及行政相对人单独提出行政赔偿请求的需要具备的条件。

（一）行政赔偿需要具备的条件

1. 行政赔偿需要具备条件的一般原理

所谓行政赔偿,是指国家行政机关及其工作人员违反行政职权,侵犯公民、法人或其他组织的合法权益并造成损害,由国家承担赔偿责任的制度。行政赔偿属于国家赔偿的一种。因此,法院在审判行政赔偿的案件时,适用《国家赔偿法》及其他相关法律法规的规定。具体来说,行政赔偿需要同时具备主体适格、行为违法、损害事实及违法行为与损害事实之间的因果关系等要件。

（1）主体适格。行政赔偿的侵权行为主体必须具备主体资格,一般的公民、法人并不能成为适格的主体。根据我国现行法律法规的相关规定,行政损害赔偿的侵权行为主体在我国有三种类型:一是行政机关及其工作人员;二是法律法规授权的组织及其工作人员;三是其他组织、个人在接受行政机关委托的情况下,也可能成为适格的主体。如《治安管理处罚条例》第 33 条第 2 款规定:"警告、50 元以下罚款,可以由公安派出所裁决;在农村,没有公安派出所的地方,可以由公安机关委托乡(镇)人民政府裁决",此款规定中公安派出所或乡(镇)人民政府在行使公安机关委托权限的时候,就可能成为行政赔偿的侵权行为主体。

行政机关工作人员作为侵权行为主体是毫无疑问的,因为侵权行为大多为行政机关工作人员直接所为。行政机关工作人员有着明确的范围,它必须符合两个关键要件:"在行政机关中担任行政职务"和"依法从事公务"。至于行政机关中的工勤人员,由于其通常不行使公权力,一般不可能成为行政赔偿中的侵权行为主体,他们的侵权行为通常只引起民事赔偿。

正是行政赔偿侵权行为主体的特定性,使得行政赔偿在赔偿构成要件、归责原则以及赔偿范围等方面与民事赔偿不同;而在赔偿请求人、赔偿义务机关以及赔偿程序等方面则区别于司法赔偿。

需要指出的是,行政赔偿的侵权行为主体并不是赔偿责任的承担主体。行政赔偿是国家的赔偿责任,行政赔偿的责任主体是国家,而不是行政机关及其工作人员。这是由国家与行政机关及其工作人员之间的法律关系决定的,因为行政机关及其工作人员与国家之间存在委托代理关系。

（2）行为违法。这一构成要件实际上包含两项内容：一是侵权损害行为必须是适格主体行使行政职权的具体行政行为或与行使行政职权相关联的其他行为。这里同样包含两个方面的内容，首先侵权行为必须是适格主体行使行政职权的行为，因为有的行政机关可能同时具备行政职权和其他职权。如公安机关在违法行使侦查权时可能导致的只能是刑事赔偿，只有在违法行使行政职权时才可能导致行政赔偿。其次侵权行为必须是具体行政行为或与行使行政职权有关的行为。我国国家赔偿法明确规定，国家赔偿的范围不包括抽象行为造成的损害。二是侵权损害行为必须是违法行为。所谓违法，是指适格主体作出的具体行政行为违反了法律的规定和法律的要求。

行政机关都是通过工作人员来具体行使行政职权的。那么，如何区分工作人员的行为是否为执行职务的行为呢？学界对此有两种判别标准：其一是主观标准，即以雇用人的意思为判断标准，执行职务的范围也仅限于雇用人命令受雇人办理的事项范围，这一标准主要盛行于英、美等国；其二是客观标准，即以行为之外观为准，只要行为从外观上可认为属于社会观念上执行职务的范畴即可，德、日等国均采用此标准。我国《国家赔偿法》对何谓行使职权的范围并没有明确确定，学术界倾向于采用客观标准。因为，与主观标准相比，客观标准拓宽了执行职务行为的范围，从而更有利于对相对人合法权益的保护与救济。

（3）损害事实。行政机关承担赔偿责任，必须以损害事实的客观存在为前提条件，这是世界各国赔偿立法的通例。行政侵权损害与民事损害一样，依损害内容分为财产损害和非财产损害。

第一，财产损害。所谓财产损害是指因侵权事实的发生而导致的具有财产形态的价值减少或利益的丧失。一般包括：生命健康权受损害，所造成的殡葬费及抚养费损害；身体受损害后增加的生活上需要及因此减少劳动力的损害，物的损害（指物的毁损或消失所丧失和减少的价值）等。对于财产损害，多数国家只赔偿直接和一部分间接经济损失、实际利益的损失和直接可得利益的损失。而对间接损失和预期利益，一般不予赔偿。

第二，非财产损害。对公民或法人的人格、名誉、健康、生命、自由等造成的难以用货币衡量的损害为非财产损害，即人身权的损害。所谓人身权是指与人身不可分离而又没有直接财产内容的权利，包括人格权与身份权。侵犯人身权一般有两种后果，一是造成财产损害，我国对此类损害一般均予以赔偿。二是精神损害，是指对人身造成的精神痛苦，它包括精神上的悲伤、忧虑、气愤、失望等。由于考虑到财力的可承受能力，我国暂时不赔偿精神损害。

（4）因果关系。这是指可引起赔偿的损害必须为侵权行为主体的违法执行职务行为所造成，即国家侵权行为与损害事实之间存在因果关系。其中违法行为是原因，损害事实是结果。

因果关系的存在与否及宽严程度，直接影响受害人合法权益的救济范围。理论上对因果关系的认定，存在许多学说，如条件说、原因说、相当因果关系说、必然因果关系说、直接因果关系说等。目前，直接因果关系说较有代表性。从逻辑学的角度考查，直接因果关系是指行为与结果之间有直接的因果关系，此结果的发生必须是因为某行为而不是其他行为，反之，如果有了某行为就必须产生该结果。

因果关系还存在两种特殊情形需要说明：

第一，因果关系中断。主体的违法行为虽然产生了损害后果，但最终损害后果由于有另一原因的介入，使前一行为造成的损害中断。那么，国家只对中断前的损害后果承担赔偿责任。

第二，两个以上原因竞合。原因竞合是指多个行为产生同一损害结果。这时就需分清责任，合理履行国家赔偿义务。

上述行政赔偿责任的四个条件：主体适格、行为违法、损害事实、因果关系必须同时具备，缺一不可。如果缺少一个条件，就不构成行政赔偿责任。

2. 本案中关于行政赔偿要件的分析

本案中，对阮某某作出收容教育处罚决定的主体为某县公安局。公安局是根据宪法及行政组织法的规定而设置的行使国家行政职能的行政机关，因而具备适格的侵权主体资格。

公安局对阮某某作出的收容教育处罚决定是依据公安行政管理职权而作出的。所谓收容教育，是公安机关对卖淫、嫖娼人员集中进行法律教育和道德教育，组织参与生产劳动以及进行性病检查、治疗的行政强制教育措施。收容教育处罚决定是公安局作出的具体行政行为。那么该行为是否是违法行为呢？根据《行政复议法》第 28 条第 3 款的规定："具体行政行为有下列情形之一的，决定撤销或者确认该具体行为违法的，可以责令被申请人在一定期限内重新作出具体行政行为：(1)主要事实不清、证据不足的；(2)适用依据错误的；(3)违反法定程序的；(4)超越或者滥用职权的；(5)具体行政行为明显不当的"及被告上级公安局撤销被告具体行政行为的复议决定，可以推知，被告的具体行政行为具备了上述五项中的某一项。因此，被告对原告所作的具体行政行为违反了法律、法规的相关要求，属于违法行为。

同时，由于被告作出的违法行为，导致原告被违法羁押 38 天，其人身自由受到侵犯。被告的违法行为与原告人身自由受到侵犯的损害事实间存在直接的因果关系。

《国家赔偿法》第3条第1款规定:"行政机关及其工作人员在行使行政职权时有下列侵犯人身权情形之一的,受害人有取得赔偿的权利:(一)违法拘留或者违法采取限制公民人身自由的行政强制措施的";第26条规定:"侵犯公民人身自由的,每日的赔偿金按照国家上年度职工日平均工资计算"。

因此,本案完全具备行政赔偿应有的要件,被告应当承担赔偿责任。

(二)单独提起行政赔偿诉讼

国家赔偿法第9条第2款规定:"赔偿请求人要求赔偿应当先向赔偿义务机关提出。也可以在申请行政复议和提起诉讼时一并提出。"据此,行政赔偿有两种提起方式:单独式和一并式。

单独提出赔偿请求发生在违法行使职权的行为经依法确认以后。一般说来,行政赔偿请求人单独提出赔偿请求的情况主要有:(1)受害人与赔偿义务机关之间对行使职权行为的违法性没有争议,但对行政赔偿问题达不成协议;(2)行使行政职权的行为已被复议机关确认为违法,或已被复议机关撤销或变更,但复议决定未对赔偿问题作出处理,或赔偿请求人对复议决定中有关赔偿的内容不服的;(3)行使行政职权的行为已经法院确认为违法,判决生效后,赔偿义务机关未及时履行义务的;(4)行使行政职权的行为是终局决定,该行为的违法性经有权的行政机关确认,受害人对赔偿数额有异议的;(5)受害人对行政机关及其工作人员的事实行为提出赔偿请求。

本案属于上述第二种情况,复议机关撤销了被告作出的原行政行为。因此,受害人可以单独提起行政诉讼。

赔偿请求人在申请行政复议或提起行政诉讼时也可一并提出赔偿请求。其特点是:将确认行政侵权行为违法与要求行政赔偿两项请求一并提出,要求并案处理。复议机关或人民法院通常先对行政侵权行为的违法性进行确认,然后再决定是否应予行政赔偿。

(古田县人民法院 吴雅珍
厦门大学法学院 彭芳兰)

⑤ 共同赔偿义务机关的确定
——黄某请求某县公安局、某镇人民政府行政赔偿案

一、 案 情

原告：黄某。

被告：某镇人民政府。

法定代表人：镇长。

被告：某县公安局。

法定代表人：局长。

2001 年 7 月 27 日下午 1 时许,原告因与亲属黄某争吵打架,被 110 报警服务台联防队员卓某带到某镇派出所。在讯问过程中,卓某殴打原告的胸部、腹部致原告受伤。原告伤势经被告县公安局法医鉴定为重伤,伤残评定为 10 级伤残。2001 年 12 月 21 日,某县人民法院以卓某在执行职务过程中,使用暴力,致人重伤,构成故意伤害罪为由判处其有期徒刑 4 年 6 个月。但法院对原告请求赔偿损失的诉请,认为其不属于刑事附带民事诉讼受理范围,驳回原告要求被告某县公安局赔偿的请求。后原告向两被告请求赔偿各项经济损失 38953 元,而两被告在法定期限内未予赔偿。原告遂向法院起诉:请求法院判令两被告赔偿原告经济损失 38953 元。

被告某镇人民政府辩称:联防队员卓某不属被告编制人员,属群防群治人员。因此,卓某不属国家机关工作人员,由此产生的损害应由卓某个人承担民事责任,镇人民政府不承担责任。据此,请求法院驳回原告的行政赔偿起诉。

被告某县公安局辩称:卓某是镇人民政府的下属人员,其工资待遇由其支付。卓某不是县公安局的工作人员,也不是其授权委托的临时工作人员,其行使职权的行为与其没有隶属关系。按照《国家赔偿法》第 7 条之规定,县公安局不是赔偿义务机关,不承担赔偿责任。因此,请求法院驳回原告的行政赔偿起诉。

二、 裁 判

一审法院经审理认为：卓某属某镇 110 报警服务台的联防队员。卓某虽然是群防群治人员，为临时工作人员，但从行政隶属上看，其工资由某镇政府全额支付；从业务上来看，其必须接受某县公安局的业务指导，且其行使的权力属于某县公安局的行政职权范围。根据国家赔偿法第 7 条第 2 款"两个以上行政机关共同行使行政职权时侵犯公民、法人和其他组织的合法权益造成损害的，共同行使行政职权的行政机关为共同赔偿义务机关"及第 4 款"受行政机关委托的组织或者个人在行使受委托的行政权力时侵犯公民、法人和其他组织的合法权益造成损害的，委托的行政机关为赔偿义务机关"的规定，卓某的侵权行为应由某镇政府和某县公安局共同承担行政赔偿义务。法院在此基础上进行调解，各方当事人自愿达成如下协议：

(1)被告某镇人民政府一次性付给原告人民币 17000 元整，款定于调解书送达之日付清 5000 元，余款于调解书送达之日起 10 日内付清。

(2)被告某县公安局一次性付给原告人民币 5000 元整，款定于调解书送达之日付清。

三、 评 析

本案争议主要涉及两个方面的问题：一是卓某是否属《国家赔偿法》第 2 条规定的"国家机关工作人员"范畴，即卓某是否为适格的行政赔偿侵权行为主体；二是共同赔偿义务机关的确定。

(一)卓某是否为适格的行政赔偿侵权行为主体

1. 关于行政赔偿侵权行为主体的一般原理

侵权行为主体是构成行政损害赔偿责任的必要条件之一，它所要解决的问题是国家对哪些组织或个人的侵权行为所造成的损害承担赔偿责任。任何侵权行为都是由一定的主体实施的。在行政赔偿中，侵权行为主体要件的设定将赔偿的范围限定在由特定的组织和个人所实施侵权行为的范围之内。

侵权行为主体要件在各国行政赔偿构成要件中的地位并不相同。通常，在君主制国家或身份性较强的国家，或者在国家赔偿责任制度发展初期，主体要件在整个构成要件中占有十分重要的地位。而在另一些国家赔偿制度发展得较为成熟的国家，主体要件已被行为要件所吸收。如法国，行政赔偿构成要件通常认为仅有三项：公务过错、损害结果和因果联系，主体要件被公务过错所吸收。我国《国家赔偿法》第2条第1款规定："国家机关和国家机关工作人员违法行使职权侵犯公民、法人和其他组织的合法权益造成损害的,受害人有依照本法取得国家赔偿的权利",可见,在我国,主体要件是国家赔偿的构成要件。行政赔偿是国家赔偿的一种,因此主体要件也是行政赔偿的构成要件。但是,此款中的"国家机关和国家机关工作人员"应从宽理解。

具体来说,行政赔偿侵权行为主体可分为两类:一为组织,一为个人。

（1）组织。

在作为组织的行政侵权主体中,行政机关是最常见、最基本的一类。行政机关是指依宪法或行政组织法的规定而设置的行使国家行政职能的国家机关,包括国务院及其各部、委员会、直属机构、各部委归口管理的国家局,地方各级人民政府及其下属的职能部门,以及地方人民政府依法设立的派出机关等。在理解行政机关这个概念时需要注意的问题是,行政机关内部机构实施的侵权行为,应当视为所属行政机关的侵权行为。对于行政机关依法设立的派出机关实施侵权行为的,应当区别情况对待。派出机关在自己的法定职权范围内实施的侵权行为,由其自行负责,担任赔偿义务机关;派出机关超越职权实施的侵权行为,应当视为设立机关的行为,由设立机关担任赔偿义务机关。

除行政机关外,法律、法规授权组织也是一类行政侵权行为主体。法律、法规授权组织是指依具体法律、法规的授权而行使特定行政职能的非国家机关组织。首先,它是指非国家机关的组织,它只有在法律、法规授权时,才享有权力和承担法律责任;其次,它行使的是特定的行政职权而非一般的行政职权,所谓"特定职权",即限于相应法律、法规明确规定的某项具体职权或具体事项,其范围通常很窄。最后,它的职权为具体的法律、法规所授予,而非由行政组织法所授予。而且,在一般情况下,具体法律、法规对相应组织的授权是有期限的。在我国,法律、法规授权的组织主要有以下四类:第一,社会组织、社会团体,如律师协会、医师协会等各种行业协会;第二,企事业组织,目前,在我国体制转轨时期,一些全国性专业公司,有许多是由行政机关改制而成,在一定时期内仍具有一定的公权力色彩;第三,基层群众性自治组织,这主要是指城市和农村按居民居住的地区设立的居民委员会和村民委员会;第四,各种技术性机构,法律、法规有时会授权有关技术性机构行使部分行政职能。

行政机关委托的组织也可以成为侵权行为主体。行政机关委托的组织是指受行政机关委托行使一定行政职权的非国家机关组织。和法律、法规授权的组织一样,被委托的组织也不是行政机关或其他国家机关,它们只是因为有了行政机关的委托而行使特定的行政职权。通常情况下,委托必须符合法定的条件。与被授权组织不同的是,被委托机关是以委托行政机关的名义而非以自己的名义对外行使职权,其行为对外的法律责任也是由委托机关负担。

此外,一些公共团体、公共组织如国立学校、国立医院,在有些国家也构成侵权行为主体。例如,在日本,公共团体(即除国家以外的公法人),包括地方公共团体、公共组织和公共营造物法人,都可以是侵权行为主体。但在我国,作为组织的侵权行为主体通常为国家行政机关,法律、法规授权组织,行政机关委托的组织三类。

(2)个人

作为个人的侵权行为主体,主要是公务员。这里所说的公务员主要是指国家依法定方式和程序任用的,在中央和地方各级行政机关中工作的,依法行使各级行政权、执行各级公务的人员。事业单位、公共团体、其他国家机关里的工作人员以及行政机关里面的工勤人员不属于公务员。

在侵权主体限定得较为宽松的国家,不一定要求侵权主体必须具有正式公务员身份或者必须是领取国家薪金的雇员。只要侵权主体客观上执行了公务,均可以引起国家负损害赔偿责任。如德国,根据《联邦德国基本法》第34条的规定,国家不仅必须为其正式工作人员的侵权行为承担赔偿责任,对从事国家活动的私人也应当承担赔偿责任。在德国,私人从事公权力的活动,主要包括两种情况:其一是被授权人(自然人和法人),他们以自己的名义行使国家以法律形式,或经由法律授权以行政处理决定或公法契约的形式所授予的公权力,其在组织上为私法主体,但在功能上是行政主体。其二为行政辅助人,行政辅助人是指私人作为行政机关行使公权力时的帮手,其直接受行政机关的指挥命令从事活动,犹如行政机关的"延长之手"。

根据我国国家赔偿法的规定,在行政损害赔偿中,作为侵权主体的个人主要有国家行政机关的工作人员,以及法律、法规授权的组织,受行政机关委托的组织中工作的人员,当然还包括直接受行政机关委托的个人。另外,大多数学者认为还应包括事实上(或客观上)执行公务的人员和自愿协助公务的人员。在认定行政机关工作人员时,关键在于确认该人员是否与行政机关建立了行政职务上的委托关系。

2. 本案中卓某是否为适格的行政赔偿侵权主体的分析

本案中,卓某是工作于某镇110报警服务台的联防队员,是由某镇政府招聘就职于110报警服务台的临时工作人员。110报警服务台是公安机关为实现快速反应,打击现行犯罪,维护社会治安,密切警民关系,为社会提供特别服务而设立的一个报警服务台,其主要是受理紧急报警事项。所有现行发生、正在发生的刑事案件、治安案件、突发事件、治安灾害事故、车(船)祸,以及市民遇险需要公安机关帮助的事情,110报警服务台都应该受理。但110报警服务台并不是一个独立的行政机关,它是属于某镇派出所的内设机构。而某镇派出所同样不是独立的行政主体,它是某县公安局的派出机构。在法律、法规专门授权范围外,它不能以自己的名义行为和由自身对其行为负责,而是以派出机关的名义行为,并由派出机关对其行为负责。本案中,卓某实施的行为显然是属于公安机关的治安管理职权,这不在《治安管理处罚条例》中对派出所的授权范围之内,因此,卓某应是与某县公安局建立了行政职务上的委托关系。

但是,本案的特殊性在于,实施具体侵权行为的卓某并不是真正的某镇派出所110报警服务台的工作人员。他是由某镇政府直接招聘并任命的,由镇政府支付其工资,是属于某镇政府的临时工作人员。与此同时,在本案中,他实施的又是公安机关的治安管理权。在业务上,卓某需接受某县公安局的指导和管理。因此,认定卓某为受某镇政府和某县公安局双重委托而行使行政权力的个人较为适宜。

(二)共同赔偿义务机关的确定

两个以上行政机关共同行使行政职权时侵犯公民、法人和其他组织的合法权益造成损害的,共同行使行政职权的行政机关为共同赔偿义务机关。

在确定共同赔偿义务机关时,需要注意下列问题:

(1)作为赔偿义务机关的两个或两个以上行政机关必须都是具有独立主体资格的行政机关。没有独立的主体资格的工作机构,不能成为赔偿义务机关。

(2)两个以上的工作人员分属不同的行政机关,在其共同行使职权时侵犯公民、法人和其他组织的合法权益并造成损害的,应当以工作人员所在的行政机关为共同赔偿义务机关。

(3)共同赔偿义务机关之间承担连带责任。受害人可以向共同赔偿义务机关中的任何一个赔偿义务机关要求赔偿,该赔偿义务机关应当先予赔偿。该机关先行赔偿后,可要求其他行政机关负担其应当承担的赔偿义务。共同赔偿义务机关各自按其所在侵权损害中所起的作用承担责任,但这属于行政机关之间的内部问题,与受害人无关。

本案中,侵权行为虽然不是直接由行政机关行使的,但卓某是由某镇政府和某县公安局共同委托行使行政权力的个人,而受委托个人在授权范围内所行使的行为,其所有后果应由委托机关承担。当然,如果受委托组织或个人在行使受委托职权过程中有过错的,委托机关在先履行赔偿义务后,可向受委托组织或个人追偿。根据《国家赔偿法》第7条第2款、第4款的规定,本案中,应由某镇政府和某县公安局共同承担行政赔偿义务。

综上,根据《国家赔偿法》第3条第5款:"行政机关及其工作人员在行使行政职权时有下列侵犯人身权情形之一的,受害人有取得赔偿的权利:(五)造成公民身体伤害或者死亡的其他违法行为。"被告某县公安局和被告黄田镇人民政府属赔偿义务机关,应承担行政赔偿责任,受害人有从某镇政府和某县公安局获得行政赔偿的权利。

(古田县人民法院　黄荣峰

厦门大学法学院　彭芳兰)

51 国家机关工作人员的职务行为侵权及其赔偿责任

——翁某不服某镇政府征收教育附加费行政行为案及诉请行政赔偿案

一、案情

原告:翁某。

被告:某镇人民政府。

1998年9月16日,某镇人民政府根据国务院关于《中国教育改革和发展纲要》的实施意见和省委闽发(96)20号、闽政办(87)268号及宁署(97)综34号、宁(1997)101号文的精神,向翁某家发出催缴款通知,向翁某和她的两个小孩征收居民教育附加费,每人32元(其中教育附加费30元,优抚金2元)。1998年11月9日该镇人民政府工作人员陈某、李某等人到翁家征收教育附加费。翁某认为征收教育附加费属乱收费,遂与李某发生争执,翁因此受伤。翁某伤情经司法技术鉴定为轻微伤。当天翁某邻居苏某到该镇派出所报案,并将翁某送到地区二医院治疗。镇派出所已立案并进行调查取证。1998 年 12 月 2 日翁某向人民法院提起行政诉讼,要求法院依法撤销被告向其收取教育附加费的行政行为,并依法赔偿因被告行为造成的经济损失 45940 元。

被告诉称:该镇派出所已出具证明,由其立案受理翁某与李某的纠纷。因此该案应由公安机关立案受理,由李某赔偿翁某的医药费及其他经济损失,而不应由被告承担行政赔偿责任,原告不应提起行政赔偿诉讼。

二、 裁 判

法院经审理认为:公安机关立案受理翁某与李某之间的赔偿请求缺乏法律依据。李某的行为属于与行使职权有关的行为。李某在行使职权的过程中,因违法行为而导致原告翁某受伤,其行为符合行政赔偿的构成要件,属于国家赔偿法的调整范围。公安机关只能根据《治安管理处罚条例》和《刑法》等其他法律法规对李某追究行政责任或刑事责任,而不能将李某与翁某间的纠纷定性为民事纠纷,由李某对翁某进行民事赔偿。

经进一步查实:翁希珍住院 10 天,医疗费 7100 元。在此基础上,经人民法院调解,由被告某镇政府赔偿翁某医药费及经济损失共计 13500 元。翁某申请撤回行政诉讼,人民法院同意原告撤诉。

三、 评 析

本案争议焦点的实质在于,李某的行为是职权行为还是个人行为。如果李某的侵权行为属于职权行为或与行使职权有关的行为,则李某所在的行政机关某镇人民政府应承担行政赔偿责任;如果李某的侵权行为仅为个人行为,则应由李某个人承担法律责任。

1. 职权行为与个人行为区分的一般理论

《国家赔偿法》第 2 条第 1 款规定:"国家机关和国家机关工作人员违法行使职权侵犯公民、法人和其他组织的合法权益造成损害的,受害人有依照本法取得国家赔偿的权利。"据此,国家承担赔偿责任的行为要件是适格主体"行使职权"的行为。最高人民法院的司法解释进一步明确该行为应是"行使职权的行为或与行使职权有关的行为",行政机关才应当承担赔偿责任。需要指出的是,学术概念中一般用"公务行为"来指称法律条款中所指职权行为,两者实无区别。那么,在行政赔偿中,如何区分行政职务行为与个人行为呢?

行政职务行为是指行政人代表行政主体行使行政职权和履行行政职责的

行为。这里的"行政人"不仅包括公务员、授权组织中行使行政职权的人员,还包括了受委托人及受委托组织中行使行政职权的人员。行政人与普通公民不同的是,因他与行政主体之间的行政职务关系,他还有另一重身份,即国家代理人的身份。正是由于行政人具有普通公民与国家代理人的双重法律人格,因此对行政人行为的性质也有两种认定,即:实现其人格权利的个人行为和体现行政主体意志的公务行为。行政人行为性质的界定,是确立国家赔偿的基础。

行政法学研究史上关于公务行为的判断标准主要有两种学说,即主观说和客观说。

主观说是以公务员行为时的意图和目的为标准的学说。由于行政行为中行政机关及其工作人员都有主观意思的存在,所以该说又分为行政机关主观说和公务员主观说。前说认为,某一行为是否属于公务行为应以行政机关的意思表示为准,必须是在执行行政机关的命令或委托事项的范围内。后说认为,是否是公务行为应重点考察行政机关工作人员主观上的意思,只要其行为的意图和目的是执行职务,就可以认定其为公务行为。缺少这种意图和目的,即使外人看起来有公务行为的象征,也不能认定为公务行为。英美国家倾向于采用主观标准,即以雇佣人的意思为判断标准,执行职务的范围通常也限于雇佣人办理的事项范围。例如,在美国,如果雇佣人仅告诉受雇佣人执行职务的地点,而未告诉具体前往的路线,结果受雇佣人在途中发生车祸或其他伤害,这种情况下属于执行公务的范围。反之,如果雇佣人明确告诉受雇佣人执行职务的地点及前往路线,而受雇佣人另行选择路线而发生车祸或受其他伤害,这就不属于执行职务的范围。

客观说又称形式说或外表标准说,这是西方多数学者所持的标准。该说认为公务行为的判断应以行政人行为的外部特征为标准,在客观上、外形上、社会观念上属于职务范围的行为,都是公务行为。大陆法系的国家多持此标准,但各国又不尽相同。如日本采用的是"外表理论"说。其国家赔偿法所规定的执行职务指的是在客观上、外形上可视为社会观念所称的"职务范围",不论行为者的意思如何,凡职务行为或与职务有关的、不可分的行为均属之。如果行为与公务员的义务有联系或有附带联系,客观上便具有公务员义务范围的特征。具体说它包括三种行为,即行政人执行其职务行为所必要的行为或协助执行职务的行为、行政人执行其接受的命令或受托的职务、足以认定行政人的行为与执行职务有关的行为。在德国,认定职务行为也主要采用客观标准,但不像日本采用的"外表理论"那么严格,也考虑到行为与职务间的内在联系。其主要有以下几款标准：(1)该行为是履行职务中产生；(2)该行为发生在工作时间以内；(3)该行为是以公务身份行使。

在我国，国家赔偿法对于行使职权的范围以及如何认定职权行为并没有明确的规定，也没有相关的司法解释。学术界关于如何认定职务行为，大多倾向于采用多元标准而非单一标准来认定职务行为。通常情况下，认定一个致害行为是否属于职务行为要综合考虑以下几个方面：

(1)行为者的目的。行为者的目的是分析行为主体的致害行为是否为职务行为的重要标准。国家公务活动的具体实施者是公务人员。公务人员在代表国家行政机关行使职权时，在很多情况下并非为了完成公务，而是为了借助自己公务人员的身份或手中职权做一些谋求自身利益的事。对这种假公济私的行为就不应认定为职务行为。因此，在分析认定职务行为时，需考察行为者的主观目的。例如，某警察，在星期六休息的时候与女友逛街，发现一在逃通缉犯。该警察遂奋不顾身去抓捕逃犯。对于该警察抓捕逃犯的行为，若从时间与地点上考察，似不是职务行为。但考察该警察的主观目的，在于抓获逃犯，因此应当认定其为职务行为。

(2)致害行为发生的时间。行政人在公务时间内应该履行行政职责，所以时间对行为性质的确认有现实意义。英国早期行政法理论就以上下班时间为标准来划分公务员的个人行为和公务行为。工作人员在上班时间实施的行为通常应该认为是职务行为，工作人员在下班时间实施的行为通常应认为是个人行为。但以时间为标准有例外情况，如上班时从事私人行为和下班后出于职业道德进行实质公务行为的情况等。

(3)致害行为发生的地点。行政人的职权本身包含地域管辖权，以地域范围为标准对行政人行为性质的认定也有意义。一般情况下，行政机关的工作人员不在执行职务的特定场所实施的行为，不宜视为行政职务行为。如外地物价部门的工作人员到本地实施价格处罚行为并不应认为是职务行为。但致害行为发生的地点同样不是决定行为性质的必要条件或充分条件。

可见，在认定行政职务行为时需综合考虑目的、时间、地点、身份、名义、行为结果等多方面要素，但单纯具备哪个要素都无法认定为行政职务行为。在认定职务行为时需把握最重要的原则是——致害行为与行政职权的相关程度。界定公务员的行为是否为公务行为，职权要素是其中最重要的相关因素。公务行为在多数情况下属于行政行为，其中有部分表现为行使行政职权过程中的行为，即实施行政行为过程中与职权相关的行为。其属行政行为的延续，比如交警在确认交通事故责任之前的现场勘查行为。而行政行为成立的一个最主要的条件是行为主体在客观上有行使行政职权或职责的行为,那么在一般情况下,公务行为的成立条件也应当是与行政行为相一致的,即只有公务员的行为是行使行政职权的才能界定为公务行为。对于属于行政行为延续性的公务行为,与行政职权的相关程度也是认定其是否为公务行为的重要条件。例如警察甲对乙实施了治安拘留,并在拘留过程中殴打了乙。那么甲殴打乙的这一行为显然是与甲行使行政职权的行为有关,是行政处罚行为过程中的一个延续性行为。倘若乙被拘留以后,警察丙由于与乙有私怨,到看守所殴打了乙,那么丙的这一行为显然与职权本身无关,因为丙并没有实施对乙进行拘留的职权行为,所以不应界定为公务行为。

2. 本案中李某行为性质的认定

本案中,李某及陈某前往翁某家收取教育附加费,在收取过程中,李某与翁某发生争吵扭打,翁某并因而受伤。导致李某与翁某发生争执的原因是翁某不愿意缴纳教育附加费,而李某出于职责需要,又必须收取翁某应缴纳的教育附加费。本案中,李某收取教育附加费的行为与李某在争吵扭打过程中致翁某受伤的行为是密不可分的,后一行为是由于执行前一行为而引起的。毫无疑问,李某及陈某收取教育附加费的行为为行政职务行为。因此,从致害行为与行政职权的关联性角度考虑,李某的行为应认定为与行使职权有关的行为,即李某的行为属于国家行政赔偿的范围。同时,李某为被告某镇人民政府的工作人员,因此,被告某镇人民政府应承担对翁某的行政赔偿责任。与此类似的是,公安人员如果在审讯过程中,对犯罪嫌疑人刑讯逼供,而致人身体伤害或死亡的,公安机关同样应承担行政赔偿责任。

本案中,既然李某的侵权行为属于与行使职权有关的行为,并应由被告某镇人民政府承担行政赔偿责任,那么,公安机关立案受理直接把李某作为赔偿主体显然就不符合法律规定。如果李某的侵权行为为个人行为,那么赔偿主体则为李某本人。此时,既可由公安机关立案处理,也可以通过民事诉讼进行解决。

李某的致害行为应由其所在的行政机关承担行政赔偿责任,并不意味着李某本人不需承担其他责任。本案中,由公安机关立案受理追究李某的行政责任等是正确的。李某在执行公务过程中造成的经济赔偿责任由其单位承担有法律依据,但其行为后果所造成的行政责任或刑事责任则应由其本人承担,而不再由单位承担。公安机关立案受理后,对李某的违法行为轻重,情节后果是否恶劣、严重进行调查取证,然后再确定是否追究李某的行政责任或刑事责任。这是公安机关依据《治安处理管理条例》和《刑事诉讼法》规定,应当履行的职责。

需要指出的是,与民事诉讼相比,行政诉讼具有一定的特殊性。《行政诉讼法》第 50 条规定:"人民法院审理行政案件,不适用调解",但第 67 条第 3 款规定:"赔偿诉讼可以适用调解",即行政赔偿诉讼可以由法院调解结案。这是因为在行政赔偿诉讼中,原告可以放弃、处分自己申请赔偿的权利;而被告在一定范围内,在一定程度上也有一定的自由裁量余地。本案中,原告既诉请法院依法撤销被告向其收取教育附加费的行政行为,又有请求被告承担行政赔偿责任,因此,法院不能对此案全部调解结案,而必须对前一项请求作出判决。本案中,在被告同意赔偿原告的经济损失后,原告向法院提出撤诉。同样不同于民事诉讼的是,行政诉讼中法院必须对原告的撤诉请求作出审查,防止原告迫于行政机关的强大压力而提出撤诉。这个规定有利于对行政相对人权利的保护。

（宁德市蕉城区人民法院　许可宁

厦门大学法学院　彭芳兰）

52 行政赔偿范围的确认

——包某不服某县林业局行政强制措施及诉请
行政赔偿案

一、　案　情

原告（上诉人）：包某。

被告（被上诉人）：某县林业局。

2001 年 7 月 23 日,被告某县林业局执法人员根据群众举报,获悉原告包某无证运输松原木,遂扣押了原告放置于长桥村 100 号处部分松原木,并指定由原告胞兄代管。经被告进一步调查证实:被扣松原木系原告所有,且原告在未取得木材运输证的情况下,使用其闽 J20906 号拖拉机承运上述松原木。

2001年8月21日,被告执法人员扣押了原告所属的闽J20906号拖拉机,但未依法定程序进行。经该县价格认证中心鉴定,该拖拉机日平均实际利润为35元。2002年4月23日,原告以被告滥用职权为由向该县人民法院提起行政诉讼。

原告包某诉称:被告工作人员毫无根据地认为松木是原告拖拉机承运的,并在未出具任何手续的情况下,将原告拖拉机扣押。被告滥用职权,违法扣押车辆,侵犯了原告的合法权益,请求法院判令撤销被告扣押拖拉机的具体行政行为,返还车辆,并从扣押之日起按每日35元赔偿原告经济损失。

被告某县林业局辩称:原告违法运输木材事实清楚,证据充分,被告作为县级林业主管部门,根据《福建省森林条例》第16条和《福建省森林法实施办法》第50条规定,有权查扣违法运输木材和非法运输木材的运输工具,请求法院判决驳回原告的诉讼请求。

二、   裁 判

一审法院经审理认为:被告扣押原告运输工具缺乏依据,属越权行为。同时被告在实施具体行政行为过程中未依法定程序进行,属程序违法,应依法予以撤销。原告主张返还被扣拖拉机的请求应予支持。同时,一审法院认为取得国家赔偿的前提条件必须是公民、法人和其他组织的合法权益受到不法侵害,在本案中虽然被告在实施具体行政行为过程中存在违法情形,但原告客观上存在无证运输木材的违法事实。因此,原告提起行政赔偿的请求,与国家赔偿法所确立的保护公民的合法权益的立法精神相悖,法院不予支持。一审法院判决:(1)撤销被告某县林业局扣押原告包某拖拉机的具体行政行为;(2)被告某县林业局应于本判决生效之日返还原告被扣押的拖拉机;(3)驳回原告包某要求被告赔偿经济损失的诉讼请求。

原告包某不服判决,上诉请求撤销原判的第三项,改判被上诉人从扣押其车辆之日起每日赔偿其35元的经济损失。

二审法院经审理认为:本案被上诉人适用《福建省〈森林法〉实施办法》的规定,扣押原告运输工具属适用法律错误。同时,被上诉人在实施具体行政行为时未依法定程序进行,违反了《福建省行政执法程序规定》的程序,属程序违法。因此,被上诉人扣押上诉人拖拉机的具体行政行为违法,应依法予以撤销。被上诉人应当解除对该财产的扣押,返还上诉人拖拉机,造成损坏或者灭失的,应当恢复原状或给付相应赔偿金。上诉人提出的赔偿拖拉机实际利润不属于国家赔偿的范畴,不予支持。据此判决:驳回上诉,维持原判。

三、 评析

本案争论的焦点问题主要有三个：一是被告的扣押行为适用法律、法规是否正确；二是行政赔偿是否应以原告行为合法为前提；三是行政赔偿的赔偿范围是否包括预期可得利益。

（一）关于本案中被告扣押行为适用法律、法规是否正确的问题

本案中，被告扣押原告拖拉机的行为，适用的是《福建省森林法实施办法》的规定。根据《福建省森林法实施办法》第 50 条规定："货主和承运人不接受处罚的，林业主管部门可以扣留运输工具，并通知货主或承运人在十五日内接受处理。逾期不接受处理的，没收非法运输的木材，运输工具损坏的，由货主和承运人负责。"据此，县级林业主管部门可以扣留非法承运人的运输工具。但由国务院颁布实施的《中华人民共和国森林法实施条例》仅规定："无木材运输证运输木材的，由县级以上人民政府林业主管部门没收非法运输的木材，对货主可以并处非法运输木材价款 30％以下的罚款。"（第 44 条第 1 款）那么，本案中，县林业局应该适用哪部法规呢？

"扣押运输工具"的行政行为属行政强制措施，而只有在法律明确规定可以采取行政强制措施时才能采取。由于《福建省森林法实施办法》属地方性法规，为下位法；《中华人民共和国森林法实施条例》属于行政法规，为上位法，并且《中华人民共和国森林法实施条例》有《中华人民共和国森林法》的明确授权，同时，下位法只有在上位法规定的范围和幅度内规定行政强制措施，而不能超出上位法规定的范围和幅度。因此，根据最高人民法院法函(1993)16 号《关于人民法院审理行政案件对地方性法规的规定与法律和行政法规不一致的应当执行法律和行政法规的规定的复函》及法行复(1993)第 5 号《最高人民法院关于人民法院审理行政案件对缺乏法律和法规依据的规章应如何参照问题的答复》的解释："地方性法规与法律、行政法规的规定不一致的，应当执行法律及行政法规的规定"，本案应执行《中华人民共和国森林法》和《中华人民共和国森林法实施条例》的规定，而不适用《福建省森林法实施办法》的规定。因此，本案被上诉人适用《福建省森林法实施办法》的规定，扣押原告运输工具属适用法律错误。

（二）行政赔偿是否应以受害人行为合法为前提

一审判决认为，根据《中华人民共和国国家赔偿法》第 2 条第 2 款的规定，取得国家赔偿的前提条件必须是公民、法人和其他组织的合法权益受到不法侵害，在本案中虽然被告在实施具体行政行为中亦存在违法，但原告客观上存

在无证运输木材的违法事实,其提起行政赔偿的请求,与国家赔偿法所确立的保护公民的合法权益的立法精神相悖,不能予以支持。我们认为,一审判决的该观点是不当的。

首先,本案中,原告行为是否违法,并不直接影响被告是否应当赔偿,而只影响被告是否应对原告实施行政处罚或行政强制措施和应对原告实施何种行政处罚或行政强制措施;其次,行政赔偿责任的构成要件有四项:适格的主体、违法行为、损害事实及违法行为与损害事实之间的因果关系,其中"违法行为与损害事实之间的因果关系"这一构成要件,指的是违法行为应与损害事实之间有直接的因果关系。只要符合这四个构成要件,行政机关就应承担行政赔偿责任,而不论受害人的行为是否合法。我们要准确理解国家赔偿法第2条第1款中"合法权益"的含义。本案中,即使原告属于非法运输林木,其对闽J20906号拖拉机的所有权仍属合法权益。因为根据《中华人民共和国森林法实施条例》的规定,被告对非法运输林木的当事人仅能处以"没收非法运输的木材"或"对货主并处非法运输木材价款30%以下的罚款"。此时,法律并没有授权行政机关可以剥夺原告对其闽J20906号拖拉机的所有权,那么,原告对其闽J20906号拖拉机的所有权就是合法的。

因此,行政赔偿的取得并不以受害人的行为合法为前提。

(三)行政赔偿的赔偿损害范围是否包括预期可得利益

在不同国家,行政赔偿的赔偿标准所遵照的原则是不同的,因而,行政赔偿所针对的损害范围也就不同。在世界各国的行政赔偿法中,赔偿标准所遵照的原则比较常见的有三种:惩戒性原则、补偿性原则、慰抚性原则。

1. 惩戒性原则

惩戒性原则指的是行政赔偿的额度标准对于行政侵权方具有惩戒性。具体来说,就是行政侵权方除赔偿足以弥补受害人所遭受损害的费用外,还要就自己侵犯他人合法权益的行为再额外付出惩罚性费用。这种标准下的赔偿额度相当于损失额再加上惩罚金额,因而赔偿额度是最高的。这种标准主要针对性质比较严重的违法行政行为。如英国,惩戒性赔偿金主要针对政府雇员压迫性的、武断的或不合宪行为,即"限制武断专横和行政权力的骇人的滥用"。

2. 补偿性原则

补偿性原则指的是确立的行政赔偿额度以能够弥补受害人所受的实际损失、抵消其额外的支出为目的,使受害人能够恢复到受到侵害之前的状态。这一原则下的赔偿标准也就等于实际所受损失额。美国联邦侵权赔偿法规定的赔偿就属于补偿性质,即在存在行政侵权行为情形下,国家既不负担名义上的损害赔偿,也不负担处罚性的损害赔偿,而仅就损害程度进行赔偿,使当事人能够恢复到没有政府职员的侵权行为以前的权益状态。

3. 慰抚性原则

慰抚性原则认为国家赔偿的目的不在于对受害人的实际损失进行充分的救济,而仅在于对当事人作出象征性的抚慰。据此,行政损害赔偿额只能限制在当事人所受的实际损失额的范围之内。实行这一原则一般都与该国的社会经济、民主政治的相对不发达有关。

我国立法机关在补偿性原则和慰抚性原则之间采取了一种折衷偏后的态度,即以补偿性和慰抚性相混合的原则,其中,补偿性原则是努力的目标,慰抚性原则则体现了行政赔偿制度初创和过渡时期的特征。

本案中,被告扣押原告拖拉机的行为属行政机关及其工作人员侵犯公民财产的情形。因此,本案涉及我国对财产损害的具体赔偿标准。

根据《国家赔偿法》第 28 条的规定,行政机关及其工作人员违法行使职权侵犯公民、法人和其他组织财产权造成损害的,按下列规定处理:

(1)处罚款、罚金、追缴、没收财产或者违反国家规定征收财物、摊派费用的,返还财产。

在处罚款、追缴、没收、征收、摊派决定全部违法时返还财产通常应当是罚款、罚金、追缴的金钱、摊派的费用的原额,或者是追缴、没收、违法征收的财物的原物。在处罚款、追缴、没收、征收、摊派决定部分违法时,返还应仅限于违法部分侵犯财产权的数额。也就是说,返还并不及于金钱如不被违法追缴,其预期可获得的利益。

(2)查封、扣押、冻结财产的,解除对财产的查封、扣押、冻结。造成财产损坏的,能够恢复原状的恢复原状,不能恢复原状的,按照损害程度给付相应的赔偿金;造成财产灭失的,给付相应的赔偿金。

查封、扣押、冻结财产的行为一旦被确认为违法,作出查封、扣押、冻结决定的机关或其他有权机关应立即解除对该财产的查封、扣押、冻结。根据《行政诉讼法》第 65 条第 2 项的规定:"在规定的期限内不履行的,从期满之日起,对该行政机关按日处 50 元至 100 元的罚款",当然,这一规定仅适用于经诉讼程序确定的行政赔偿,不适用于司法赔偿。

(3)应当返还的财产损坏的,能够恢复原状的恢复原状,不能恢复原状的,按照损害程度给付相应的赔偿金。

财物的损坏实质上即是财产的使用价值遭到破坏。因此,按照损害程度确定应该给付的赔偿金,要考虑到该财物现时的市场价格、新旧程度、同类产品的寿命等因素,尤其要考虑该财物在遭到损坏的前后使用价值的变化。如果被损坏的财物已不再具有使用价值,赔偿义务机关应按照被损坏财物的价值予以赔偿。

对应当返还的财产以给付赔偿金的方式履行赔偿应以该财物已遭损害不能恢复原状为前提。不能恢复原状包括两种情况:一是财物已遭到严重破坏,恢复原状已不可能,或恢复原状所费成本远远大于恢复原状所带来的价值;二是采取恢复原状的方式太费时、费力,可能影响国家机关的正常工作。

(4)应当返还的财产灭失的,给付相应的赔偿金。

应当返还的财产灭失以后,确定应当给付的赔偿金数额应当考虑购买该财物的价格、现时同类新产品的市场价格以及财物灭失时的新旧程度。

(5)财产已经拍卖的,给付拍卖所得的价款。

拍卖是一种特殊的买卖形式,指负有履行某种义务的人,在其财产被查封、扣押后,逾期仍拒不履行义务时,执法机关将查封、扣押之物品交由拍卖商行在公开竞价基础上卖出并将拍卖所得价款收缴国库的行为。在行政法上,拍卖是一种强制执行措施,是转移所有权的行为,拍卖一旦成立,财产的所有权即发生转移,原所有人不得对财物主张所有权。因此,财物被拍卖以后,返还原物已不可能,只能采取金钱赔偿的方式。

财产已经拍卖的,给付拍卖所得的价款。拍卖所得价款高于物品原价格的,不得截留;拍卖所得价款低于物品原价格的,不予添补。

(6)吊销许可证和执照、责令停产停业的,赔偿停产停业期间必要的经常性费用开支。法人或者其他组织被吊销了许可证和执照,或被责令停产停业,停产停业造成法人或其他组织的生产经营利润的丧失,国家赔偿法规定国家只赔偿停产停业期间该法人或者其他组织支付的必要的经常性开支,而不赔偿经营利润的损失。

停产停业期间必要的经常性开支包括房屋租金、生产设备租金、水电费、仓储保管费、职工的基本工资等。其中职工的工资按国家统一规定的劳保工资的平均数来计算。

(7)对财产权造成其他损害的,按照直接损失给予赔偿。

"对财产权造成的其他损害"是指除第(1)、(2)、(6)项所列之行为之外的其他违法行使职权的行为造成的损害,如侵犯经营自主权等行为。对于这些损害,国家只赔偿直接损失。

综上,可以看出,我国行政赔偿对财产损害的赔偿以赔偿直接损失为主,原则上不赔偿间接损失。事实上,多数国家都是原则上不赔偿间接损失。只有在侵权行为是故意实施的或不赔偿间接损失就会严重违背社会公正的情况下,法院才判决国家机关赔偿受害人的间接损失。这种间接损失通常是指在正常情况下预期可得到的利益。本案中,上诉人"拖拉机每日可获得35元利润"的主张,即属于请求被上诉人赔偿间接损失。因此,根据我国国家赔偿法所遵照的赔偿标准原则及国家赔偿法第28条的有关规定,上诉人请求赔偿拖拉机被扣押造成的实际利润损失不应当赔偿。根据《中华人民共和国国家赔偿法》第28条第2项的规定,被上诉人应当解除对该财产的扣押,返还上诉人拖拉机,造成损坏或者灭失的,应当恢复原状或给付相应赔偿金。

(宁德市中级人民法院　吴　杰

厦门大学法学院　彭芳兰)

53 国家赔偿责任中因果关系的认定

——某县航运公司不服某市矿产资源管理委员会办公室扣押财物及行政侵权赔偿案

一、 案情

原告:某县航运公司。

法定代表人:杨某,经理。

被告:某市矿产资源管理委员会办公室。

法定代表人:张某,主任。

1994年7月9日,某市矿产资源管理委员会办公室下属的镇矿产资源管理站工作人员前往"剑沙"海域,对正在该海域开采矿砂的某县航运公司所属的S—72号船进行检查。随后以其无证采砂为由,扣押了该船的船舶检验证书簿(编号0148)、采矿许可证[采集宁证建字(93)第003号]复印件和海域图(白马门港道)复印件,发电机、电焊机各一台,但未办理任何扣押手续和出具扣押清单。7月10日,S—72号船因六号强台风,在某市漳湾港沉没。7月12日,镇矿产资源管理站开具了所扣押物品的收条给S—72号船职员。某县航运公司不服,向市人民法院提起行政诉讼。

原告诉称,原告于1994年1月受雇于福建某综合开发有限公司,为其洋尾塘围垦工程采挖矿砂。自1994年5月起至7月,原告已向矿产管理部门缴纳全部矿产管理费用,即在市矿业公司核定采矿范围内开采矿砂。1994年7月9日中午,原告所属S—72号挖砂作业船在"采矿许可证"范围内"剑沙"作业区开采矿砂时,被告工作人员要该船缴纳矿管费。当原告S—72船负责人向其说明情况,并出具船检验证书、船员身份证、采矿许可证、采矿区域图、市(94)41号文件等证件时,被告工作人员不仅不予理睬,竟将这些证件强行扣留,并扣押发电机、电焊机各一台。7月10日凌晨,六号台风登陆,因船舶缺乏发电机致抽水泵无法运行,该船沉没。综上所述,原告依法开采矿砂,手续合法,证件齐全。被告扣押原告财产无法律依据,属侵权行为。被告的行政侵权行为造成原告损害,应负赔偿责任。请求法院依法撤销被告的扣押财物行政强制措施,并判令被告赔偿原告经济损失30万元。

被告辩称,原告所属S—72号船未办理"采矿许可证",在市区域采砂违法;被告采取扣押措施与原告的S—72号挖砂船沉没无直接因果关系,请求驳回原告的诉讼请求。

二、 裁 判

一审法院经审理认为:被告某市矿产资源管理委员会办公室以原告某县航运公司挖S—72号船在其辖区内无证开采为由,采取扣押强制措施,违反法定行政程序,其具体行政行为违法,被告应返还扣押的财物。挖S—72号船属无动力装置的挖砂船,因受1994年六号强台风袭击,冲滩未果,造成该船倾斜沉没,该船的沉没与被告扣押措施无直接因果关系,原告请求赔偿沉船损失理由不能成立。因此一审法院作出判决如下:(1)撤销某市矿产资源管理委员会办公室对原告某县航运公司挖S—72号船的扣押措施,所扣押财物于判决生效之日后10日内返还。(2)驳回原告的赔偿损失的诉讼请求。(3)诉讼费6500元,由原告负担6000元,被告负担500元。原告某县航运公司不服一审判决,提起上诉。

上诉人某县航运公司诉称,(1)原审判决认定被上诉人应在法律生效后10天返还被扣押物品不当。发电机等物已损坏,应给予经济赔偿。(2)原审判决认定上诉人船无动力装置,被上诉人扣押发电机等行为与沉船后果无直接因果关系,而驳回上诉人要求赔偿的请求不当。上诉人认为,扣押发电机与沉船后果存在着因果关系,有船舶检验证等证据材料为证,应予改判。

被上诉人某市矿产资源管理委员会办公室辩称,上诉人挖S-72号船沉没是由于自然灾害以及上诉人自身的原因,如逆风推船,撞上渔网等原因造成,与被上诉人执法没有关系,不应负任何赔偿责任。

二审法院经审理查明,上诉人某县航运公司所属的S-72号挖砂船,系属双体链斗式无动力挖砂船。7月28日,福建省船舶检验处赛岐检验所对S-72号船作出检验报告,确认该船舶体双子体中部均断裂,认为该船舶体报废。8月1日,福建省闽东海上安全监督局漳湾监督站作出《挖S-72号沉船事故调查报告》,确认沉船原因为:(1)台风引起大风、大浪、大雨,该船舱内长时间积水。(2)无发电机组,水泵无法抽水。舱内积水过多,船体过重而倾斜沉没。现上诉人被扣押的发电机及电焊机已损坏,不能使用。

二审人民法院经审理认为,被上诉人以上诉人下属的S-72号船在其辖区内无证开采为由,而扣押上诉人财物,无法律根据,超越职权,且违反法定程序,属于违法的具体行政行为。其所扣押的财物应予返还,但鉴于发电机、电焊机已损坏,不能使用,应作价赔偿给上诉人。经该院委托价格部门评估,并经该院确认,20千瓦发电机每台作价3800元,电焊机每台作价1190元,计4990元。对于S-72号船的沉没,主要系因台风引起大风、大浪、大雨,该船舱内长时间积水及无发电机致水泵无法运作抽水,导致舱内积水过多,船体过重而引起,与被上诉人扣押发电机有一定关系,因此被上诉人对于沉船造成的损失负有重要责任,应予相应的赔偿。对于上诉人提出赔偿其他损失,因上诉人无法提供合法的证据材料证实其损失的存在,不能予以支持。原审判决不当,应予改判。

二审人民法院依照《行政诉讼法》第61条第3项、《国家赔偿法》第25条之规定,于1997年9月16日作出判决如下:(1)撤销一审法院的行政判决;(2)被上诉人某市矿产资源管理委员会办公室扣押上诉人发电机等物行为违法。(3)被上诉人某市矿产资源管理委员会办公室应在本判决生效之日起10日内返还扣押上诉人的所有文件及复印件。(4)被上诉人某市矿产资源管理委员会办公室赔偿上诉人20千瓦发电机损失3800元、电焊机损失1190元、沉船损失10000元,共计14990元。该款项应于本判决生效之日起10日内一次性付清。(5)驳回上诉人的其他诉讼请求。(6)一、二审诉讼费各100元,共200元,由被上诉人负担。二审鉴定费100元,由上诉人、被上诉人各负担50元。

三、 评析

本案审理过程中,主要涉及以下四个问题:

1. 被告对原告实施扣押财物的具体行为是否合法

在行政赔偿中,如何理解行政行为"违法"的概念呢? 对此,法律并没有明确的规定,学术界和实务界对此有两种不同的见解:一种是狭义的理解,即认为违法就是指行政行为违反了法律、法规的规定,这是严格意义上的违法;一种是广义的理解,即认为违法应有以下几层含义:(1)违反明确的法律规定;(2)违反诚信原则;(3)滥用或超越行使自由裁量权,提供错误信息、指导批准,造成其他人权益损害;(4)没有履行对特定人的法律义务或尽到合理注意。随着行政赔偿实务的发展,对违法概念作广义理解已成为一种不可逆转的趋势。那么,本案中,被告扣押财物的具体行政行为是否违法呢?

《福建省行政执行程序》第 19 条规定:行政执行机关根据法律、法规规定,对相对人采取行政强制措施,必须符合下列要件:(1)行政机关必须依法设立;(2)在法律、法规明确授权的范围内;(3)确有必要采取行政强制措施;(4)行政强制措施的范围仅限于与实施行政强制措施目的直接有关的人、物、行为;(5)行政强制措施应适当,以达其目的为限度;(6)符合法定程序。就本案而言,法律、法规并未赋予地质矿产行政管理部门在执法中享有扣押财物的权利。被告对原告实施扣押财物的具体行政行为属于超越职权范围的行为。同时,被告对原告实施扣押财物措施时,没有办理任何手续和出具扣押清单,违反了法定程序。因此,被告的具体行政行为违法。

2. 原告挖 S—72 号船的沉没,被告是否应当承担责任

经港务监督机构调查鉴定,查明原告挖 S—72 号船沉没的原因有两个:一是台风引起大风、大浪、大雨,船舱内长时间积水;二是无发电机,水泵无法抽水。同时,根据《海上交通安全法》第 3 条规定:"中华人民共和国港务监督机构,是对沿海水域的交通实施统一监督管理的主管机关"及第四十三条规定"船舶、设施发生的交通事故,由主管机关查明原因,判明责任",因此,法院采信港务监督机构的调查鉴定结果。因此,本案中,"无发电机,水泵无法抽水"是沉船事故发生的一个重要原因。而之所以"无发电机",是因为被告违法实施扣押发电机的行为。同时,沉船事故发生的另一重要原因是"台风引起大风、大浪、大雨,船舱内长时间积水",这是自然现象,为不可抗力,与被告无关。据此,本案属于多因一果的情况,被告对沉船事故应负重要责任但不是全部责任。

3. 原告要求被告给予行政赔偿,法院依照国家赔偿法规规定应如何处理。

《国家赔偿法》第 25 条规定:"国家赔偿以支付赔偿金为主要方式。能够返还财产或者恢复原状的,返还财产或者恢复原状。"第 28 条第 2 项规定:"查封、扣押、冻结财产的,解除对财产的查封、扣押、冻结,造成财产损坏或者灭失的,依照本法第三、四项的规定赔偿",即"应当返还的财产损坏的,能够恢复原状的恢复原状,不能恢复原状的,按照损害程度给付相应的赔偿金";"应当返还的财产灭失的,给付相应的赔偿金"。本案中,鉴于被告所扣押的发电机、电焊机已损坏,无法恢复原状,因此人民法院依法委托法定的价格评估机构,对发电机、电焊机进行估价,然后判令被告支付赔偿金。

对于原告的沉船损失,依照《国家赔偿法》第 28 条第 7 项关于"对财产权造成其他损害的,按照直接损失给予赔偿"的规定,应当赔偿直接损失。原告提起要求赔偿 30 万元沉船损失,其中包括船舶改装费、事故调解费、船检费等款项,不属于国家赔偿法规定的赔偿范围;沉船直接损失应主要界定为买船费即 S－72 号船自身的造价。此外,对原告提起的其他赔偿的诉讼请求,因原告提供不出法律规定的证据材料,其赔偿请求证据不足,因此,对原告的此项诉讼请求,法院不予支持。

4. 法院受理行政赔偿诉讼案件应否收取诉讼费用

《国家赔偿法》第 34 条第 1 款规定:"赔偿请求人要求国家赔偿,赔偿义务机关、复议机关和人民法院不得向赔偿请求人收取任何费用";最高人民法院法函[1995]121 号《关于受理行政赔偿案件是否收取诉讼费用的答复》也规定:"人民法院受理行政赔偿案件,不得向当事人收取诉讼费用。"因此,人民法院审理行政侵权赔偿案件,依法不应收取诉讼费。一审法院对原告提起的行政侵权赔偿的诉讼请求收取诉讼费不当,二审法院给予改判,是正确的。

(宁德市中级人民法院　吴　杰
厦门大学法学院　彭芳兰)

⑤4 一并提出行政赔偿
—— 陈明针不服公安局确认拘留违法及行政赔偿案(行政赔偿请求一并提起)

一、 案 情

原告:陈明针,男,1967年2月15日生,汉族,某县人,司机,住某县交通局隔壁。

被告:某县公安局。

第三人:陈诗伦,男,1976年5月27日生,汉族,某县人,临时工,住某县公安局某县分局五楼。

第三人:谢章明,男,1978年11月11日生,汉族,某县人,临时工,住某县朝南路59号。

2002年7月5日晚8时许,礼门乡政府工作人员在某县林业局门口动员二女结扎对象何月凤实施计划生育结扎手术过程中,原告以何英珠在劝阻过程中以手机丢在地上摔坏为由与礼门乡政府工作人员发生争吵,在争吵过程中,原告陈明针与第三人陈诗伦、谢章明相互拉扯、扭打,双方的伤情经法医鉴定均为轻微伤,为此,被告于2002年7月6日,根据《治安管理处罚条例》之规定,作出周公行决字(2002)第028号公安行政处罚决定书,决定给予原告拘留7天的处罚(已执行)。原告不服,向某市公安局申请复议,某市公安局于2002年8月22日作出宁公复字(2002)第33号行政复议决定书,决定撤销某县公安局2002年7月6日作出的周公行决字(2002)第028号公安行政处罚书,被申请人可以在查清事实后,以殴打他人造成轻微伤害为由,对相关人员依法处理。某县公安局在进一步调查的基础上于2002年12月23日依据《治安管理处罚条例》第22条第1项的规定,重新作出周行决字(2002)第324号公安行政处罚决定书,决定给予原告治安拘留7天的处罚。同时,对本案的两个第三人也作出相应的处理,分别给予罚款200元的处罚(第三人不服经某县人民政府复议维持原裁决)。原告仍不服再次申请复议,某市公安局于2003年2月

24日作出宁公复字(2003)第01号行政复议决定书,决定撤销某县公安局2002年12月23日作出的周公行决字(2002)第324号行政处罚决定书,被申请人可以在收到行政复议决定书后20日内重新作出具体行政行为。但被告至今未重新作出。为此,原告不服,于2003年7月8日诉至本院,请求确认周公行决字(2002)第324号行政处罚决定书违法,并提出司法建议,严肃处理该单位中违法职务行为的工作人员,并赔偿原告各项经济损失5818.10元。

原告诉称,被告某县公安局所作的周公行决字(2002)第324号行政处罚决定书,事实不清,证据不足,对其处罚没有依据,且已被复议机关撤销,又未在20天内重新作出具体行政行为,因此,被告的具体行政行为违法,请求依法判令被告某县公安局违法拘留原告而给原告造成损失合计人民币5838.10元。

被告辩称,原告陈明针的违法事实存在,造成其不能在法定期限内重新作出具体行政行为,是原告拒不接受传唤所致,请求依法驳回原告的诉讼请求。

第三人陈诗伦、谢章明在法定答辩期未向本院提交答辩状,但在法庭上述称:将其列为第三人不合法,被告对原告的处罚并无不当,被告及第三人无须对原告承担赔偿责任,请求驳回原告的诉讼请求。

二、　裁　判

某县人民法院经审理认为:行政机关作出具体行政行为时,应根据行为人的违法事实,依照法定的程序,适用相应的法律条文。本案中被告某县公安局根据原告陈明针的陈述、第三人的指认及证人证言、医院病历材料及法医鉴定结论等有关材料,认定原告陈明针殴打第三人陈诗伦左眼部致轻微伤的事实清楚,证据充分。但对原告陈明针殴打第三人谢章明致轻微伤的行为仅有谢章明的指认及陈诗伦等同事的单方证人证言证实,无其他证据进一步印证,属事实不清、证据不足。被告对陈明针、陈诗伦未依法使用传唤证传唤,也未制作讯问笔录,属违反法定程序,所作的周公行决字(2002)第324号行政处罚决定书,经复议已被撤销,未在法定期限内重新作出具体行政行为,其行为违反了有关法律规定,因此,对被告的申辩理由,法院不予采纳。原告提出确认被告行为违法的诉讼理由,法院予以采纳。但原告要求处理单位中实行违法职务行为的工作人员的要求,不属于行政诉讼调整范畴,故该请求不能支持,法院不予采纳。被告某县公安局错误作出对原告陈明针拘留七天的决定,给原告造成的经济损失,按照《国家赔偿法》的有关规定,原告应当得到赔偿。被告作为赔偿义务机关,应赔偿原告经济损失303.10元。《国家赔偿法》第26条规定:"侵犯公民人身自由的,每日的赔偿金按照国家上年度职工日平均工资计算。"原告要求赔偿 5838.10 元,超出法律的规定,超出部分,法院不予支持。据此,依据最高人民法院《关于执行〈中华人民共和国行政诉讼法〉若干问题的解释》第 56 条第 4 项、第 57 条第 2 款第 2 项,《国家赔偿法》第 3 条第 1 项、第 25 条第 1 款、第 26 条的规定,于 2003 年 9 月 22 日分别判决:(1)确认某县公安局周公行决字(2002)第 324 号行政处罚决定书违法。(2)某县公安局应赔偿原告陈明针经济损失 303.10 元,该款应在判决生效后 10 日内付清。(3)驳回原告的其他诉讼请求。判决后,双方当事人均未提出上诉。

三、 评析

本案主要涉及行政赔偿的提起方式。

我国的行政赔偿程序实行的是"单独提起"与"一并提起"两种请求程序并存的办法,前者又可分为行政程序和司法程序两个阶段,这是我国行政赔偿程序的突出特点。

1. 单独提起,是指行政机关及其工作人员的违法行为已经被确认,赔偿请求人仅就赔偿问题向赔偿义务机关提出请求。当赔偿请求人采取这种方式时,应符合以下两个条件:首先,要具备"单独提起"的前提。《国家赔偿法》第 9 条第 1 款规定:"赔偿义务机关对依法确认有本法第 3 条、第 4 条规定的情形之一的,应当给予赔偿。"第 3 条、第 4 条规范的是行政赔偿范围,即当行政机关及其工作人员的职务行为具有何种违法情形时,国家才承担赔偿责任。因此,这一款所说的"对依法确认有本法第 3 条、第 4 条规定的情形之一"的,就是"单独提起"的前提。也就是说,因"单独提起"而发生的行政赔偿程序,必须是在行政机关及其工作人员的行为已经被确认为违法的基础上进行。

那么,什么叫"依法确认",由谁来确认、怎样进行确认?根据行政法律规范和行政诉讼法的有关规定,有以下几种情况:

(1)作出违法行为的机关或者作出违法行为的行政工作人员所在的机关进行确认;

(2)行政行为经相对人申请复议,被复议机关确认为违法,或被复议机关撤销;

(3)由于相对人提起行政诉讼,具体行政行为已被法院确认为违法,或者判决撤销,且判决生效;

(4)具体行政行为系终局裁决行为,被拥有终局裁决权的行政机关确认为违法。

首先,当行政机关及其工作人员的行为通过上述途径被确认为违法后,受害人就可单独提出赔偿请求。其次,赔偿请求人单独就赔偿问题提出请求的,应当先向赔偿义务机关提出,由赔偿义务机关进行处理。如果赔偿义务机关逾期不赔偿或者双方就赔偿问题达不成协议的,受害人才能向人民法院提起赔偿诉讼。也就是说,赔偿义务机关先行处理是"单独提起"行政赔偿诉讼的一个必经程序,赔偿请求人不能越过该"雷池"而直接向人民法院提起赔偿诉讼。究其原因,不难理解,行政赔偿责任的承担终究是要落实到具体的赔偿义务机关,设置该先行程序,可把大量的赔偿纠纷消灭在该阶段,从而减轻人民法院的负担,节约司法资源,同时也给赔偿义务机关提供了一个对自己的违法行为进行及时补救的机会,这是符合设立国家赔偿制度的最终目的的。赔偿请求人对赔偿义务机关的处理不服的,可在规定的期限内向人民法院提起赔偿诉讼,人民法院应该依照行政诉讼法进行审理并作出判决。

2. 一并提起,也可称为连带提起,是指赔偿请求人在申请行政复议或提起行政诉讼,在要求确认行政机关行使职权的行为违法或要求撤销该违法行为的同时,一并提出赔偿请求。《国家赔偿法》第9条第2款规定,赔偿请求人请求行政赔偿,"也可以在申请行政复议和提起行政诉讼时一并提出"。"一并式"具有以下特点:

(1)赔偿请求人将两项不同的请求——要求确认行政行为违法或撤销该行为和要求赔偿向同一个机关提出,要求并案审理。这里的"两项不同请求"应当是两项属于同一诉讼系列即行政诉讼系列的不同请求,而不是不同诉讼系列的两项不同请求。因为行政赔偿诉讼其性质仍属于行政诉讼。后者则较常发生在当行政机关依法对公民、法人或其他组织之间以及他(它)们相互之间的土地、矿产、森林等资源的所有权或者使用权归属进行处理,当事人既对该处理不服,要求人民法院予以撤销,又要求人民法院一并解决原权属纠纷,因此而形成的是行政诉讼附带民事诉讼。

(2)"一并提起"的条件是两项请求之间存在着内在联系。这种联系表现在:其一,该行政行为违法。因为行政机关承担行政赔偿责任的条件就是行政职权行为违法。其二,受害人所受到的损害是由该违法行为引起的,两者具有因果联系。

(3)赔偿请求人的赔偿请求可一并在行政复议中提出,也可一并在行政诉讼中提出,这里既包括在申请复议和起诉的同时提出,也包括在行政复议和诉讼的过程中提出,因此,"一并提起"的行政赔偿程序实际上就是适用行政复议程序和行政诉讼程序。

综上,无论是"单独提起"还是"一并提起",解决行政赔偿责任的最终程序都是赔偿诉讼程序。其中,单独提出行政赔偿请求的,必须先经赔偿义务机关的处理。

具体到本案来说,原告陈某在向法院起诉被告行政处罚违法的同时,请求行政赔偿,这是符合《国家赔偿法》中关于行政赔偿"一并提起"相关规定的。同时,根据最高人民法院《关于审理行政赔偿案件若干问题的规定》第4条第1款、第28条的规定,本案法院采取一并受理,分别立案,合并审理,并分别作出判决是正确的。

(周宁县人民法院　江祖玲　周伦希

厦门大学法学院　彭芳兰)

55 行政赔偿诉讼原告资格的认定

——孙元春诉某市人民政府不履行撤销某区人民政府违法颁发土地批文、土地证并拆除违法建筑法定职责案

一、案情

原告(上诉人):孙元春,男,某市物资集团公司工作人员,住某市某区坝乾路福宁花苑乙号楼104室。

被告(被上诉人):某市人民政府。

某市物资集团公司与某市房产管理所于1992年11月27日签订了标的物为某鲤鱼岗乙号楼42套商品房的预购商品房协议,1995年1月6日双方订立标的物为福宁花苑42套商品房的有关协议,将原购房数量由42套变更为24套。后双方因拖欠购房款纠纷诉至某区法院,经调解某区法院于2001年3月23日作出(2001)蕉民初字第71号民事调解书,某市物质集团公司自

愿于 2001 年 4 月 15 日前还清购房款。原告孙元春与某市物资集团公司于 1997 年 7 月 24 日签订了标的物为福宁花苑乙号楼 401 室单元套房的购房协议。原告孙元春不能举证证明该房产已经办理不动产移转登记的事实。

原告孙元春诉称:某区人民政府给其相邻的建筑大楼所有人违法颁发土地批文、土地证,致使其住房的通风、采光等相邻权受到侵害,要求某市人民政府履行撤销该具体行政行为并拆除该违法建筑的法定职责未果,请求法院判决其履行该法定职责。

被告某市人民政府辩称:原告孙元春不具有本案原告主体资格。因此,请求驳回原告的起诉。

二、 裁 判

一审法院经审理认为:原告孙元春举证不能证明其对福宁花苑乙号楼 401 室拥有合法的产权和使用权,因此,不具备本案的原告诉讼主体资格。裁定驳回原告的起诉。

原告孙元春不服判决,以其拥有福宁花苑乙号楼 401 室的合法使用权具有本案原告主体资格为由上诉于二审法院。

二审法院经审理认为:原告提交的证据不能证明其具备原告诉讼主体资格,其提起的该行政诉讼人民法院应不予受理,已经受理的,应裁定驳回起诉。原审裁定正确,故裁定驳回上诉,维持原裁定。

三、 评 析

本案涉及原告是否具有诉讼主体资格,而实际上涉及的争议焦点问题有两个:

1. 原告孙元春对福宁花苑乙号楼 401 室是否拥有合法产权或使用权

所有权属于完整的物权,而使用权则是物权的一项内容,因此,本案原告要证明其对该标的物拥有物权,必须提交该标的物的物权证明材料,由于该标的物是不动产,且是通过买卖取得,因此,还必须符合相关法律的规定。《民法通则》第 71 条规定:"财产所有权的取得,不得违反法律规定。按照合同或者其他合法方式取得财产的,财产所有权从财产交付时起移转,法律另有规定或当事人另有约定的除外。"而《城市房地产管理法》第 60 条第 3 款规定:"房地产转让或者变更时,应当向县级以上地方人民政府房产管理部门申请房产变更登记……"可见,我国不动产物权的变动,系采取登记要件主义,即不动产物权的变动除了当事人间的合意外,还要进行登记,非经登记,不能认定不动产物权已经发生移转。因此,仅根据购房协议和移交房产的事实,缺乏有关房产登记的证据,不能认定某市物资集团公司已取得了该不动产的所有权,因而也就不能证明孙元春对福宁花苑乙号楼401室拥有合法的产权和使用权,而只能证明以福宁花苑乙号楼104室为标的物的债权债务关系。

2. 标的物的债权人能否以该标的物的物权受侵害提起行政诉讼

这涉及行政诉讼原告主体资格问题。根据最高人民法院《关于执行〈中华人民共和国行政诉讼法〉若干问题的解释》第12条的规定,行政诉讼的原告必须是与具体行政行为有法律上的利害关系,即该具体行政行为对其权利义务产生实际影响。因此,原告在提起行政诉讼时必须举证证明被诉具体行政行为对其权利义务产生实际影响。由于本案原告孙元春是以该福宁花苑乙号楼401室的通风、采光权受到侵害提起行政诉讼,房屋的通风、采光权属于相邻权,而相邻权属于不动产物权的内容,因此,原告孙元春实际上主张的是标的物的物权。因此,原告必须证明其是该标的物的所有权人或使用权人。由于本案原告不能证明其是该标的物的所有权人或使用权人,而只能证明其是以该标的物为对象的债权人,根据我国民法理论,他只能向债务人主张权利,而不能以物权受侵害向第三人主张权利。因此,在本案中,原告如果认为其住房不符合购房协议的约定要求,可以要求卖方承担违约责任,而不能以该标的物的物权受侵害向第三人提起行政诉讼,该诉权只能由该标的物的合法所有权人或使用权人行使。综上所述,孙元春不具有本案原告诉讼主体资格,应当驳回其起诉。

(宁德市中级人民法院 吴杰)

图书在版编目(CIP)数据

行政法案例精解/朱福惠,何鸣主编. —厦门:厦门大学出版社,2004.6
(最新司法案例精解丛书/柳经纬主编)
ISBN 7-5615-2245-2

Ⅰ.行… Ⅱ.①朱…②何… Ⅲ.行政法-案例-分析-中国-高等学校-教材
Ⅳ.D922.105

中国版本图书馆 CIP 数据核字(2004)第 053328 号

厦门大学出版社出版发行
(地址:厦门大学 邮编:361005)
http://www.xmupress.com
xmup @ public. xm. fj. cn
福建沙县方圆印刷有限公司印刷
2004 年 8 月第 1 版 2004 年 8 月第 1 次印刷
开本:787×960 1/16 印张:18.75 插页:2
字数:324 千字 印数:000 1—3 200 册
定价:26.00 元
如有印装质量问题请与承印厂调换

厦门大学出版社法学系列

[经济法学系列] <<<

本系列由厦门大学校长、厦大法学院博士生导师朱崇实教授任主编，共8种。本丛书是在我国加入WTO的大背景下，为使我国经济法规范与国际接轨，以适应加入WTO后经济法理论、立法和司法的需要而编写的。丛书立足于我国实际，参照国际通行规范，研究税法、市场竞争法、银行法、社会保障法、环境与资源法等的基本原理、修改与完善等。

     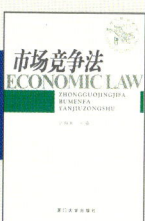

>>主编 朱崇实　　>>主编 朱崇实　　>>编著 蒋 月　　>>主编 郭俊秀　　>>主编 李 刚　　>>主编 卢炯星

[商法学系列] <<<

本系列由厦门大学法学院副院长、民商法学博士生导师柳经纬教授主编。丛书以民法学理论为指导，坚持民商合一的观点，结合我国司法实践，对商法的地位与沿革以及具体单行商事法律作出系统的阐述。包括《商法总论》、《公司法》、《证券法》、《票据法》、《保险法》、《海商法》、《电子商务法》、《信托法》、《担保法》、《破产法》等10种。

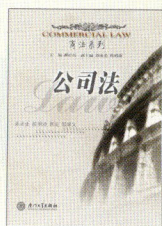 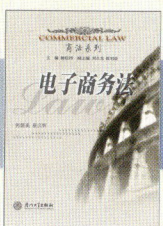 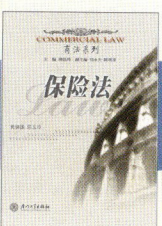 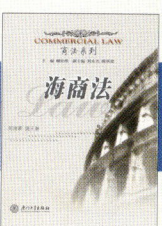 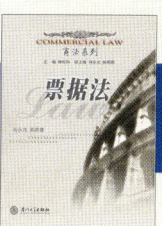 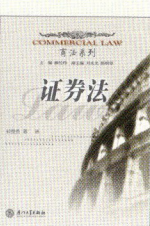

>>朱炎生 陈明辉等　　>>郭懿美 蔡庆辉　　>>黄健雄 陈玉玲　　>>何丽新 饶玉玲　　>>刘永光 陈恭健　　>>郭俊秀 蒋 进

[民商法学系列] <<<

本系列由厦门大学法学院副院长、博士生导师柳经纬教授任主编，共6种。本系列是为适应民商法学教学改革而编写的，很有特色地将原民法课程设置为民法总论、物权法和债权法3门课程。并根据教学要求，精简丛书内容，在既能使学生系统了解民商法的基本知识的同时，又加入了较多的研究性内容，引用较多的参考资料，以使学生掌握一定的研究方法。厦门大学法学院民商法学是福建省重点学科，博士授予点，本系列是民商法学科规划建设中的重要成果之一。

>>主编 柳经纬　　>>主编 柳经纬　　>>主编 柳经纬　　>>蒋月 何丽新 编著　　>>丁丽瑛 著　　>>主编 柳经纬

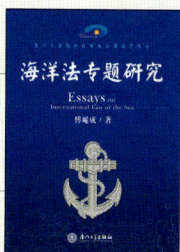

厦门大学法律评论
由厦门大学法学院编辑，收录法学前沿研究学术论文，自2001年4月出版第一辑起，每年出版2辑。

厦门大学海洋政策与法律研究丛书

- 海洋法专题研究
- 联合国海洋法相关公约及其附件与详细索引
- 厦门海岸带综合管理
- 海事赔偿的责任限制
- 海上污染的法律机制
- 中国海洋渔业的法律与政策
- 海洋法律争端解决的机制
- 国际海洋划界新论
- 海上执法
- 南（中国）海的法律地位

厦门大学出版社法学系列

[刑事法学系列] <<<

本系列由中国刑法学会理事、福建省刑法专业委员会主任、厦门大学法学院陈立教授主编，共9种，分别是《刑法总论》、《刑法分论》、《财产、经济犯罪专论》、《刑法疑难案例评析》、《外国刑法专论》、《刑事诉讼法学》、《外国刑事诉讼法专论》、《刑事诉讼疑难案例评析》、《刑事证据法专论》。本丛书具有以下特点：1.吸纳最新的理论发展和学术成果，关注当前的学术动态和理论前沿，具有强烈的学术性而不至于是翻炒冷饭。2.反映最新的立法成果和司法经验，将新近颁布的立法解释、司法解释以及权威性的判例在书中加以体现，使丛书始终紧扣法律实践，具有鲜明的应用性而不至于空谈理论。

>>主编 陈 立　　>>主编 陈 立 陈晓明　　>>主编 陈 立 陈晓明　　>>主编 陈 立　　>>主编 陈 立　　>>主编 陈晓明

[诉讼法学系列] <<<

本系列由中国诉讼法学研究会常务理事、厦门大学法学院博士生导师齐树洁教授任总主编，分为8种：《民事司法改革研究》、《民事程序法》、《民事证据法专论》、《仲裁法新论》、《英国证据法》、《ADR原理与实务》、《强制执行法》、《破产法研究》。本丛书按照"司法理念——本土实践——域外资源"的研究思路，以"接近正义"为主题，以全球司法改革为背景，论述我国民事司法制度及其改革的理论与实践，介绍英、美、德、法等国家民事司法改革的最新进展。在此基础上，探讨如何立足我国国情，借鉴外国经验，建构公正高效的我国民事司法制度。

>>主编 齐树洁　　>>主编 李 浩　　>>主编 齐树洁　　>>主编 程春华　　>>主编 齐树洁　　>>主编 范 愉

[最新司法案例精解丛书] <<<

本丛书的案例是从多家法院近年来审理的成千上万个案件中精选出来的，不仅内容新颖，而且具有典型意义，能够充分反映当前我国社会变迁中法律关系和司法实践的最新发展。丛书内容不仅对于法科学生学习法律有所帮助，而且对于一般读者了解有关的法律知识和当前法院对一些法律问题的处理方法也有益处。

>>齐树洁 王振志　　>>张 榕 张如曦　　>>何丽新 吴海燕　　>>肖 伟 傅远平　　>>郭俊秀 黄国滨

详细资料请见 http://www.xmupress.com　Email:xmup@public.xm.fj.cn

发行科：0592-2181365 2184458　地址：福建省厦门大学校内，邮编：361005